SAINTE AUSTREBERTE

DE MARCONNE

ABBESSE DE PAVILLY

(Ordre de S. Benoît)

SA VIE, SES MIRACLES, SON CULTE

PAR

L'ABBÉ P. MEUNIER

CURÉ DE MARCONNE

ARRAS

SUEUR-CHARRUEZ, LIBRAIRE-ÉDITEUR

20-22, Petite Place, 20-22

1888

SAINTE AUSTREBERTE

ÉVÊCHÉ
d'ARRAS

Arras, le 20 décembre 1887.

MONSEIGNEUR,

La *Vie de Sainte Austreberte* par M. l'abbé Ph. Meunier, curé de Marconne, est un travail sérieux, fruit de longues et patientes recherches.

Dans un récit plein d'intérêt et d'édification, l'auteur fait revivre à nos yeux la sainte abbesse de Pavilly, la patronne de Montreuil-sur-Mer ; il suit jusqu'à nos jours l'histoire de son culte à travers les siècles.

Cet ouvrage me semble propre à développer la confiance des fidèles en sainte Austreberte, et je me permets de recommander l'auteur et son livre à la bienveillante approbation de Votre Grandeur.

Daignez agréer, Monseigneur, l'hommage de mon profond respect.

J. DEPOTTER, vic. gén.

Vu le rapport qui nous a été adressé sur la *Vie de sainte Austreberte* par M. l'abbé Meunier, nous en autorisons l'impression et nous en recommandons la lecture à la piété des fidèles.

Arras, 20 décembre 1887

† DÉSIRÉ-JOSEPH,

Évêque d'Arras, Boul. et S.-Omer

Ste Austreberte

*Statue du XVIIe siècle vénérée au collège de Ste Austreberte
à Montreuil-sur-mer.*

SAINTE AUSTREBERTE

DE MARCONNE

ABBESSE DE PAVILLY

(Ordre de S. Benoît)

SA VIE, SES MIRACLES, SON CULTE

PAR

L'ABBÉ P. MEUNIER

CURÉ DE MARCONNE

ARRAS

SUEUR-CHARRUEZ, LIBRAIRE-ÉDITEUR

20-22, Petite Place, 20-22

1888

A LA MÉMOIRE

DE MADAME ÉLISABETH D'HALINGHEN

NÉE DE ROCQUIGNY DU FAYEL

DÉCÉDÉE LE 23 JUIN 1844

ET DE

MADAME LAURE ROULLET

NÉE PIÉRON

DÉCÉDÉE LE 13 JUILLET 1886

BIENFAITRICES

DE L'ÉGLISE ET DES PAUVRES DE

MARCONNE

quarto **Idus** **Februarii**

In pago Rhotomagensi, S. Austrebertæ virginis,
miraculis celebris.

10 Février

au territoire de Rouen, S. Austreberte, vierge,
célèbre par ses miracles.

PRÉFACE

n retraçant la vie angélique de sainte Austreberte, abbesse de Pavilly, nous avons eu à cœur de faire connaître et aimer une grande Servante de Dieu. Si nos efforts sont restés au-dessous de la tâche que nous nous sommes imposée, nous supplions le lecteur de ne point accuser notre bonne volonté; car nous devons trop à la glorieuse patronne du pays d'Hesdin pour ne pas redire hautement que ce travail, bien modeste d'ailleurs, est l'hommage de notre piété reconnaissante.

Issue de la race qui donna ses premiers rois à la France et compta parmi ses reines les Clotilde, les Radegonde, les Bathilde, fille d'un prince franc et d'une princesse germaine dont les qualités éminentes le disputaient à la noblesse du sang, Austreberte ressentit dès son plus jeune âge un vif éloignement pour le monde et un attrait singulier pour la prière ; son âme s'éprit des charmes de la virginité, et peu contente de faire ses délices des vertus qui croissent à l'ombre du cloître, elle embrassa jusqu'à l'héroïsme les austères rigueurs de la pénitence. Aussi la chaste épouse de Jésus apparut-elle bientôt toute rayonnante de grâces ; et la renommée de ses mérites, dépassant l'enceinte du monastère où s'abritait sa vie, apprit au septième siècle qu'un nouveau fleuron venait parer la resplendissante couronne de ses saints.

Dieu, qui voulait montrer au monde combien cette âme lui était chère, fit d'Austreberte une des plus illustres thaumaturges de son époque où cependant les miracles abondaient comme aux premiers jours de l'Église. Le surnaturel l'environna d'étonnantes merveilles ; il se joua autour de son berceau, s'associa à sa jeunesse, accompagna son âge mûr, consola les dernières heures de sa vie et glorifia sa tombe ; et de cette tombe bénie jusqu'à nos jours, mille prodiges proclament son pouvoir céleste. Le nier, c'est nier une irrésistible évidence, c'est nier l'histoire. Le Martyrologe Romain a d'ailleurs constaté avec sa grave autorité que sainte Austreberte est célèbre par ses miracles; l'église de Rouen, témoin à travers les siècles des traditions locales, reconnaît dans son Propre que les fidèles invoquent la Sainte, en particulier pour être délivrés des fièvres ; de nombreux pèlerins ne cessent de se porter à ses sanctuaires, et la piété populaire redit toujours avec une inébranlable confiance : Sainte Austreberte, priez pour nous.

Sainte Austreberte appartient à Marconne et à Pavilly, ces lieux bénis où elle naquit et mourut; elle appartient au diocèse d'Arras où cette tige virginale a germé, au diocèse d'Amiens qu'elle a embaumé du parfum de ses premières fleurs, et au diocèse de Rouen qui conserve avec admiration le souvenir de leur splendide épanouissement ; elle appartient à l'incomparable famille de saint Benoît qui l'a pénétrée de son esprit, austère et doux à la fois ; elle appartient enfin à l'Église Catholique qui célèbre ses vertus, fête sa mémoire et vénère ses reliques sacrées.

Son nom est encore une des gloires de notre patrimoine national. Lorsque la France était à son berceau et que, lentement, soutenue par l'Église comme par les bras de la meilleure des mères, elle s'essayait à la civilisation chrétienne, elle vit éclore dans son sein des légions d'évêques, de prêtres, de moines et de vierges qui aidèrent à transformer des éléments barbares en une nation généreuse, redoutée dans ses triomphes, respectée dans ses revers, avide de dévouements et de nobles pensées. Les plus humbles même apportèrent leur pierre à l'édifice de cette reconstitution sociale par l'exemple qu'ils donnèrent de la foi et du sacrifice, ces deux vertus si nécessaires à l'homme, parce qu'elles le forment aux labeurs persévérants, et non moins nécessaires à un peuple pour le rendre digne de la victoire ou le retremper fortement après la défaite. Ainsi fut-il d'Austreberte; deux fois illustre, et par le sang qui l'avait faite petite-fille de deux lignées de rois, et par l'héroïsme de sa vie que ses contemporains ne se sont point lassés d'admirer, elle contribua pour sa part à la grandeur de notre patrie : les sillons qu'elle traça dans le sol, les semences qu'elle lui confia et les pénibles sueurs dont elle s'efforça de l'arroser, préparèrent à l'une des belles provinces de la France une ample moisson de fruits de sainteté dont nous devons lui être reconnaissants.

La Vie de sainte Austreberte a été souvent écrite. Nos dépôts conservent aujourd'hui plusieurs manuscrits anciens parmi lesquels nous connaissons en particulier ceux de la Bibliothèque Nationale, des bibliothèques de Troyes et de Saint-Omer [1]. Les Bollandistes eurent entre les mains les quatre manuscrits dits de Rouen, de Capoue, de Longpont et de Saint-Omer; Mabillon, celui de Compiègne.

A côté de ces reproductions d'un texte primitif, il est des œuvres personnelles qui ont vulgarisé la vie de notre Sainte. Le vénérable Enguerran, abbé de Centulle ou Saint-Ricquier, de 975 à 1045, en fit un poëme latin : *Sanctæ Virginis Austrabertæ Vita* (*Chron. Cent.* lib. III, *chap.* III. — *Chronique d'Hariulfe*) qui malheureusement ne se trouve pas dans les œuvres de ce saint religieux, éditées par Migne dans sa Patrologie. Au dire de Dom Ganneron, Jehan

[1] 1. *Bibl. nat.* — *Vitæ Sanctorum.* 5362, XIIᵉ siècle. — Ce manuscrit contient dix Vies de saints, parmi lesquelles celle de sainte Austreberte : *Vita S. Austreberte virginis*, suivie du récit des miracles; c'est la même qui se trouve reproduite par Surius. — 2. *Bibl. de Troyes.*—7-ms. du XIIᵉ siècle — provenant de l'abbaye de Montiéramey (diocèse de Troyes); semblable à la précédente. — 3. *Bibl. de Saint-Omer* — 716-XIIIᵉ siècle — manuscrit ayant appartenu à l'abbaye de Clairmarais : *Liber Ste Marie de Clomar...* t. II, 8º. — *Vita S. Austraberthæ* : également dans Surius. — Il n'y a aucune trace de sainte Austreberte dans la partie publiée du catalogue des mss. hagiographiques de la Bibl. de Bourgogne (Bibl. royale de Bruxelles), héritière des vieux Bollandistes.

Lorrain, religieux de l'abbaye de Saint-Saulve de Montreuil, appelée alors Saint-Walloy (1050), écrivit cette même histoire en langue romane. C'est elle sans doute qu'un prêtre, également de Montreuil, Wistase Waucot, transforma vers l'année 1311 en vieux français ou mieux en « viel picard », dans les deux Vies de sainte Austreberte et de sainte Frameutt ou Framehilde sa mère : ces divers travaux n'existent pas davantage.

Nous noterons ensuite : 1. « La vie parfaicte et immaculée de Saincte Austreberte princesse du sang de la première race des roys de France et abbesse de Pavilly », par le P. Simon Martin, supérieur des Minimes d'Abbeville (1635) ; 2. « La vie et les miracles de sainte Austreberte, première abbesse de Pavilly, 1638, » par le Père François Giry, livre qui eut au siècle suivant une seconde édition ; 3. « La vie de sainte Austreberte, vierge, première abbesse de Pavilly près Rouen, 1659, » par le R. P. du Tertre ; 4. « Vie de sainte Austreberte abbesse de Pavilly, 1861, » par l'abbé Baudet. Il est regrettable que nous n'ayons pu nous procurer une autre Vie, écrite en vers français, par Nicolas Sanson, chartreux de Neuville, mort en 1639.

Le célèbre dom Ganneron, qui fut vicaire de

la chartreuse de Montreuil en 1625, puis religieux au Mont-Dieu, laissa en manuscrit une
« Histoire de sainte Austreberte, abbesse de
Pavilly — août 1640 » dans le *Chandelier d'Or à
sept lampes du comté de Ponthieu, (archives départ. des Ardennes, H, 503)*.

Mais Laurent Surius, chartreux de Cologne,
est le premier qui ait publié en 1576, d'après
un manuscrit contemporain de sainte Austreberte, le texte authentique de sa Vie au tome Ier
de son ouvrage *De Probatis sanctorum historiis;*
il eut cependant le tort d'en modifier certaines
expressions qu'il trouva sans doute trop rudes
pour les oreilles délicates de la Renaissance [1].
Moins d'un siècle après (1658), le jésuite Bollandus édita ce même texte, mais correct, dans

---

[1] *De Probatis Sanctorum historiis — 4 Tom. in-f. — Coloniæ Agrippinæ. M. D.LXXVI.* — Le texte de Surius a été
abrégé par le chartreux Zacharie Lippoloö et son continuateur Cornelius Grasius : *Vitæ SS. 1613.* Du Chesne l'a inséré
en grande partie dans ses *Historiæ Francorum Scriptores,*
et dom Bouquet, dans son *Recueil des Historiens de la
Gaule.* Cornelius Smet (Acta SS. de Ghesquière) l'a éclairé de
notes savantes. Arthur du Monstier, religieux récollet, auteur
des *Neustra Pia, Sacrum gymnecæum etc.*, l'a reproduit dans
un autre ouvrage, *Neustria Sancta* (Bibl. nat. ms. lat. 10031),
en l'accompagnant du catalogue des auteurs qui avaient alors
écrit de sainte Austreberte. François Harœus en a fait un
résumé dans ses *Vitæ Sanctorum ex Surio.* Enfin, nous le
trouvons dans une *Vie de Ste Austreberte,* ms. du siècle
dernier à la Bibliothèque de Rouen. (Voir à l'Appendice : VIII.)

les *Acta sanctorum,* (10 février), en l'accompagnant de notes et d'éclaircissements fondés sur
une sévère critique ; de plus, il rétablit, d'après
les manuscrits de Rouen et de Longpont, le prologue que Surius avait négligé ou n'avait peut-
être pas connu. Mabillon l'a reproduit aux
Actes de l'Ordre de S. Benoît (Acta O. S. B.
sæc. III, 1668), et c'est ce texte que nous avons
suivi.

L'auteur de cette Vie nous est resté inconnu ;
mais parce qu'il nomme la Sainte sa Patronne,
« *Ego gloriosæ hujus Patronæ animatus merito*[1] »,
on croit qu'il a pu être ou un moine de Jumièges, chargé de la direction des Religieuses, ou
un clerc attaché au monastère de Pavilly.

Toutefois nous pencherions pour le moine ;
selon la remarque de dom Rivet, on cultivait
alors les lettres à Jumièges avec un soin particulier ; des religieux y écrivaient la Vie des
saints Philibert et Aicadre, leurs premiers abbés, et comme Pavilly était l'œuvre de leur
fondateur, on peut penser que les moines de
Jumièges considéraient sainte Austreberte
comme une des gloires de leur abbaye. L'au-

---

[1] Bollandus rétablit ainsi le texte d'après le ms. de Longpont : « *Ego gloriosæ hujus Patronæ* nostræ *animatus merito.* »

teur déclare que sa plume est fidèle et sincère
« *fideli et veraci stylo* », et qu'il ne rapporte que
ce que lui ont affirmé de nombreuses personnes dignes de foi, « *quæ de ea multorum veridica
fidelium comperimus relatione* »; parmi ces personnes, il cite une jeune fille qui avait été élevée avec sainte Austreberte, était entrée avec
elle au couvent, avait assisté au miracle du feu
et vivait encore lorsque le religieux travaillait
à son ouvrage « *habebat secum unam tantum
adolescentulam, quæ apud eam fuerat educata, et
hoc miraculum narrare consuevit, quæ hucusque
vivit in corpore*; » enfin, il dédie son livre à la
« Vénérable Mère Julie, disciple du Christ »,
qu'on croit être la même que l'abbesse Julienne
qui succéda à sainte Austreberte, immédiatement après Bénédicte.

Mabillon a fait suivre cette première bio-
graphie d'une seconde, dite du manuscrit de
Compiègne, différente de la précédente en un
petit nombre de points; le savant bénédictin y
attachait une extrême importance, parce qu'il
y voyait un texte original dont les manuscrits
de Bollandus n'auraient été qu'une sorte de pa-
raphrase, écrite à une date postérieure. Toutefois, l'étude approfondie du texte n'a pas
donné raison à Mabillon; Ghesquière a mis en

lumière les fautes de la seconde Vie, et dom Rivet (Hist. littér. IV, 68) a prouvé l'antique priorité de la première.

Pour rendre plus complète leur *Vie* de la Sainte *(De Sancta Austreberta Virgine in Belgio et Normannia, 10 febr.)*, les Bollandistes y ajoutèrent une longue et intéressante relation des miracles opérés par son intercession, en fondant quatre manuscrits dans un même récit. Le premier de ces manuscrits appartenait à l'église cathédrale de Saint-Omer, le second au monastère des religieuses de Saint-Jean-Baptiste à Capoue, le troisième, à l'église Saint-Ouen de Rouen et le dernier au monastère de Longpont en Vermandois. Cette relation est de diverses mains et ne semble pas continuer la *Vie* primitive qui se termine elle-même par une rapide énumération de ces miracles; elle pourrait être divisée en trois parties dont la première comprendrait les prodiges accomplis depuis la mort de la Sainte jusqu'à son Elévation; une seconde, les miracles qui ont suivi d'assez près cette solennité ; et la troisième, ceux qui ont été consignés après les ravages des Normands et leur conversion au Catholicisme, cette dernière partie plus récente et ayant pour auteur un religieux anonyme de l'abbaye de Sainte-Catherine-lès-Rouen.

Mabillon et Ghesquière ont aussi donné des fragments de ces derniers manuscrits, et nous nous sommes contenté souvent de les traduire, persuadé que nous ne pouvions puiser à meilleure source.

Nous nous sommes encore efforcé de rechercher en Normandie et dans nos contrées les traces du culte de sainte Austreberte ; les Martyrologes, les offices des abbayes et les livres d'Heures nous ont dit éloquemment combien elle était en honneur non seulement parmi les enfants de S. Benoît, mais aussi dans plusieurs diocèses. Ses vertus ont inspiré des poëtes, sa vie a été cent fois rappelée par les historiens, et ses exemples ont suscité des foules d'imitateurs qui se sont glorifiés de marcher à sa suite dans la voie de la perfection. Nous avons transcrit à la Bibliothèque de Rouen les procès-verbaux des diverses reconnaissances canoniques des Reliques de sainte Austreberte ; ces actes ont été copiés au siècle dernier sur les originaux contenus dans la châsse, et trois d'entre eux méritent principalement l'attention de l'hagiographe. Enfin, nous avons emprunté un grand nombre de faits particuliers à divers auteurs contemporains dont nous renvoyons les noms à l'appendice ; les monuments et la tradition qu'ils ont consultés donnent une réelle importance à leur témoignage.

Le champ d'informations a donc été vaste, et nous avons récolté à pleines mains : puissions-nous l'avoir fait pour l'édification de nos lecteurs ! Puissions-nous aussi, en montrant sur quelles preuves incontestables s'appuie la dévotion séculaire à sainte Austreberte, avoir victorieusement établi combien l'Église met de vigilance et de sagesse dans les honneurs dont elle entoure les précieux restes des Saints !

L'auteur du Martyrologe des Églises des Gaules, André du Saussay, que nous aurons à citer, a prouvé par des témoignages surabondants que plus nos pères ont honoré les Saints, et plus Dieu a exalté le génie, les entreprises et les armes de la France. Verrions-nous dans l'essor que reprend le culte à ces célestes Protecteurs l'aurore de jours meilleurs pour la foi des peuples ! Daigne sainte Austreberte restaurer la confiance en son Patronage qui faisait la force de nos ancêtres et rendre à notre chère Patrie son antique grandeur en lui rendant son antique dévotion.

Qu'il nous soit maintenant permis de payer le tribut d'une filiale reconnaissance à notre éminent abbé D. Haigneré qui n'a cessé, avec sa science si universellement appréciée et son cœur tout paternel, d'entourer de précieux encouragements ce travail de son ancien élève. Nous redisons aussi notre profonde gratitude à deux ecclésiastiques du diocèse de Rouen, MM. Tougard, ancien professeur à la Faculté de Théologie, et Sauvage, correspondant des Bollandistes et chanoine intendant de la Cathédrale ; leur vaste érudition, qui n'a d'égale que leur bienveillance, nous a puissamment aidé à constater l'existence et la perpétuité du culte de sainte Austreberte en Normandie.

CHAPITRE I.

Le pays et les parents de sainte Austreberte

ORIGINES DU CHRISTIANISME DANS LA MORINIE. — BADEFRID DE MARCONNE. — SA GÉNÉALOGIE ET SES TITRES LÉGENDAIRES. — SES TITRES HISTORIQUES. — SON MARIAGE AVEC UNE PRINCESSE ALLEMANNE OU GERMAINE.

A cette extrémité de la Gaule que les anciens regardaient comme la frontière du monde connu *(orbis extrema),* et sur les bords de l'orageux Océan qui séparait le continent d'avec les insulaires Bretons, habitait, à l'époque des expéditions de Jules César, un peuple farouche, les Morins; leur pays s'étendait entre la mer, l'Escaut, la Lys et la Somme.

Placés sur le passage des missionnaires qui s'embarquaient à *Gessoriacum* ou Boulogne (l'ancien *Portus Itius*) pour se rendre dans la Grande-Bretagne, les Morins durent entendre de bonne heure la parole divine ; mais les premières prédications restent environnées d'obscurités et nous ne savons si le christianisme fit de nombreux prosélytes avant le troisième siècle. Vers l'année 272, les saints Victoric et Fuscien fondèrent deux églises, le premier à Boulogne et le second à Helfaut ; ce fut après avoir travaillé à la conversion de nos contrées qu'ils allèrent recevoir la couronne du martyre à Amiens, lors de la persécution de Maximien. Au quatrième siècle, un glorieux évêque, saint Firmin, parcourut les rives de la Canche et jeta les semences de la foi parmi les habitants de ce territoire. Vers cette même époque, saint Victrice, évêque de Rouen, convertit le Boulonnais ; son contemporain et ami, saint Paulin de Nôle, lui écrivait de Rome en l'an 400 : « Aujourd'hui, sur cette terre des Morins, située à l'extrémité de l'univers, sur ces rivages que rongent les flots barbares de l'océan furieux, les peuples, heureux de la lumière que le Seigneur a fait luire par Votre Sainteté, se sont dépouillés de leur barbarie pour ouvrir leurs cœurs au Christ. Autrefois les solitudes des forêts et les rivages inhospitaliers n'étaient habités que par des étrangers féroces ou des voleurs du pays ; maintenant des chœurs vénérables et angéliques de saints font retentir les hymnes de la paix au milieu des villes, des bourgs, des îles et des forêts, dans les églises et les monastères pleins de fidèles. Bien que le Christ répande en tous lieux cette abondance de grâces, cependant il vous a plus particulièrement choisi comme un vase d'élection pour annoncer la foi à cette extrémité du littoral Nervien que la vérité n'avait encore que légèrement effleurée. » Enfin la Morinie fut visitée au commencement du cinquième siècle par d'autres ouvriers évangéliques dont le nom est malheureusement resté dans l'oubli, à l'exception de saint Maxime de Riez qui consacra à l'Église de Thérouanne huit années de ses travaux apostoliques.

Y eut-il une organisation religieuse à la suite de ces diverses prédications ? Nous regardons la chose comme certaine ; il semble évident que les saints missionnaires qui établirent de si belles chrétientés en notre pays ne purent se retirer sans avoir constitué des pasteurs capables de les soutenir et de les étendre, et nous pensons avec de graves auteurs qu'il y eut dès lors deux évêchés dans la Morinie, l'un à Thérouanne et l'autre à Boulogne.

Vinrent les invasions des races franques, puis la marche sauvage d'Attila et de ses Huns (451) qui mirent à feu et à sang le nord de la Gaule. La foi et la civilisation s'arrêtèrent, et les ruines amoncelées durant plus d'un siècle furent telles que la conversion de Clovis put seule opposer une barrière

à la barbarie dont le monde chrétien était menacé.
Tandis qu'une grande partie des populations gallo-
romaines retournaient à leurs divinités ou mê-
laient à des débris de foi les grossières pratiques
du paganisme, les Franks embrassaient généreusement le Christianisme, et c'est dans leur sein
que l'Évangile allait trouver des forces nouvelles
pour opérer la conquête définitive de la Gaule.

Au septième siècle, on pouvait déjà mesurer
l'immense chemin parcouru depuis l'année 493
qui avait marqué le baptême de Clovis. Les évêques, si admirablement dépeints dans nos naïves
légendes, s'étaient mis à façonner le peuple que
Dieu devait placer à la tête de l'Europe catholique:
Gesta Dei per Francos. Au contact de leur puissance morale, de leur infatigable persévérance, de
leur admirable sainteté, les mœurs s'étaient adou-
cies, les attentats et les violences avaient diminué,
les intérêts des faibles avaient trouvé des défen-
seurs et une société nouvelle se fondait sur les
notions d'ordre et de droit. Si trop souvent encore
le Frank laisse libre carrière à ses instincts farouches, si l'histoire continue d'enregistrer une
trop longue série de crimes, du moins les vertus
héroïques et le repentir d'un grand nombre conso-
lent quelque peu de ces déplorables excès et permettent d'espérer en l'avenir.

D'ailleurs, de cette époque date comme un re-
nouveau de l'esprit religieux; sous les auspices de

Dagobert Ier, monté sur le trône en 628, l'Église refleurit et de toutes parts germent les saints.

La Morinie s'honore d'avoir produit au septième siècle saint Bertulphe et sainte Angadrème de Renty, saint Lambert de Quernes, sainte Framchilde et sainte Austreberte de Marconne, sainte Berte de Blangy et ses trois filles saintes Déotile, Gertrude et Emme, saint Wulmer de Samer, saints Lugle et Luglien martys à Lillers, saint Bertin et ses compagnons saints Mommelin et Ebertramme, saint Winoc de Wormhout, saint Silvin et la bienheureuse Sicchède d'Auchy, saint Walbert d'Arques et le grand saint Omer, évêque de Thérouanne.

Il y a sur les divers points de notre littoral de nobles seigneurs dont la vie est un modèle de vertus ; les uns abandonnent le monde pour se réfugier dans la solitude comme saint Wulmer de Samer et saint Walbert, comte d'Arques *(Arkarum comes)*; d'autres accordent une large hospitalité aux hommes de Dieu, comme le comte Haymon de Ponthieu qui se montre le *zélé* protecteur de saint Josse [1], et comme le leude Adroald *(Vir inluster)* qui offre à saint Bertin son domaine de Sithiu pour y fonder un monastère ; d'autres enfin,

---

[1] « Saint Josse, prince breton, se crée une solitude entre la Canche et l'Authie et étonne ce canton du Ponthieu par ses miracles. » L'abbé Parenty : Vie de sainte Berte.

comme Badefrid de Marconne, le père de sainte Austreberte dont nous allons retracer l'histoire, portent à la cour des princes les exemples d'une vie profondément édifiante.

Telle était la Morinie à l'heure où Dieu venait de la choisir pour le berceau d'une enfant de bénédiction. Disons maintenant ce qu'était Badefrid dont le nom s'est perpétué jusqu'à nous, grâce à la vénération des siècles pour sa sainte fille. Ici la légende a eu beau rôle ; elle s'est exercée en toute liberté sur ce noble seigneur qu'elle a doté d'une lignée complète et de grands titres ; elle a même nommé la plupart des membres de sa famille et tracé les limites de ses possessions.

D'après Malbrancq, Ligier Ier, comte de Boulogne et d'Amiens, en 511, aurait eu dans sa descendance une fille du nom de Robresse ; et celle-ci, épousant à la fin du sixième siècle un comte de Vermandois, fils de Wagon, comte de Ponthieu, serait la mère de Badefrid. Il est toutefois difficile d'ajouter croyance à une généalogie qui n'a d'autres fondements que de vagues traditions et peut-être les romans de chevalerie[1] ; nous ne possédons aucun texte authentique qui appuie les assertions de l'historien morin, à moins qu'on ne regarde comme un document sérieux le catalogue fantaisiste des

[1] L'abbé D. Haigneré : Dict. hist. du Pas-de-Calais. arrond. de Boulogne, t. 1

comtes de Flandre et de Boulogne, dressé par les moines de Samer vers la fin du treizième siècle.

On a fait également de Badefrid un comte d'Hesdin. Robresse ayant reçu en dot la ville d'Hélénum *(vicus Helena)*, aurait légué à son fils aîné ce démembrement du territoire de Thérouanne, tandis qu'elle cédait le Ponthieu à son second fils Rigobert. Nous pourrions observer que le titre de comte devait peu ajouter à l'illustration de Badefrid, puisqu'alors il ne désignait qu'un officier, fonctionnaire révocable à la volonté du souverain, uniquement chargé de rendre la justice, de percevoir les impôts et de présider l'assemblée des hommes libres ; mais comme cette tradition du comté d'Hesdin est assez généralement reçue, nous la signalerons en nous contentant de noter les lignes suivantes [1] : « Le père de sainte Austreberte, lequel avoit sa noble extraction des premiers rois de France, étoit en son vivant, il y a plus de mille et trente ans, comte de ce lieu et seigneur de Marconne où il avoit sa résidence, et alors Monseigneur Saint Omer étoit evêque de Térouanne, comme il est parlé en la Vie de Sainte Austreberte. »

Ce n'est pas tout encore ; nous voyons dans la Vie de « *Saincte Frameheutt* » ou Framchilde que

---

[1] L'histoire des pauvres Clarisses du Vieil-Hesdin. — Ms. Archives de Fressin.

Badefrid fut maire du palais d'Austrasie. Les Bollandistes qui ont eu le manuscrit de Wistase-Waucot entre les mains, y ont lu que Badefrid porta secours à Childéric, petit-fils du grand Dagobert, contre Grimoald, maire du palais d'Austrasie, lequel s'efforçait d'assurer le pouvoir à son fils, à l'exclusion des petits-fils de Dagobert; qu'après avoir battu Grimoald en 656, il fut nommé duc d'Austrasie par Childéric; et que plus tard, lorsque Childéric eut été proclamé seul souverain de l'empire franc (670), le roi le fit maire du palais pour avoir en Austrasie un homme capable de gouverner en son absence. L'auteur ajoutait que Badefrid et sa femme Framehilde avaient fondé le monastère de Saint-Michel ou Mihiel sur la Meuse, au diocèse de Verdun [1]; que ces pieux époux ont établi d'autres lieux saints, détruits plus tard par les Normands, et en particulier le monastère de Marconne au diocèse de Thérouanne, sur leur propre domaine qui n'est plus aujourd'hui qu'une paroisse.

D'où nous concluons que le chroniqueur du douzième siècle a fait un même personnage de Badefrid, également connu sous les noms de Batefroi et Vaufroi, et de Wulfoad ou Volfand qui

---

[1] Sigebert (Vie de saint Sigebert d'Austrasie, dans les *Francorum scriptores* de Du Chesne) écrit que l'abbaye de Saint-Michel a été fondée par le duc Wulfoad.

fut effectivement maire du Palais sous Childéric;
il aura pu imaginer ce rapprochement sur une
lointaine ressemblance des noms et sur le désir
qu'il avait de rehausser, s'il était possible, la
famille de sainte Austreberte. Les Bollandistes et
Mabillon rejettent toutefois son hypothèse comme
ne concordant ni avec la Vie contemporaine de la
sainte, ni même avec les données de l'histoire [1], et
nous disons avec eux que Badefrid et Wulfoad n'ont
rien de commun, et que s'il faut laisser au second
son caractère historique, il suffit à la mémoire
du premier d'avoir été le digne père de sainte Austreberte.

On croit aussi que Badefrid était le frère de Rigobert, comte Palatin sous Clovis II. Ce seigneur,
après avoir aidé vigoureusement à repousser les

---

[1] La Morinie dépendait du royaume de Neustrie qui s'é-
tendait entre la Meuse, la Manche, la Bretagne et la Loire,
tandis que l'Austrasie comprenait les pays situés au delà
du Rhin, de la Meuse et de l'Escaut; ces deux parties de la
monarchie franque, tantôt indépendantes et tantôt réunies
sous l'autorité d'un seul prince, formaient deux puissances
rivales, sans cesse en lutte pour assurer leur suprématie ou
conquérir leur liberté. Il découle de là que l'ambition or-
gueilleuse des grands d'Austrasie n'eût certes pas permis à
un leude de Neustrie, tout parent du roi qu'il pût être, d'occuper le pouvoir. Il y a de plus quelque chose de contradictoire
dans le rapprochement des deux noms de Badefrid et de
Wulfoad. Le premier nous est représenté comme un homme
absolument recommandable par ses vertus, comme un
saint même, alors que le second ne mérite pas toujours les
pages élogieuses que le P. S. Martin a consacrées à la hau-

Sainte Berte de Blangy.

Huns du Ponthieu et de la Morinie, reçut en récompense de ses exploits la terre de Blangy, située sur les bords de la Ternoise; il épousa Ursane,
princesse anglo-saxonne, et de ce mariage naquit
Berte qui fut unie à Sigefrid, de la race des princes francs. Devenue veuve, Berte fonda un monastère dans son château de Blangy où elle mourut en odeur de sainteté; l'Église l'a placée sur
les autels avec ses trois enfants Gertrude, Déotile
et Emme.

Badefrid, et ici nous sortons de la légende pour
entrer dans l'histoire, avait sa principale résidence
aux limites du territoire de Thérouanne et du
Ponthieu, sur un coteau baigné par les eaux de
la Canche et de la Ternoise auquel avait été donné
le nom de Marconne (de *Mor* ou *Mar* et *Konne*,
signifiant flux ou arrivée de la mer), parce que la
mer refluait autrefois jusqu'à ses pieds.

Ses ancêtres nous sont inconnus et l'historien
de sainte Austreberte se contente d'écrire que
Badefrid était issu des premiers rois francs[1]; il

teur de ses vues politiques, à la sagesse de son administration, à la noblesse de sa vie privée. Wulfoad, à la tête du
parti des grands, ne contribua pas peu à détacher Childéric II de saint Léger, évêque d'Autun, son ministre en
Neustrie; il fut ainsi la première cause de la disgrâce im-
méritée et de la cruelle persécution que subit cet illustre
martyr.

[1] Vita : n. 4.

remplissait près du roi Dagobert la charge de Comte du Palais qui ne se donnait qu'aux principaux du royaume. Appelé ainsi à vivre dans la confiance de son souverain, à l'assister de ses conseils et à juger au palais les causes dites royales [1], il jouissait de la faveur de Dagobert qu'il devait moins à sa naissance qu'à un mérite universellement reconnu, puisque, dans un âge encore jeune, il était cité entre tous les seigneurs par l'honnêteté et la gravité de sa vie, la chasteté de ses mœurs, la maturité de son esprit, la prudence de son jugement. Les appâts qu'offre l'existence si brillante des cours n'eurent aucune prise sur sa vertu, et, fait digne d'attention, sa vigilance à apercevoir le péril comme son énergie à le surmonter marquèrent de bonne heure son âme d'une empreinte d'austérité qui ne le rendit pas indigne de la compagnie des Éloi, des Ouën, des Wandrille et des autres saints personnages de ce siècle. Sa piété se manifesta. également dans la conversion des habitants de ses domaines, préparant ainsi les merveilleux résultats de l'apostolat de saint Omer ; car nous savons, du moins par la tradition, qu'il éleva plusieurs églises sur ses terres, notamment à Marconne et à Capelle [2], et qu'il les dota d'excellents pasteurs.

[1] Du Cange : Glossarium. t. II.
[2] Malbrancq : de Morinis.

Quand vint le moment où il dut se choisir une épouse, il sollicita la main d'une princesse germaine, de la tribu des Alemans, Framehilde, Framechilde ou Frameuse, également de royale lignée, dont l'éclatante beauté était rehaussée par une sainteté plus éminente encore [1]. Cette union réalisa tout ce qu'on devait attendre de la piété des deux époux. Au fond de ces cœurs qui semblaient s'être fondus ensemble pour offrir à Dieu un seul et ineffable amour, que de ferveur dans la prière, de patience dans la tribulation, de générosité dans les sacrifices, de progrès dans la vertu ! On les vit dès lors, selon le récit de l'historien, dédaigner les vains honneurs du siècle, purifier leurs intentions, affermir leur foi, accroître leur charité, asseoir solidement leur justice, fortifier leur espérance, répandre d'inépuisables aumônes, accueillir avec bonté tous les malheureux, et parvenir avec le secours de la grâce à un si haut degré de perfection, « qu'ils méritèrent de devenir les temples du Saint-Esprit, comme l'ont prouvé dans la suite les témoignages les plus éclatants. »

---

[1] Vita : n. 4.

CHAPITRE II.

La naissance et la vocation.

NAISSANCE DE SAINTE AUSTREBERTE. — SA VOCATION A LA VIE RELIGIEUSE. — MIRACLE DU VOILE. — PROJETS DE MARIAGE. — SA FUITE. — PASSAGE DE LA CANCHE.

MAIS déjà Dieu prépare une récompense à ces époux vertueux. Après quelques années d'un heureux mariage, Framehilde fut prévenue d'une faveur semblable à celle que reçut autrefois la mère de saint Jean Baptiste. Élisabeth avait connu par une inspiration du Saint-Esprit qu'elle mettrait au monde le précurseur du Christ; Framehilde à son tour sut par une lumière intérieure qu'il lui naîtrait une fille dont les destinées seraient glorieuses, puisqu'elle deviendrait mère d'une nombreuse famille dans la maison du Seigneur et soutiendrait le

peuple chrétien comme une des fermes colonnes
de l'Église. Bien plus, quand s'approcha le temps
où devait se réaliser la promesse divine, un ange
lui apparut pour confirmer la première révélation
et donner à l'enfant le nom d'Austreberte[1] ; de sorte
que, selon la réflexion du biographe, le fruit
attendu de cette union reçut son nom avant de

[1] Les manuscrits contiennent un certain nombre de variantes du nom d'Austreberte ; les Bollandistes et Ghesquière ont reproduit les suivantes : *Austraberta, Austroberta, Austreldeberta, Austroverta, Eustredeberta, Eustreberga, Eustreberta.* — Un pouillé d'Amiens de 1301 donne *Obstreberta* (Dom Grenier, t. 78). — Molanus a écrit *Austrebertha ;* le manuscrit de Clairmarais (Bibl. de Saint-Omer — n° 716), ainsi que Malbrancq : *Austrabertha.* Mais la leçon la plus généralement suivie est *Austreberta, Austreberte.*

Le P. Simon Martin s'est ingénié à chercher l'étymologie de ce nom ; il écrit :

« Je dis donc qu'Austreberte est un nom composé de deux dictions hébraïques, à savoir : *Austre* et *Berta,* tout ainsi que les noms d'Abraham, Benjamin et saint Jean Baptiste. *Berta* est un nom formé de la diction *Bar* qui signifie deux choses : fils et froment. *Austre,* provient de la racine *Satar* qui veut dire cacher, protéger, mettre à l'ombre : il signifie encore le secret. D'où il appert clairement qu'Austreberte sera le même que le froment caché, la fille de la protection, la fille du secret. Etymologies sacrées très-convenables à notre sainte qui a été véritablement un froment caché dans la bassesse de son humilité ; qui a porté du fruit au centuple par sa virginité, un froment qui a pourri dans la terre de ses mortifications et austérités afin de produire abondamment des fruits qui soient dignes de la vie éternelle. Sainte Austreberte est la fille de la protection que Dieu a conservée par sa miséricorde des attaques plus furieuses du malin esprit ; c'a été une fille cachée dans le plus secret de la face de Dieu qui en prenait un soin particulier. »

recevoir l'existence ; encore ignoré du monde, il était connu des anges et la renommée de sa sainteté future précéda sa naissance.

Selon la plupart des auteurs, Austreberte naquit en l'an 630[1] au territoire de Thérouanne, dans la demeure seigneuriale de Marconne[2].

Les traditions populaires de nos contrées ne restèrent pas muettes devant ce berceau ; le ciel, ont-elles raconté, mêla sa joie au bonheur de la famille ; une blanche colombe voleta par toute la chambre et se posa quelques instants sur l'enfant qu'elle couvrit de ses ailes ; une lumière éclatante emplit la demeure durant toute la journée et d'odorants parfums l'embaumèrent, pénétrant d'étonnement les assistants qui se demandaient les uns aux autres : « Que pensez-vous que sera cette enfant ? car la main du Seigneur est avec elle[3]. » Mais , quoique ces prodiges légendaires ne se

---

[1] Quelques-uns disent vers 633.

[2] Ainsi Papebroch (apud Boll. append . ad diem XVII maii) : « Proximus huic oppido vicus Marconna dicitur, crediturque S. Austrebertæ natalis locus, parentum autem ejusdem Badefridi comitis palatini et S. Framechildis uxoris habitatio fuisse » ; ainsi Smet (apud Ghesquiere, Comment. præv. n° 3) ; le ms. de Montreuil (Monasticon Benedictinum. T. XXXVIII, fol. 238 — Bibl. nat. ms) ; dom Ganneron (Vie de sainte Austreberte) ; ce qui a fait écrire à l'abbé J. Corblet : « Ce sentiment est d'autant plus plausible que c'était la résidence seigneuriale des parents d'Austreberte. »

[3] S. Luc. I, 66.

trouvent pas relatés aux actes de notre sainte, ils ne nous étonneraient cependant pas, parce que Dieu s'est plu à les opérer sur le berceau d'autres âmes privilégiées.

Les parents d'Austreberte, décidés à se consacrer tout entiers à son éducation, abandonnèrent la cour pour s'établir d'une manière définitive dans leur domaine de Marconne dont le charme solitaire plaisait à leur recueillement et répondait à leurs desseins.

A cette époque éloignée, il n'était guère d'usage parmi les femmes de haute condition, de nourrir elles-mêmes leurs nouveaux-nés ; mieux inspirée, Framehilde dérogea à cette habitude trop funeste ; elle en fut récompensée par la tendresse reconnaissante de sa fille, et aussi par des concerts mystérieux et de suaves mélodies [1].

Dès que la jeune Austreberte eut commencé à grandir, ses parents la confièrent à des maîtres habiles qui ornèrent son esprit des connaissances les plus variées ; mais ils se réservèrent la tâche plus importante de former son cœur à la vertu, sachant bien que rien ne peut tenir lieu de l'éducation reçue au foyer domestique. Le succès couronna leur sollicitude ; à peine l'enfant eut-elle entendu les sages leçons des auteurs de ses jours

---

[1] D'après le poëme de Samson le chartreux.

qu'elle en fit ses délices et les suivit avec une entière docilité ; elle se montra sensible, aimante, charitable, obéissante, et fit les plus rapides progrès dans la piété. Cependant l'Esprit-Saint eut encore plus de part que ces tendres parents à la direction de sa belle âme; il se fit son guide dans les voies extraordinaires où il se plut à la conduire et la pénétra, avant même l'âge de dix ans, d'un mépris profond de la terre et d'un merveilleux désir des choses du ciel. Les églises et les monastères avaient pour elle le plus grand attrait ; toute sa joie était de les visiter, d'entendre les chants sacrés, d'assister aux offices, de prier aux pieds des autels ; alors, à voir le ravissement de son visage et le recueillement de tout son être, on pouvait juger des élans de sa ferveur: ce qui faisait dire aux témoins de sa piété précoce que Dieu avait assurément des desseins particuliers sur elle.

Ils ne se trompaient pas : Dieu voulait pour lui seul cette âme privilégiée ; de bonne heure, il l'appela à de célestes fiançailles, et même, afin de lui ôter toute hésitation dans le choix de sa vocation, il la lui montra clairement par un signe miraculeux.

Sur la rive gauche de la Canche et à peu de distance du château de Marconne, coulait une fontaine limpide qui allait en serpentant mêler ses eaux à la rivière voisine ; Austreberte s'y rendait volontiers avec quelques compagnes, et la troupe

Fontaine de Ste Austreberte à Ste-Austreberthe-lez-Hesdin

(d'après un dessin de M. le colonel Démarest.)

enfantine prenait ses joyeux ébats sur les bords couverts d'épais ombrages[1]. Un jour que, tout en jouant, la jeune fille se penchait au-dessus de l'onde et regardait dans le clair miroir, elle se vit, ô prodige ! la tête enveloppée d'un voile semblable à celui des religieuses[2]. Cette apparition qu'elle contempla longuement répondait à ses désirs intimes ; elle crut à un ordre de Dieu, et désormais, embrassant d'avance les renoncements de la vie angélique, elle se regarda comme consacrée à « l'époux immortel. »

Nous ferons observer ici avec un pieux auteur que si, dans notre siècle sceptique, on se rirait de prendre pour l'expression de la volonté céleste ce que nous serions tentés de regarder comme des illusions, on savait, aux âges de foi où la Sainte Écriture était lue et méditée par tous, que Dieu avait souvent parlé aux hommes par des signes extérieurs, et l'on se serait cru coupable de retarder même son obéissance.

Austreberte grandit sans jamais se détourner de sa voie ; « dans ses oraisons accompagnées de larmes, est-il écrit de la jeune vierge, elle suppliait le Seigneur de réaliser ce qu'il avait daigné lui montrer en figure ; jamais elle ne perdit de vue

[1] Cette fontaine porte encore aujourd'hui le nom de Fontaine de Sainte Austreberte.

[2] Vita : n. 6.

ce but suprême de sa vie, jusqu'à l'achèvement de l'œuvre que son esprit avait conçue et que ses yeux avaient considérée. Son cœur était enflammé du feu que Notre-Seigneur Jésus-Christ avait allumé ici-bas et qui sépare le fils du père et la fille de la mère ; il brûlait des ardeurs les plus vives et, ni le jour ni la nuit, il ne cessait de s'adresser au Seigneur. Peut-être Austreberte avait-elle lu ou même entendu lire ce texte de l'apôtre saint Jacques : « Si quelqu'un écoute la « parole de Dieu et ne la met point en pratique, il « est semblable à celui qui a contemplé son visage « dans un miroir. Il s'est vu, puis il s'est retiré et a « oublié ce qu'il était. » Apprenons par l'exemple de la bienheureuse vierge à ne pas nous laisser comparer à des hommes oublieux, et à nous ranger, non parmi ceux qui se contentent d'écouter la parole divine, mais parmi les hommes qui la mettent en pratique. Comparons-nous plutôt à notre sainte qui se considéra dans le miroir des eaux et se rappela toujours ce qu'elle y avait vu ; celui qui voudra l'imiter et devenir, non pas un auditeur sans mémoire, mais un chrétien agissant, sera heureux s'il persévère dans ses œuvres[1]. »

Badefrid avait d'autres desseins. Ne compre-

---

[1] Vita : n. 6.

nait-il pas le spectacle que lui offrait chaque jour cette enfant bénie, ou se laissa-t-il égarer par la brillante perspective d'une union terrestre? Toujours est-il qu'il pensa être sage en lui préparant un avenir tout différent de celui que le Ciel lui réservait. Un des jeunes princes de la cour des Franks, dit la tradition, et proche parent du roi Dagobert, sollicita avec instances la main d'Austreberte; son nom était déjà célèbre, ses biens immenses, ses qualités remarquables, et le souverain lui-même s'intéressait chaleureusement à des projets qui devaient unir deux des plus nobles familles de son empire. Badefrid crut ne pouvoir refuser une alliance qui se présentait sous des dehors aussi séduisants; il en vint à accepter les présents des fiançailles et à fixer l'époque des noces, comptant sur l'obéissance de sa fille pour recevoir un époux de son choix : le jour du mariage approchait.

Quel effroi soudain au cœur d'Austreberte, quand sa mère l'eut instruite de la volonté paternelle! Comblée par l'Esprit-Saint des plus insignes faveurs, déjà avancée dans la voie parfaite, elle avait pénétré le néant des choses humaines et n'ambitionnait que la vie des vierges. Voici pourtant que l'autorité d'un père la rejette dans ce monde si dédaigné ; voici qu'elle doit étouffer ses aspirations et méconnaître l'appel du Seigneur; qui ne comprendrait alors les angoisses de son âme où se livre un douloureux combat entre les deux plus grands amours qui soient ici-bas, l'amour divin et l'amour filial ?

Austreberte se jeta aux pieds de ses parents ; d'une voix entrecoupée de sanglots, elle les supplia de ne pas la contraindre à cette union et de la laisser libre de se donner à Dieu : ses prières ne purent émouvoir leur cœur ni rien changer à leur détermination qu'ils déclarèrent inébranlable. Badefrid et Framehilde voulaient que leur fille fût heureuse de leur propre bonheur ; appuyés l'un sur l'autre dans un amour constant et une inaltérable confiance, s'isolant du monde pour déverser les trésors de leur âme sur les enfants que Dieu leur envoyait, ils traversaient la vie sans guère connaître de ses déceptions et de ses amertumes ; à peine les agitations de la cour auxquelles ils ne pouvaient toujours se dérober effleuraient-elles d'un souffle léger la paix profonde de leur existence. Comment alors se dire que leur fille bien-aimée pouvait autrement comprendre l'avenir qu'eux-mêmes ? Sa vocation religieuse n'était-elle pas le rêve d'une imagination pieuse qui disparaîtrait au contact de la vie réelle et des joies qu'elle apporte ? Trop souvent des parents chrétiens ont de ces illusions dangereuses sur la vocation de leurs enfants, parce qu'ils ne veulent pas s'avouer que les voies de Dieu sont diverses et que « dans la maison du

Père éternel il y a beaucoup de demeures [1]. »

Ainsi repoussée par sa famille , Austreberte éperdue, chancelante, se dirige vers l'église où elle tombe agenouillée, ne sachant plus que gémir. Et voici qu'au milieu de ses plaintes déchirantes une voix murmure au fond de son âme : « Celui qui aime son père et sa mère plus que moi n'est pas digne de moi [2] » ; et pleine alors d'une généreuse résolution, essuyant ses larmes, refoulant ses angoisses, toute prête à répondre à l'appel divin, elle quitte sans tarder le saint temple. Quelques instants après, on aurait pu la voir s'échapper furtivement du château, tenant à la main son jeune frère [3] ; et comme l'en-

---

[1] « In domo Patris mei mansiones multæ sunt. » Joann. XIV, 2.

[2] « Qui amat patrem aut matrem plus quam me, non est me dignus. » Matth. x, 37.

[3] Ce jeune frère que sainte Austreberte emmena dans sa fuite serait, d'après la tradition, cet Adalscaire qui fut seigneur d'Auchy et père de la bienheureuse Sicchède. Nous ne connaissons de lui que le peu de lignes que lui consacre Malbrancq (De Morinis, t. 1, lib. IV, c. xii) : « Il habitait, dit-il, à égale distance entre Marconne et Blangy, près de la forêt et sur la Ternoise, à une lieue de son confluent avec la Canche. Son domaine se nomme Auchy ; il l'avait reçu en dot de son père Badefrid lorsqu'il épousa Anéglie, princesse franque ; et comme il obtint du vivant de son père la plus belle part de son héritage et une épouse d'un rang aussi élevé, on le regarda comme l'aîné.... Ces deux époux avaient une fille, Sicchède, d'une maturité au-dessus de son âge, un véritable trésor de vertus ; sous la direction vi-

fant lui demande où ils courent ainsi: « A la ville prochaine », répond-elle. Puis elle descend la colline et se dirige vers la Canche ; en chemin seulement, elle avoue à son frère qu'elle va demander le voile au saint évêque des Morins, Audomarus ou Omer.

Mais tout semble se conjurer pour éprouver la foi d'Austreberte et il n'est pas jusqu'aux éléments qui ne s'opposent à sa vocation. Les eaux de la Canche, subitement grossies par une marée d'équinoxe ou mieux par des pluies torrentielles[1],

gilante de saint Omer et de saint Bertin, ils arrivèrent à une si haute perfection qu'ils firent de leur fille une émule de sainte Austreberte et de sainte Berte ; elle parut d'ailleurs appartenir à Jésus-Christ dès sa naissance. Chez les deux époux brillaient particulièrement la prudence et la religion, et Sicchède suça une rare piété avec le lait de sa mère. En grandissant, l'enfant n'avait de goût que pour l'étude et la virginité ; aussi sur l'avis des saints Prélats dont nous avons parlé, ses parents la laissèrent libre de choisir le genre de vie qu'elle voulait embrasser. Comme Adalscaire avait élevé sur son domaine un temple remarquable en l'honneur de la Mère de Dieu, ainsi que sa mère sainte Framehilde l'avait fait à Marconne, et que la jeune fille était embrasée du désir de se mêler au chœur des vierges, il joignit à cette église un monastère pour y jouir, près de cette réunion de religieuses, de la salutaire présence de sa fille. C'est pourquoi Sicchède, après avoir coupé sa chevelure et s'être dépouillée de ses somptueux vêtements, prit, avec une admirable ardeur, dans ce temple consacré à la virginité, le voile et l'habit religieux. »

[1] Malbrancq rapporte que cette inondation a été produite par la marée qui se faisait sentir jusqu'à Marconne ; les Bollandistes pensent que ce débordement de la rivière a été

inondent la vallée et leurs flots impétueux couvrent le seul pont qui livre passage d'une rive à
l'autre. En ce moment critique, la jeune vierge est
entourée de voyageurs qui doivent également traverser la rivière, et peut-être aussi d'un petit
nombre de serviteurs fidèles qu'elle emmène pour
la protéger dans sa fuite ; tous, saisis d'effroi, se
demandent les uns aux autres s'il ne vaut pas
mieux rebrousser chemin. Leurs cris, leurs plaintes, les larmes de ses serviteurs ne parviennent
pas cependant à ébranler la sérénité d'Austreberte :
puisant une force surnaturelle dans la confiance
en Dieu qui ne l'a pas abandonnée, elle fait le
signe de la croix, prend son frère par la main et
s'avance sur les eaux : dompté par la toute-puissance de la prière, le flot mugissant s'apaise et se
consolide sous ses pas pour lui permettre d'atteindre la rive opposée. Et comme si ce premier
prodige ne suffisait pas à sa piété, à peine a-t-elle
remercié le Seigneur de son salut, qu'elle exhorte
ses compagnons à imiter sa sainte audace ; ceux-
ci, passant tout à coup de la crainte à l'enthousiasme, s'avancent à leur tour sur l'onde et arrivent sains et saufs à l'autre bord.

causé par des pluies torrentielles. Malbrancq ajoute que le
pont qu'il s'agissait de passer avait été construit par les
Romains là où s'élève actuellement la ville d'Hesdin ; l'existence de ce pont nous paraît problématique, puisqu'il n'était relié à aucune voie romaine.

Un poëte latin a célébré ce passage miraculeux :
« En voulant échapper à un mariage détesté,
Austreberte rencontre sur sa route un torrent qui
arrête sa fuite ; elle appelle alors le Christ à son
secours et sa foi change la nature de l'eau : Pierre
lui a donné l'exemple : à son tour la pieuse vierge
passe l'onde à pied sec [1]. »

[1] Robert Cenalis, évêque d'Avranches au XVIe siècle, a
inséré ces vers dans son *Hierarchia Neustriæ* (Bibl. nat. de
Paris, ms. latin, 5201).

« In cujus (Austrebertæ) laudem hæc excerpta a quodam
non prorsus pœnitendo authore hic inserenda curavi :

« Sanctificata Deo, sponsoque dicata perenni,
« Libera, virgo Dei mox abnegat omnia mundi ;
« Virgineo conjuncta choro, sub matre fideli,
« Connubium fugiens, torrente fugam prohibente,
« Exclamat Christum, mutatque fides elementum :
« Dat Petrus exemplum : transit pia virgo profundum.

CHAPITRE III.

La vie religieuse.

LA Morinie, avons-nous dit, possédait deux centres importants, Boulogne et Thérouanne.

Vers l'an 600 qui ouvre cette histoire, la foi était florissante à Boulogne. Deux faits le prouvent : les habitants d'Ambleteuse apportaient dans l'église de cette ville le corps de saint Pierre, abbé de Cantorbéry, inhumé sur leur plage comme un pauvre naufragé ; quarante années plus tard, saint Omer y trouvait une cathédrale, un collège de chanoines et tout un peuple de fidèles. Çà et là

encore, autour de quelques demeures seigneu-
riales dont les leudes étaient, comme Badefrid de
Marconne, animés des sentiments les plus chrétiens, l'Église exerçait sa maternelle influence, et
les habitants de ces territoires favorisés suivaient
avec joie les exemples venus de plus haut. Mais
Thérouanne qui se souvenait à peine de ses premiers missionnaires avait relevé la plupart des
anciennes idoles, tandis qu'un paganisme grossier,
mêlé de quelques vagues souvenirs de christianisme, était répandu au fond des campagnes, parmi
ces populations gallo-romaines que la conquête
franque avait réduites à une sorte de servage.

Cette situation déplorable avait éveillé la sollicitude de la nation entière, et le roi Dagobert fut
pressé instamment de pourvoir la Morinie d'un
saint pasteur. Or, nous lisons dans la vie de saint
Omer[1] : « La renommée du bienheureux Audomarus s'étant répandue en beaucoup de lieux,
parvint à la connaissance de Dagobert, roi des
Franks ; après plusieurs années, avec l'entremise
et l'appui de saint Acharius, évêque de Noyon,
Omer fut appelé par le très redouté prince Dagobert et tout le peuple des Franks, pour instruire
et gouverner le peuple de la ville de Thérouanne,
et reçut en grande humilité d'âme l'honneur de

____

[1] Vita S. Audomari, apud Ghesquière, Acta SS. Belgii,
t. III, n. 5 et 6.

l'épiscopat. Parvenu à cette dignité, il sema la parole divine dans les cœurs des croyants, guérit toutes les maladies des âmes et des corps, et, rachetant les captifs, délivrant les prisonniers, prenant un soin particulier des indigents et des veuves, il gouverna saintement le peuple que Dieu lui avait confié. A son entrée dans la ville de Thérouanne, l'éminent pontife Omer fit pénétrer dans les cœurs insensés des païens les salutaires paroles de la loi divine ; il versa les flots lumineux de l'Évangile dans leurs âmes aveuglées par les ténèbres de l'ignorance : et détruisant les vains simulacres des dieux, il les livra aux flammes. Dans la ville de Thérouanne, il renversa de fond en comble le culte sacrilège des idoles et convertit à la foi catholique tout le peuple qui y habitait [1] ».

Baronius écrit que saint Omer a mérité d'être appelé l'Apôtre des Morins [2]. « S'il est vrai, ajoute-

[1] Le fait suivant prouvera combien étaient déjà admirables les fruits de cet apostolat, dix ans après l'arrivée du saint Pontife dans son vaste diocèse. Le leude Adroald offrait à saint Bertin et à ses compagnons le domaine de Sithiu ; et lorsqu'il dressait la charte de donation à Aix-en-Issart (Ascio) où saint Omer était alors en tournée pastorale, il faisait signer cet acte de sa charité généreuse par des prêtres, un abbé de monastère et quantité de seigneurs dont les quarante-huit noms attestent les progrès de la foi. L'abbé D. Haigneré : Les Chartes de Saint-Bertin. 1.

[2] Annales eccl. an. 695.

t-il, que les semences de l'Évangile aient été je-
tées avant lui par des ouvriers de la première
heure, ce pays néanmoins était retombé dans les
hontes du paganisme, et c'est Omer qui a la gloire
d'en avoir opéré la conquête définitive par ses prédications et ses miracles. »

Austreberte avait raison de se confier à
l'homme de Dieu dont le cœur était si bien fait
pour comprendre ses alarmes. Dès qu'elle fut en
présence de l'évêque [1], sa douleur longtemps contenue fit explosion et elle ne put que s'écrier au
milieu de ses sanglots : « O Père vénérable, mes
parents voulaient me fiancer à un époux mortel,
et je me suis enfuie parce que je veux être à Jésus
seul ; prenez pitié d'une enfant abandonnée de
tous et placez sur ma tête le voile sacré des vierges. » Saint Omer fut attendri par cette scène
touchante ; et qui eût pu retenir ses pleurs au
spectacle d'une princesse aussi vertueuse, réduite

[1] Plusieurs lieux se disputent l'honneur d'avoir reçu les
premières promesses d'Austreberte. Pour Malbrancq, c'est
à Wavrans où saint Omer avait une maison de campagne,
que la jeune fille rencontra le Pontife ; le P. Giry fait un
tableau pompeux de la cérémonie qui eut lieu à Thérouanne ;
quant au P. Dominique, il place la prise de voile dans
l'église de Sithiu où saint Omer fit jaillir une source en
faveur de la sainte. D'après une communication de M.
Ch. Henneguier à l'abbé J. Corblet, le savant antiquaire
montreuillois affirme que sainte Austreberte, pour avoir eu
besoin de traverser la Canche, avait dû se diriger, non pas
vers Sithiu ni vers Thérouanne, mais vers Boulogne.

à solliciter en fugitive la faveur de se donner au
Seigneur ? Il l'interrogea avec une bonté paternelle sur les circonstances qui l'amenaient devant
lui, et ayant appris, non sans une joie profonde,
comment Dieu avait fait naître sa vocation et de
quels prodiges il l'avait favorisée, il ne sut pas
différer une faveur que le Ciel lui-même avait ré-
clamée pour sa protégée. Il couvrit donc Austreberte du voile sacré qui est comme la livrée de
l'Agneau et la voua au Christ ; ainsi il ne pouvait
plus être question d'union terrestre, puisque la
nouvelle Épouse avait contracté une union céleste avec l'Époux divin [1]. C'était en l'année 648 :
Austreberte avait alors dix-huit ans [2].

[1] Vita : n. 7.
Dom Martène (De Ant. Eccl. Ritibus, t. III, c. vi, 2) dit
que la Consécration des Vierges se faisait autrefois de deux
manières ; la première consistait dans le changement d'habits et la promesse de virginité ; dans la seconde, comme
celle de sainte Austreberte, c'était l'évêque lui-même qui
imposait le voile et donnait sa bénédiction solennelle. Ces
cérémonies s'accomplissaient, soit que les vierges continuassent à demeurer dans la maison paternelle, soit qu'elles
habitassent en commun, soit qu'elles voulussent embrasser
la profession monastique.

[2] Les Bollandistes qui font naître sainte Austreberte en
638, marquent l'année 656 comme date de la prise de voile.
Corblet conserve la date de 630 pour la naissance, mais
adopte l'année 656 pour la prise de voile, donnant ainsi
25 ans à la sainte. « Ceux qui lui donnent 15 ans à cette
époque, dit-il, se trouvent dans l'impossibilité de faire con-
corder la date de sa naissance (630), celle de sa mort (704)
à l'âge de 73 ans et l'indication de ses 48 années de profes-

Comme un bon père qui souffre des angoisses des siens, saint Omer ne crut pas sa tâche terminée avant d'avoir adouci les ressentiments de Badefrid et apaisé les maternelles inquiétudes de Framehilde ; il accompagna Austreberte à Marconne et se présenta le premier devant sa famille. Avec des accents empreints tout à la fois de douceur et d'autorité, il rappela à ces parents chrétiens le droit absolu de Dieu sur ses créatures ; il dit les prodiges qui avaient signalé la naissance de leur enfant et le miracle de la Canche où les desseins du ciel s'étaient manifestés de nouveau ; il demanda aux deux époux s'ils prétendaient résister à Dieu en s'obstinant à repousser une vocation aussi sainte ; il leur promit enfin d'abondantes bénédictions si leur cœur était assez généreux pour faire le sacrifice qu'il sollicitait au nom du Seigneur. Sa parole persuasive rendit la paix à ces âmes troublées ; laissant libre cours à leur émotion, le père et la mère serrèrent Austreberte dans leurs bras, ses frères se jetèrent à son

sion religieuse. » Toutefois, comme nous pensons que sainte Austreberte passa plusieurs années à Marconne après sa prise de voile, et que c'est pendant ce temps qu'a été construite l'église de Notre-Dame-de-Marconne, nous concilierons ainsi ces dates : sainte Austreberte est née en 630 ; elle a pris le voile en 648 ; elle a quitté Marconne en 656 ; elle est morte en 703 à l'âge de 73 ans, et après 48 années de profession religieuse. D'après la nouvelle manière de diviser le temps, il faudrait dire les années 631, 649, 657 et 704.

cou, chacun la couvrit des plus tendres caresses et tous ensemble s'unirent au vénéré pontife pour rendre à Dieu de touchantes actions de grâces ; ceux qui dans la maison ou au dehors avaient pris parti contre la jeune fille, furent ceux qui lui témoignèrent en ce moment une plus profonde vénération [1].

Dieu avait déposé dans l'âme d'Austreberte, comme dans un sol choisi, le lis de la virginité, et mêlant la rosée de la grâce aux larmes de la tribulation, il avait veillé sur son accroissement et sa vigueur ; le moment est venu de transplanter cette tige céleste « dans le jardin fermé de l'Époux » où elle va se couvrir des fleurs les plus suaves. Après quelque temps de séjour au château de Marconne, Austreberte supplia sa mère et ses frères de ne pas mettre obstacle à l'entier accomplissement de la volonté divine qui l'appelait au cloître ; et ceux-ci accédant à sa demande, la conduisirent au monastère de Port, situé sur les bords de la Somme [2].

Elle fut reçue comme un présent du ciel par la

[1] Vita : n. 8.

[2] Voir l'Appendice : Où était situé l'abbaye de Port ? — Vers cette époque, lisons-nous dans dom Ganneron, « sous le pontificat de saint Rigobert », archevêque de Reims, un grand nombre de personnes donnèrent en divers lieux leurs biens à l'Église de Reims pour le salut de leurs âmes, et Floard (C. II, lib. 2) cite entre autres Austreberte.

vénérable abbesse Burgoflède que plusieurs ont crue sa parente ; la voici donc à la meilleure des écoles pour étudier la sainteté et nous appliquerons volontiers à ses rapides progrès la parole du du Roi-Prophète : « Elle part avec ardeur pour courir comme un géant dans sa carrière [1]. »

Dieu se dévoile aux âmes pures et simples ; parce qu'elles vivent plus près de lui et en quelque sorte dans son intimité, elles ont une vue plus complète de ses infinies perfections [2], et mettent leur bonheur à copier les chastes beautés de l'Époux. En elles s'épanouissent la prière, l'obéissance, le détachement, l'humilité, la mortification qui servent de radieux cortège à la virginité.

« Vois-tu, disait saint Grégoire de Nazianze [3] à l'empereur Julien l'Apostat, vois-tu ces êtres posés sur la terre et vivant au-dessus de ce qui est terrestre ; mêlés aux hommes et plus grands que tout ce qui est humain ; assujettis et libres ; dépendants et souverains ; n'ayant rien dans le monde, et possédant tout ce qui est par delà le monde ? Vois-tu tous ces êtres que la mortification rend immortels et que la mort unit à Dieu ; étrangers à la convoitise et brûlant de ce divin amour

---

[1] « Exultavit ut gigas ad currendam viam » Ps. XVIII, 6.
[2] « Beati mundo corde, quoniam ipsi Deum videbunt. » Matth. v, 8.
[3] S. Greg. Naz., *Orat. IV contra Julian.* c. 71.

dont rien n'altère la quiétude ? Ils ont la lumière dans sa source et déjà la voient rayonner. Les cantiques des anges sont leurs chants : la nuit leur est encore un jour : ils y veillent, et leur esprit, déjà ravi dans le ciel, s'élance pour se perdre en Dieu. Ils sont purs et sans cesse ils se purifient, car ils n'assignent point d'avance un terme à leurs progrès ; ils ont même l'intention d'être déifiés sans mesure. A peine sont-ils couverts et leur robe est incorruptible. On dirait qu'ils sont seuls et ils ont une compagnie céleste. Les voluptés leur sont sévèrement interdites et les délices où leur âme est plongée défient tous les discours. Leurs mains étendues pour prier éteignent les incendies, endorment les bêtes féroces, émoussent les épées, mettent les armées en déroute, et finiront, sois-en sûr, ô empereur apostat, par vaincre même ton impiété. »

Austreberte atteignit bientôt à ces splendeurs virginales qui sont le triomphe de la grâce sur la nature. Cachée dans sa solitude « comme la colombe dans le creux de la pierre [1] », elle ouvrit son âme aux rayons du Soleil de Justice, et toute dilatée par la lumière divine, elle s'attacha à aimer Jésus dans le mystère de ses immolations et de ses renoncements. « Aussi cette bienheureuse

---

[1] « Columba mea in foraminibus petræ ». Cant. ii, 14.

Servante de Dieu, entrée dans le bercail du Christ
et unie aux brebis du divin troupeau, s'efforça-
t-elle de devenir à son tour une brebis sainte » ;
elle mit avant tout dans son cœur l'humilité et
elle se montra si humble qu'elle se fit la servante
de sa mère spirituelle et de ses sœurs, s'ingé-
niant à leur rendre mille services et courant au-
devant de l'obéissance, même quand l'obéissance
n'était pas commandée. Ses discours étaient touchants : « Je suis, disait-elle à ses compagnes, la
dernière des religieuses et la plus vile du couvent,
car je ne suis qu'une pécheresse, une malheureuse, pour avoir vécu si longtemps à servir le
monde et à oublier Dieu. Vous, mes sœurs, vous
êtes heureuses de lutter avec une infatigable ardeur pour plaire au Christ et le faire le roi de vos
âmes; vous avez employé de bonne heure vos
forces à vaincre dans les combats de la chair, et
il vous suffit maintenant, avec la grâce de Dieu,
de triompher de vos ennemis spirituels [1] ».

Mais plus Austreberte cherchait les abaissements
et plus le Seigneur prenait plaisir à exalter ses
mérites, au point que les religieuses, charmées de
sa candide innocence et de cet admirable oubli de
soi-même dont elle donnait de si fréquents exemples, conçurent la plus haute idée de leur jeune
compagne ; et, pour lui prouver la vénération

[1] Vita : n. 9.

qu'elle avait inspirée à tout le couvent, elles s'empressèrent, du consentement de l'abbesse, de l'élire prieure.

Austreberte n'accepta la charge qui lui fut imposée que par esprit d'obéissance, y trouvant un nouveau motif de s'humilier davantage et des occasions plus nombreuses de manifester sa charité; la nouvelle supérieure sut, pour l'édification générale, opposer la patience aux mouvements d'humeur, fortifier les âmes faibles et pusillanimes, donner de fructueuses leçons aux sœurs moins instruites, prêcher par son exemple l'assiduité au lever de la nuit, et présider à tous les exercices [1]; elle donna un nouvel essor à sa charité, à sa piété, à sa ponctualité à observer la règle, entraînant ses filles par ses discours et ses actes dans la carrière de la perfection.

Le trait suivant peint tout l'héroïsme de sa vertu. Selon un usage établi à Port, les religieuses faisaient elles-mêmes le pain de la communauté, et la prieure, qui ne se croyait dispensée par sa charge d'aucun des offices, même les plus pénibles, du monastère, voulut conserver son tour de travail; un jour vint donc où elle se rendit à la boulangerie et se mit en devoir de pétrir la farine et d'allumer le four. Elle avait comme aide une jeune fille dont l'enfance s'était écoulée près d'elle

---

[1] Vita : n. 10.

à Marconne et qui vivait encore lorsque le biographe de sainte Austreberte écrivait son Histoire [1] : c'est d'elle qu'il tint ce récit. Quand le four eut été suffisamment chauffé, la prieure voulut retirer les charbons et les cendres qui couvraient le pavé ; par malheur, le faisceau de bois dont elle se servit prit feu et fut consumé en un instant. Austreberte regarda autour d'elle, toute stupéfaite ; n'apercevant rien qui pût remplacer l'objet détruit, elle serra fiévreusement les mains : « Qu'allons-nous faire ? dit-elle à sa compagne ; le pain va être perdu ; il n'y a pas de remède. » Et en effet, la pâte prête pour la cuisson se soulevait et débordait déjà de toutes les corbeilles : quelques instants encore et la provision des religieuses eût été fort endommagée. Mais grande était sa confiance en Celui qui « donne sa grâce aux humbles [2] » ; après un instant de réflexion, elle ferma la porte de la chambre en recommandant à la jeune fille de n'avoir aucune inquiétude, et faisant le signe de la croix, elle entra dans le four.

O miracle ! les vapeurs embrasées avaient perdu toutes leurs ardeurs pour respecter la sainte et laisser intacts jusqu'aux bords de ses vêtements ; sa compagne la vit alors, peu soucieuse de l'horrible

[1] Vita : n. 10.
[2] « Humilibus autem dat gratiam » I Petr. v, 5.

SAINTE AUSTREBERTHE

(le miracle du four.)

danger qui menaçait sa vie, aller et venir au sein de la fournaise, nettoyer le pavé brûlant avec les manchettes qu'elle avait arrachées de ses bras, rejeter les charbons et balayer les cendres. Austreberte consentit seulement à sortir quand elle eut soigneusement préparé son four à recevoir le pain : c'est ainsi qu'autrefois les trois Hébreux cheminaient joyeusement au milieu des flammes, chantant à pleine voix les louanges du Seigneur.

Ce triomphe de la jeune prieure sur le feu s'ajoutait à la première victoire qu'elle avait remportée sur les flots furieux quelques années auparavant, comme si Dieu eût voulu réaliser à la lettre en sa servante la promesse qu'il a faite à l'âme juste de ne la point abandonner ni sur les eaux ni dans les flammes [1].

Austreberte ouvrit la porte et termina son travail; cependant avant de quitter la chambre, elle supplia avec instances sa compagne de ne révéler à personne le prodige dont elle avait été témoin [2]; et même, pour ne laisser aucune pensée de présomption se glisser dans son cœur, elle exposa

[1] Transivimus per ignem et aquam : et eduxisti nos in refrigerium. Ps. LXVI, 12.

[2] On rapporte de deux autres saintes de nos contrées des faits miraculeux à peu près semblables. Sainte Angadrème allait un jour demander du feu pour allumer les cierges de l'église à un serviteur qui faisait alors cuire du pain. Impatienté d'être dérangé dans son travail, celui-ci prit des ti-

avec une entière humilité à son vénérable directeur la grâce que le Seigneur venait de lui accorder. Le serviteur de Dieu, versé dans les choses saintes et la conduite des âmes, dissimula les hautes pensées qu'il avait conçues de la prieure pour lui dire d'un ton sévère : « Ma fille, je vous défends de recommencer, car il y aurait à craindre une tentation de Satan. » Plus tard, le directeur rapporta à son tour ce miracle à la communauté [1].

Les jours de notre sainte se seraient écoulés dans les joies intimes et la sainte paix que goûtaient les religieuses du Port, si le Seigneur n'avait eu d'autres desseins sur elle. La solitude qui nous rapproche de Dieu, nous rend plus dociles à sa volonté et permet à la grâce d'exercer librement son action féconde ; lorsque rien d'extérieur ne dérobe l'âme à l'empire de l'Esprit-Saint, elle amasse des trésors de sagesse et de charité pour l'heure où il plaira à la Providence de les mettre au

---

sons enflammés et les jeta à la sainte. Angadrème les reçut dans ses vêtements et les porta à l'église, à la grande stupéfaction des religieuses qui constatèrent, en remerciant Dieu, qu'elle avait été respectée par les flammes. — Sainte Aldétrude, plus tard abbesse du monastère de Maubeuge, fut chargée par sa tante sainte Aldegonde de faire fondre de la cire sur le feu. Mais la flamme devenue trop vive embrasa la cire qui s'échappa de toutes parts. La jeune vierge, sans redouter l'accident auquel elle s'exposait, courut au foyer et en retira le vase ; Dieu la préserva de toute atteinte.

[1] Vita : n. 10.

service de sa gloire. Il en fut ainsi d'Austreberte ; elle vécut durant quatorze ans [1] à cette école de la retraite où la grâce ne cessa d'enrichir son cœur et la prudence de mûrir son esprit ; arrivée à cette époque de sa vie, elle était prête à la grande œuvre que son Époux céleste lui destinait et le temps était venu où elle devait dire adieu au berceau de sa vie religieuse.

[1] Le Propre du diocèse d'Amiens dit à tort que sainte Austreberte ne demeura que dix ans à Port. — Voir l'Appendice 2º : Sainte Austreberte, après son départ de Port, fut-elle abbesse d'Honnecourt ?

CHAPITRE IV.

L'élection.

Au seuil de ce chapitre apparaît l'imposante figure d'un de ces moines du septième siècle que nous nous représenterions volontiers comme des hommes d'une nature supérieure, tant leurs âmes étaient grandes et leurs cœurs fortement trempés. Ils appartenaient à une société qui ne se dégageait que lentement de sa barbarie native; mais les cupidités brutales dont ils étaient les témoins et peut-être même les complices, les avaient enfin révoltés; et aspirant au

ciel par la voie du renoncement et de la prière.
ces dédaigneux de la terre avaient tout quitté, la
vie militaire ou le palais, pour se revêtir d'une
pauvre robe de bure et demander asile aux déserts.

Leurs œuvres nous sont connues. Couvrir la
France comme l'a dit un célèbre écrivain, d'un
blanc vêtement de monastères et d'églises, semer
avec une courageuse persévérance sur une terre
arrosée de leurs sueurs, créer de mystérieuses demeures où s'élaborait la sainteté, conserver le dépôt des Saintes Écritures et des Traditions sacrées,
arracher les lettres et la civilisation aux étreintes
d'une barbarie sans cesse renaissante, lutter, souffrir, mourir même, pour le droit et la vérité, fla-
geller les passions, flétrir le crime de quelque
part qu'il vînt, protéger l'innocent et l'opprimé,
tel fut le rôle des moines, tel est l'héritage de
nobles labeurs et de sainteté héroïque qu'ils ont
laissé aux âges suivants.

Saint Philibert[1], c'est le religieux que nous
avons dépeint, vivait alors en Normandie. Né en
Gascogne, au territoire d'Eause, il avait été recom-
mandé jeune encore au roi Dagobert, et des influ-
ences puissantes lui ayant ouvert les portes de la
cour, il répondit aux espérances que ses protecteurs
avaient conçues de ses talents. Il ne tarda à se

---

[1] Vita S. Philiberti apud Boll. (20 aug.) Duchesne, t. I)
et Mabillon (sæc. III, I, 27).

lier de la plus étroite amitié avec saint Ouën, alors
Référendaire, et déjà il entrevoyait un brillant avenir, lorsque, détrompé du monde par les leçons de
ce pieux ministre, il abandonna la cour pour se réfugier à l'âge de vingt ans au monastère de Saint-
Pierre-de-Rebais, dans la Brie. Les religieux, cap-
tivés par ses vertus et ses mérites, l'élurent abbé
malgré sa jeunesse à la mort de saint Aile arrivée
vers l'an 650. Philibert se déroba bientôt à cette
dignité, quitta même Rebais et visita les plus fa-
meux monastères de la Gaule et de l'Italie. De
retour enfin après la mort de Dagobert, il se rendit à Rouen dont saint Ouën était alors évêque, et
sollicita de Clovis II et de la reine Bathilde la
terre de Jumièges, située sur la rive droite de la
Seine, où il fonda en 654 cette abbaye célèbre qui
compta jusqu'à neuf cents moines et quinze cents
frères convers [1].

La persécution s'attacha à ses pas, sans jamais
abattre son énergie ni arrêter son zèle. Poursuivi
par Ebroïn à qui il avait reproché ses débauches,
il fut condamné à l'exil et ne rentra dans son abbaye qu'après la mort de son ennemi; plus tard,
accablé par d'odieuses calomnies, il fut chargé de
fers et renfermé plusieurs années au fond d'un
cachot.

[1] Montalembert : *Les Moines d'Occident.*

Mais chacune des épreuves de ce moine infatigable était suivie d'une œuvre nouvelle ; au retour de l'exil il crée Pavilly ; après sa prison, c'est Noirmoutiers, puis Montivilliers, et d'autres encore qu'il fonde jusque chez les Pictes[1] ; et lorsqu'il s'éteignit chargé de mérites, le 20 août 684, le nombre de ses fils et de ses filles en Dieu était immense.

Nous avons cité le nom de Pavilly, l'ancien *Pauliacum ;* c'est aujourd'hui un joli bourg de près de trois mille habitants, à 20 kilomètres de Rouen ; entouré de collines couvertes de forêts, il groupe ses maisons au fond d'une vallée étroite où se joignent la rivière de l'Austreberte et le ruisseau du Saffimbec ; sur l'une des pentes voisines, le château d'Esneval, aux blanches et hautes murailles, au parc ravissant, ajoute au charme qu'inspire ce beau coin du pays de Caux. Pavilly a deux églises ; la plus importante est l'église paroissiale, restaurée actuellement avec un véritable sentiment artistique par le curé-doyen, M. l'abbé Leduey ; la seconde, située 100 mètres plus loin, est dédiée à sainte Austreberte et sert d'oratoire à un orphelinat : elle a été reconstruite il y a huit cents ans, sur l'emplacement de l'antique basilique de Saint-Pierre qui va tenir grande place dans le culte de notre illustre patronne.

[1] Mabillon : Annales O. S. B. t. I, lib. XVII, f. 523.

Pavilly fut, après Jumièges, la seconde œuvre de saint Philibert[1]; ce fut probablement aussi le premier monastère de femmes de la Normandie.

Au milieu des travaux pénibles que nécessitait l'importante création de Jumièges, et malgré les épreuves dont il était accablé, Philibert, épris du salut des âmes, n'avait pu refuser le secours de ses sages conseils à un puissant seigneur du voisinage. Amalbert ou Amelbert[2] avait une fille qu'il chérissait tendrement; et comme Aurée, car tel était le nom de son enfant, lui parlait sans cesse de sa vocation à la vie religieuse, il s'était empressé de lui bâtir un monastère sur son domaine de Pavilly: l'apercevoir encore de loin, entendre sa voix dans les chants sacrés, s'entretenir quelquefois avec elle, respirer le même air, c'était au moins adoucir l'isolement qu'il redoutait. Il avait ensuite demandé au saint abbé de prendre la direction des vierges qui s'étaient associées à Aurée et d'aider à la formation de la communauté naissante.

[1] « Cum igitur virorum increvisset in monasterio multitudo, aliud construxit cœnobium, nomine Pauliacum, decem millibus a Gemetico sequestratum, ubi sanctarum congregavit multitudinem feminarum, quas sub religionis formâ pro veri Dei obedientiâ gubernabat mater prudentissima, orta nobili parentelâ, vocabulo Austroberta » Apud Boll. Vita S. Philiberti — 20 aug. — Cf. Vincent de Beauvais: *Speculum historiale*, lib. XXIV, c. 93.

[2] Dans le ms. de Campiègne, édité par Mabillon, ce seigneur est appelé Amalbert Ketelbutre.

Philibert « cultiva quelque temps en personne
ces jeunes arbrisseaux plantés au jardin de l'É-
poux céleste » ; mais il ne tarda pas à comprendre
que l'inexpérience des pieuses filles exigeait la
présence au milieu d'elles d'une habile supérieure
qui pénétrât dans les détails de la règle bénédictine sous laquelle elles devaient vivre. Or, la renommée des vertus d'Austreberte s'était répandue
jusqu'en Normandie ; le P. Simon Martin dit
même ingénuement, « par tous les quartiers de la
France. » L'abbé de Jumièges eut alors la pensée
de confier l'œuvre nouvelle à la prieure de Port :
il s'en ouvrit aussitôt aux religieuses qui accueillirent sa proposition comme une faveur du ciel,
et prit conseil de saint Ouën, l'illustre évêque de
Rouen, qui confirma volontiers cette élection ;
puis il dépêcha deux de ses moines à Port pour
presser Austreberte de se rendre à Pavilly. La
servante de Dieu souhaitait depuis longtemps
mettre son âme sous la conduite de ce sage directeur ; mais accepter la dignité d'abbesse, le pou-
vait-elle, lorsqu'elle tremblait déjà à la pensée de
ses devoirs de prieure ?

C'est que les obligations d'une supérieure de
communauté sont bien graves devant Dieu. « L'abbé, dit la règle donnée par saint Benoit à ses religieux et ses religieuses[1], doit toujours se souve-

___

[1] La Règle du B. Père saint Benoit. — Ch. 11, LXIV.

nir du nom qu'il porte et savoir qu'on exige plus de celui à qui on a donné davantage. Qu'il considère combien est difficile et laborieuse la charge qu'il a de gouverner des âmes et de s'accommoder aux mœurs de plusieurs... Qu'il sache qu'il a pris le gouvernement des âmes, qu'il se prépare à en rendre compte, et qu'il tienne pour une chose assurée qu'outre celui qu'il rendra de la sienne propre au jour du jugement, il répondra encore de celles de ses frères en particulier. Celui qui sera ordonné abbé doit toujours penser en lui-même combien sa charge est pesante et à qui il doit rendre compte de son administration : et se ressouvenir qu'il est établi non pour présider seulement, mais pour profiter au salut de ses frères. C'est pourquoi il doit être savant en la loi de Dieu, afin qu'il puisse en tirer les instructions tant anciennes que nouvelles. Qu'il soit chaste, sobre, charitable, et qu'il préfère toujours la miséricorde à la justice ; qu'il haïsse les vices et qu'il aime les frères... Qu'il retranche les vices avec prudence et charité... Qu'il soit prévoyant ; qu'il pèse et modère les emplois et les travaux de chacun selon ses forces...»

Après avoir beaucoup prié, Austreberte ne se crut pas capable de porter le poids d'une charge aussi lourde, et quelque pressantes que fussent les sollicitations des deux messagers, elle attendit que la volonté divine se manifestât plus visiblement à ses yeux, car elle se rappelait les paroles de saint Paul[1] : « Prenez garde qu'un discours ou qu'une lettre ne vous fasse aisément changer. »

Sans se décourager de ce premier refus, l'abbé accourut lui-même à Port ; il y plaida si chaleureusement sa cause, il montra si clairement à la prieure que c'était le ciel qui la voulait à Pavilly, qu'il réussit à triompher de son humilité ; il s'efforça ensuite de vaincre la résistance de la communauté, frappée de stupeur à cette nouvelle. « O Père, disaient les sœurs au milieu de leurs sanglots, pourquoi nous surprendre aujourd'hui ? pourquoi donc nous enlever notre lumière et nous laisser dans les ténèbres ? » Et saint Philibert, tout ému de leur douleur, les conjurait de ne pas mettre obstacle au sacrifice que Dieu leur demandait : « Ne parlez pas ainsi, mes filles, vous ne demeurerez pas dans les ténèbres, puisque vous êtes vous-mêmes les flambeaux du monde ; n'empêchez pas que d'autres participent à la lumière de cette maison ; communiquez-la dans un esprit de charité à ceux qui la sollicitent. » Touchées peu à peu de ces exhortations, les sœurs finirent par céder à l'ascendant du saint, et soumises à la volonté du ciel, elles firent leurs adieux à Aus-

---

[1] « Ut non cito moveamini a vestro sensu... neque per sermonem, neque per epistolam. » II Thess. II, 2. — Vita. n. 11.

treberte : quant à la nouvelle abbesse, elle eut peine à s'arracher à son cher couvent et se mit en route, le cœur navré, suivie du regard par ses filles jusqu'au moment où elle disparut pour toujours. Les grandes démonstrations d'allégresse qui l'accueillirent à Pavilly adoucirent l'amertume de cette séparation, et dès son arrivée elle prit possession de son monastère qu'elle consacra à la sainte Vierge, en souvenir sans doute du monastère de Marconne que ses parents avaient également dédié à Marie.

Saint Ouën [1], l'ancien chancelier de Dagobert Ier et l'un des hommes les plus illustres de son siècle, gouvernait alors l'Église de Rouen avec la haute sagesse qu'il avait précédemment apportée au gouvernement de l'État. Dès le commencement de son épiscopat, il avait encouragé la fondation des abbayes de Fontenelle et de Jumièges qui al-

[1] Saint Dadon ou Audoën, vulgairement Ouën, naquit vers l'an 609 à Sanci près Soissons. Il était fils de saint Autaire et de sainte Aige, et parvint au poste de référendaire ou chancelier sous Dagobert Ier. Il se lia d'une étroite amitié avec saint Eloi dont il écrivit la vie. Ses vertus éminentes et son rare mérite l'élevèrent l'an 639, au siège de Rouen dont il fut le 21e évêque, pendant que saint Eloi était appelé au siège épiscopal de Noyon et Tournay. Il assista, l'an 644, au concile de Châlon-sur-Saône, et l'an 662 au concile de Clichy près Paris. Il mourut le 24 août de l'année 677, d'autres disent 683. Son corps fut inhumé dans l'église de Saint-Pierre hors les murs, qui devint depuis l'église de l'abbaye de Saint-Ouën.

laient devenir des foyers de sainteté et de science ; il avait peuplé de moines bénédictins le célèbre monastère des Saints-Apôtres, déjà restauré en 530 par sainte Clotilde et connu dans la suite sous le titre « d'Abbaye royale et archi-monastère de Saint-Ouën. » Heureux de posséder dans son vaste diocèse un nouveau centre de prière, il bénit avec joie Austreberte en qualité d'abbesse, et lorsqu'il eut apprécié par lui-même les vertus de cette grande servante de Dieu, il conçut pour elle une profonde vénération.

Saint Ansbert (Ausbert, Austrebert), qui lui succéda sur le siège de Rouen en 677, ressentit une égale estime pour l'abbesse de Pavilly ; il ne cessa durant toute sa vie de se recommander à ses prières et de lui donner de nombreux témoignages de respect [1].

[1] Pierre de Natalibus a même prétendu que saint Ansbert et sainte Austreberte étaient unis par la plus proche parenté. «Austreberte, vierge, dit cet auteur ancien, était fille de l'illustre Sisinnius et sœur de saint Ansbert évêque de Rouen. Elle fit vœu de virginité et fut conduite par son frère dans un couvent de vierges de la ville de Rouen : après de magnifiques témoignages de sainteté, elle s'en alla vers le Seigneur le quatrième jour des Ides de février. »
Catalogus SS. a RR. in X^to Patre DD. Petro de Natalibus. — Lib. III, mense febr. — Cf. également Robertus Cœnalis : Hierarchia Neustriæ, fol. 104. Bibl. nat. ms. lat. 5201. — Baronius cependant (Martyr. rom. 10 febr.) déclare à juste titre que c'est une assertion «démentie par les actes même de saint Ansbert.» Les Bollandistes écrivent à leur tour : « Maurolyc., Galesin., Wion, Felicius se trompent en di-

Nous ne pouvons clore ce chapitre sans rappeler le peu que nous savons des derniers jours de Badefrid et de Framehilde.

Quand mourut Badefrid ? A défaut d'indication précise, les actes de notre sainte nous laissent supposer qu'il n'était plus lorsque sa fille quitta Marconne pour se rendre au monastère de Port[1], c'est-à-dire avant l'année 656 ; d'après une tradition touchante, Austreberte aurait assisté son père à ses derniers moments.

Sa mort fut sainte et précieuse devant Dieu ; chrétien fervent, homme de dévouement et de devoir, il dut recevoir la récompense des vertus dont le biographe de sainte Austreberte nous a tracé un si admirable tableau. Nous y lisons en preuve que la gloire des miracles a marqué la sainteté des deux époux[2], et que les témoignages les

sant que saint Ansbert et sainte Austreberte étaient frère et sœur. Saint Ansbert a pris naissance à Chaussy, village du Vexin, et non au territoire de Thérouanne ; son père se nomme Siwinus et non pas Badefrid. Ils ont suivi en cela Pierre de Natalibus qui ajoute même que sainte Austreberte, après avoir fait vœu de virginité, fut conduite par son frère dans un monastère de Rouen. »

[1] Il y est dit en effet qu'après sa prise de voile, sainte Austreberte demeura quelque temps avec sa famille, et qu'elle sollicita ensuite *de sa mère et de ses frères* l'autorisation d'entrer en religion. Vita : n. 8.

[2] « Horum autem conversatio qualis quantave in terris extiterit, miraculorum gloria hodieque populis declaratur.» Vita : n. 4.

plus manifestes ont, dans la suite, montré clairement qu'ils avaient mérité de devenir les temples
du Saint-Esprit [1]. Malbrancq a aussi réuni sous
un même titre de vénération les noms « des
Saints Badefrid, Framehilde et Austreberte [2]. »
Toutefois, il n'est resté aucune trace du culte
qui a pu être rendu à Badefrid, et on ne sait
même pas ce qu'est devenu son corps [3]. Peut-
être l'époux et l'épouse eurent-ils un culte commun, comme cela est arrivé aux bienheureux
Walbert et Bertile, père et mère des saintes
Waldetrude et Aldegonde ; les fidèles s'agenouil-
laient alors près des deux tombeaux à Marconne
et payaient un égal tribut d'hommages à ces pieux
modèles du foyer domestique. Plus tard cependant, après les désastres des invasions normandes,
le nom et les bienfaits de Framehilde auront seuls
survécu à l'horrible tempête qui avait jeté bas
églises, châteaux, chaumières, et effacé de la mémoire des survivants la plupart des gloires du
passé. Mais, quoique l'Église n'ait enrichi son

[1] « Spiritus Sancti templa meruerunt effici, ut post mani-
festissimis claruit indiciis. » Vita : n. 4.

[2] « Marconna Sanctorum Batefridi, Framehildis, Austreberthæ cœlestibus vestigiis prope adhuc madida. » De Morinis, lib. VI, c. 38.

[3] « Nunc quid Badefridi factum sit corpore ignoratur ».
Apud Boll. — Appendix de S. Framechilde ad diem XVII
maii.

Martyrologe que du nom de sainte Austreberte, il
est doux de penser qu'un même triomphe associe
dans le ciel le père, la mère et la fille qui ont uni
sur la terre leur amour et leurs vertus.

Framehilde pleura en chrétienne l'époux si
cher que Dieu lui avait demandé. Assurément les
larmes étaient permises au cœur brisé qui avait
enseveli tout son bonheur dans une tombe à
peine fermée ; pourtant la résignation et l'espérance en adoucirent l'amertume, et trouvant dans
ses regrets les motifs les plus puissants pour s'offrir tout entière au Seigneur, la veuve éplorée
s'adonna plus que jamais aux exercices d'une
piété parfaite. Elle fit deux parts de son temps,
l'une qu'elle consacra à la prière, et l'autre, aux
œuvres de charité. Elle se réfugiait avec sa douleur dans l'église de Marconne où Badefrid dor-
mait son dernier sommeil et où devait aussi reposer celle qui aspirait à la réunion suprême. Qu'a-
lors son âme redoublait de ferveur ! combien lui
étaient douces les longues heures qu'elle passait
à converser avec Dieu ! Ensuite venait le temps
consacré à la visite des veuves et des orphelins,
au soin des malades, à la distribution de ses
abondantes aumônes ; elle se plaisait au milieu
des pauvres dont son cœur aimait à soulager la
détresse, accompagnant son offrande de paroles si
aimables, que tous se retiraient touchés de sa
bonté maternelle. Les malades surtout, ces mem-

bres souffrants du Christ, étaient l'objet de ses prédilections ; pas un d'eux dans le voisinage qui ne reçût ses soins ; elle pansait leurs plaies de ses propres mains et quelquefois même leur obtenait la santé par ses prières, comme on le rapporte en particulier d'un enfant à toute extrémité qu'elle guérit miraculeusement de la pierre [1].

Framehilde ne devait pas longtemps survivre à son mari ; sa mort fut sainte comme sa vie, et consommée en mérites, elle s'éteignit pieusement le dix-septième jour de mai. Son corps fut placé à côté des restes de son époux dans l'église de Notre-Dame-de-Marconne que tous deux avaient choisie pour lieu de leur sépulture [2].

---

[1] Le P. Simon Martin.

[2] « Sexto Calendas Junii — Januam æternæ patriæ ingressa est B. Franchildis, mater S. Austrebertæ virginis abbatissæ Pauliacensis, Vidua cujus pietas. ipsaque quam infundit filiæ educatio, et assiduus Christo complacendi affectus, laudem apud homines, gloriamque apud Dominum meruit sempiternam. »

Du Saussay : Martyr. Gallic. XVII mai.

Sainte Framehilde était honorée d'un culte spécial, à Montreuil, le 17 mai, jour de sa mort. — Henschenius remarque à ce sujet que du Saussay n'a inséré le nom de Framehilde dans son Martyrologe qu'avec la note de bienheureuse (sed minori charactere, sive inter Pios). — Voir l'Appendice : 3° Fondation du monastère de Notre-Dame de-Marconne.

CHAPITRE V.

L'épreuve.

'ÉPREUVE, telle est la grande loi de l'humanité, et telle est aussi la grande loi de la sanctification des âmes, selon cette parole de nos Saints Livres[1] : » Parce que vous étiez agréable à Dieu, il a été nécessaire que la tentation vous éprouvât. »

Austreberte souhaitait faire de son cœur un foyer d'ardente charité, mais elle ne pouvait l'embraser des célestes flammes qu'à la condition de

[1] « Quia acceptus eras Deo, necesse fuit ut tentatio probaret te. » Tob. XII, 13.

le rendre un foyer d'immolations ; elle devait atteindre aux sommets de la perfection, mais le chemin qui y mène s'appelle la voie du Calvaire, voie ardue, semée de ronces et d'épines. Déjà, au milieu des joies de son adolescence, elle avait reçu une première étreinte de l'Amour crucifié, et son courage à supporter l'affliction avait montré qu'elle saurait un jour vaillamment souffrir pour le nom de Jésus ; l'Époux divin va la visiter de nouveau par la tribulation et l'Épouse acceptera avec allégresse les croix, bien lourdes pourtant, qu'il plaira à Dieu de lui envoyer : la sainteté sera le prix de sa soumission.

Austreberte trouva d'abord au sein de sa propre communauté une bien douloureuse épreuve, et même une épreuve qui serait inexplicable, si l'on n'y voyait les efforts acharnés de l'esprit du mal contre l'œuvre de Pavilly. Dans ce monastère, embaumé des fleurs que le Dieu de la virginité faisait éclore en abondance, il y eut quelques sœurs dont la ferveur primitive s'était d'abord refroidie, puis avait disparu, comme il se trouve parfois du mauvais grain dans le plus pur froment. Tandis que l'abbesse s'attachait à l'observance la plus étroite des saintes règles, ces religieuses trouvaient insupportable le joug salutaire de la discipline et, par une pente naturelle, cherchaient à le secouer : elles en vinrent à murmurer des avis de la supérieure, à s'aigrir de sa vigilance, à

s'irriter de son indulgence, à s'exaspérer même
de la perfection de sa vie qui condamnait leur
relâchement. De ces inimitiés cachées à la hai-
ne ouverte, il n'y avait qu'un pas qui fut enfin
franchi ; portant la fureur jusqu'au délire, elles
tramèrent le projet monstrueux de mettre à mort
leur abbesse : ainsi parle la Vie contemporaine,
en ajoutant que Dieu protégea visiblement sa
Servante et écarta d'elle tout péril.

Une légende que Simon Martin a accueillie et
qui fut copiée sans doute sur une semblable tenta-
tive dirigée contre saint Benoît[1], nous dit que les
religieuses mêlèrent du poison à la nourriture
d'Austreberte. Durant les quelques instants de
recueillement qui précédèrent le repas de la communauté, l'abbesse connut par révélation les
desseins formés contre sa vie, et sans que son
âme en fût ébranlée, sans que l'émotion altérât
les traits de son visage, elle prit en paix son hum-

---

[1] Les historiens rapportent que des religieux de Vicovare,
trouvant trop lourd le joug de la réforme, voulurent aussi
faire périr saint Benoît et lui présentèrent une coupe de
vin mêlé de poison. Benoît ayant fait un signe de croix
suivant son habitude, le vase se rompit aussitôt. Le serviteur
de Dieu connut ainsi le complot ; s'étant levé de table, il
assembla la communauté et dit aux moines, d'un ton plein
de douceur, qu'il priait Dieu de leur pardonner et qu'ils
pouvaient élire un autre supérieur, attendu que leur manière
de vivre différait trop de celle qu'il avait adoptée ; puis il se
retira au Mont-Cassin.

ble repas. Pourquoi d'ailleurs aurait-elle hésité à s'abandonner aux mains de son divin Époux, puisqu'il a promis de défendre ses serviteurs contre les breuvages mortels [1] ? Au grand étonnement des coupables, le poison fut impuissant à la pénétrer de son venin, et, quand le repas fut terminé, Austreberte se contenta de dire aux sœurs avec une mansuétude qui aurait attendri tous les cœurs : « Mes filles, qu'avez-vous donc fait ? Je ne suis pas digne de souffrir le martyre et je prie Dieu qu'il vous pardonne votre faute. Allons donc, mes chères filles, commençons maintenant à bien agir ; vous me trouverez une mère encore plus douce que vous ne l'avez éprouvé jusqu'à présent [2]. »

Si cette première épreuve fit éclater la douceur de la sainte abbesse et ne put lasser sa patience, la suivante mit en relief un courage qui ne se démentit pas en face des plus cruelles menaces.

Quoique chrétien, le seigneur de Pavilly dont nous avons parlé au chapitre précédent, n'en demeurait pas moins le Frank à demi féroce, aux dehors farouches, à l'esprit crédule [3]; avec les vertus de son époque, il avait aussi les défauts, et en particulier ces ressauts de violence auxquels « les

[1] « Et si mortiferum quid biberint, non eis nocebit. » Marc. xvi, 18.

[2] P. Simon Martin.

[3] Vita : n. 12.

Sicambres » s'abandonnaient presque sans retenue, et qui trop souvent ensanglantèrent les palais des rois, les demeures des leudes aussi bien que les églises. Amalbert servit d'instrument aux ennemis d'Austreberte ; sa crédulité et l'excès de ses emportements leur fournirent un moyen de la perdre.

Après l'échec de leur criminelle entreprise, les religieuses, loin d'avoir été désarmées par un pardon généreux, s'étaient ingéniées à former de nouveaux complots que le succès, pensaient-elles, couronnerait cette fois. Leur plan, véritablement inspiré par le démon, consistait à soulever l'indignation d'Amalbert contre l'abbesse par la peinture de tourments qu'elle aurait infligés à Aurée. Qui ne connaissait en effet la tendresse du noble seigneur pour sa fille ! qui ne savait que pour elle il eût tout sacrifié, tout osé ! La colère déchaînée, il fallait s'attendre à une victime, et c'est assurément ce que les malheureuses espéraient. Elles firent donc arriver leurs accusations mensongères jusqu'à Amalbert : « Sa fille, lui disaient-elles, était traitée avec rigueur ; l'abbesse, voyant qu'elle allait être contrainte de lui résigner sa dignité, l'accablait de mauvais traitements ; cette femme étrangère dissipait le bien de l'abbaye, se rendait insupportable en ses humeurs, et ne se souciait guère de sa communauté, si ce n'est pour y établir une autorité despotique. » Entièrement dupe de ces machinations, Amalbert accueille la calomnie sans chercher à en démêler la fausseté. Son premier mouvement est de courir au monastère ; il appelle Austreberte et se répand contre elle en cris furieux qui jettent dans l'effroi tout le couvent; mille injures se pressent sur ses lèvres écumantes, il gesticule, il menace, et perdant enfin toute retenue, s'exaspérant même du silence de la sainte. il tire son glaive et se jette sur elle. C'est la mort : l'abbesse l'attend d'un front serein en serrant autour de ses épaules le voile sacré qui lui couvre le front.

Y eut-il quelque chose de divin dans le sentiment de stupeur qui soudain pénétra Amalbert et paralysa son bras ? A la vue de cette vierge que la mort n'effraie point, il s'étonne en lui-même d'une force d'âme qu'il n'a pas toujours rencontrée sur les champs de bataille, et rougissant du lâche attentat dont il allait se rendre coupable, il peut à peine balbutier des excuses que la sainte reçoit avec le doux sourire du pardon ; sa fureur a disparu, et Austreberte n'eut pas dans la suite de bienfaiteur plus serviable , de défenseur plus généreux que ce loup changé en agneau.

Sans doute les coupables rentrèrent aussitôt dans le devoir et ajoutèrent par leur repentir à ce nouveau triomphe d'Austreberte. Son biographe le célèbre en termes éloquents : « Que n'eût point fait Austreberte, que n'eût point fait cette âme courageuse dans les combats de la foi, puisqu'elle avait si peu de crainte de la mort! Elle aurait affronté hardiment les tyrans, leurs tribunaux et la mort même dont ils l'auraient menacée. Aussi doit-on dire que ce n'est pas elle qui a failli à la gloire du martyre, mais que c'est l'occasion du martyre qui a manqué à son courage. »

Voyant que ni les artifices, ni la violence n'avaient réussi, et irrité de ce double échec, le démon résolut d'agir ouvertement lui-même en s'attaquant au monastère. Comme si Dieu n'était pas assez puissant pour défendre les siens !

Au commencement du carême, une religieuse entend au milieu de la nuit une voix qui lui crie : « Sœur, lève-toi, cours vite et dis à l'abbesse d'appeler à l'office. » La sœur entend bien la voix ; mais, accablée de sommeil, elle se retourne sur sa couche et s'endort. Une seconde fois, la même voix la réveille et la religieuse, se croyant le jouet d'un songe, n'obéit pas encore ; enfin, pour la troisième fois, la voix reprend sur un ton d'indignation : « Ma sœur, pourquoi dors-tu ? Pourquoi faut-il te répéter trois fois le même ordre ? Lève-toi donc ; va dire à l'abbesse d'appeler les sœurs à l'œuvre de Dieu. » Toute tremblante d'effroi, la religieuse se précipite de son lit, court à sa supérieure qu'elle trouve en prières devant l'autel et lui dit le message dont elle est chargée. Pressentant aux paroles émues de la sœur un danger immédiat, Austreberte se hâte de donner le signal des Matines, et aussitôt, par un prodige qui s'ajoute aux prodiges de cette nuit mémorable, la communauté se trouve comme subitement réunie à l'église. On se compte alors avec une sorte d'inquiétude : deux jeunes novices manquent seules. Mais à peine le premier psaume est-il entonné que le monastère s'ébranle jusque dans ses fondements et que la moitié des murs du dortoir s'écroule avec un fracas sinistre dont les ténèbres de la nuit redoublent l'horreur. Les sœurs terrifiées interrompent les chants sacrés et s'élancent instinctivement vers la porte. L'abbesse pourtant, avec la plus entière tranquillité d'âme, ordonne à ses filles de regagner leur place et de continuer l'office en faisant ainsi « l'œuvre de Dieu ; » et, comptant sur une protection visible de la Providence, elle se dirige, une lampe à la main, à la recherche des deux pauvres enfants pour lesquelles elle offre ses prières ; chose merveilleuse ! elle les trouve doucement endormies dans la partie du dortoir demeurée intacte ; leurs anges auront ainsi protégé ces âmes virginales contre les attaques de Satan.

Pendant que l'abbesse sauvait les deux novices, une sœur, entraînée par son affection pour l'une d'elles qui était sa nièce, sortait furtivement de l'église et interrogeait les ruines ; mais voici qu'une seconde et plus terrible secousse renverse

sur la malheureuse le pan de murs qui était resté
debout. A son cri de détresse, les religieuses ac-
courent et la dégagent avec peine d'entre les débris. Que de larmes ne répandirent-elles pas en
transportant à l'infirmerie une compagne si terri-
blement punie de sa désobéissance !

La vue de ce corps horriblement mutilé remplit Austreberte d'une compassion profonde ; prenant aussitôt de l'huile bénite, elle en oignit les
membres de la moribonde et la rendit miraculeusement à la santé, au milieu de la joie de la communauté entière.

Quant au bâtiment détruit au commencement
du carême, il fut relevé de ses ruines et rétabli
pour Pâques dans un meilleur état, plus par une
assistance céleste et les prières de sainte Austreberte que par l'œuvre des artisans qui s'y em-
ployèrent [1].

Ainsi toutes ces fréquentes et douloureuses
persécutions n'auront servi qu'à faire briller d'un
plus vif éclat les vertus de notre sainte ; dès
lors la lutte prend fin, Satan avoue sa défaite
honteuse, la grâce exerce librement son action
féconde, et, dans ce couvent devenu un centre
d'édification, les âmes, comme des tiges odoran-
tes, ne cesseront plus de se couvrir des fleurs de

---

[1] Vita : n. 15.

la vertu : «Fleurissez, ô fleurs, comme le lis, don-
nez tous vos parfums, et que la grâce multiplie vos
branches. [1] »

[1] «Florete, flores, sicut lilium, et date odorem, et fron-
dete in gratiam » Eccli. xxxix, 18.

CHAPITRE VI.

Les vertus.

SAINTE AUSTREBERTE EST UN MODÈLE ACHEVÉ DES VERTUS RELI-
GIEUSES. — ELLE RÉPAND L'ÉDIFICATION AUTOUR D'ELLE. — SA
VIGILANCE ET SA CHARITÉ. — SA DÉVOTION ENVERS LA SAINTE
VIERGE.

ETONS encore un regard sur la vie de
sainte Austreberte ; contemplons quelques instants « la beauté intérieure [1] »
de cette âme généreuse dont notre pieuse admiration ne peut se détacher. Aussi bien, comme
nous nous trouvons impuissant à reproduire par
nous-même la physionomie exacte de l'illustre
vierge, nous voulons suivre pas à pas le témoin
contemporain qui l'a dépeinte avec une fidélité
scrupuleuse.

[1] « Omnis gloria ejus filiæ regis ab intus. » Ps. XLIV, 14.

« Comment parler de la charité qui consumait son âme, de la bonté qui l'animait, de la pureté d'esprit et de la simplicité de cœur qui en étaient la parure! Comment retracer la patience extrême dont elle était remplie, l'austérité de sa vie qui s'accroissait à mesure qu'elle avançait en âge! On la voyait se livrer assidûment à la méditation des Saints Livres, consacrer ses nuits à la prière, s'adonner au jeûne, se couvrir des vêtements les plus grossiers, supporter courageusement les tribulations, se jeter avec abandon et confiance dans les bras de Dieu au milieu de ses peines. Durant le carême, en dehors du dimanche, elle ne mangeait que trois fois la semaine; elle châtiait durement son corps et le réduisait en servitude; faisant complète abnégation d'elle-même, elle portait sa croix à la suite du divin Maître. Modeste en toutes choses, elle apparaissait toujours heureuse et comme épanouie dans la paix; elle savait en peu de mots mettre fin aux dissensions et apaiser l'irritation des esprits; elle vivait de si peu que sa frugalité étonnait la communauté, et jamais elle n'a transgressé la règle de sobriété extrême qu'elle s'était imposée. [1] Elle était chaste, prudente, douce, pleine de mansuétude en toutes circonstances, se montrait joyeuse de donner et reconnaissante de recevoir; jamais enfin elle ne se départit de l'hu-

[1] Vita: n. 13.

milité profonde qu'elle pratiqua au degré le plus
éminent. »

Les divers traits de ce tableau ne sont-ils pas
admirables ? Et cependant ils ne reproduisent
qu'un des côtés de la vie de sainte Austreberte, sa
vie intime, sa vie de simple religieuse. Que dirons-
nous maintenant de l'édification, de la vigilance
et de la charité qu'elle apporta dans l'exercice de
ses obligations d'abbesse ! n'est-elle point un exemplaire qui peut être médité avec fruit par ceux que
Dieu appelle à la direction des âmes ?

Édifier, c'est, au sens chrétien, répandre autour
de soi la bonne odeur du Christ, « odeur de vie
qui fait vivre les autres [1] » ; c'est faire « resplendir
si bien la lumière de nos vertus aux yeux des
hommes qu'ils en prennent sujet de glorifier le
Père céleste [2] » ; c'est faire vibrer dans les âmes
un écho des harmonies que les œuvres de la foi
chantent à Dieu. Toutefois, si nous sommes tous
tenus « de garder fidèlement ce qui peut nous édifier les uns les autres [3] », les supérieurs doivent,

[1] « Christi bonus odor sumus Deo... aliis odor vitæ in vi-
tam. » II Cor. ii, 15, 16.

[2] « Sic luceat lux vestra coram hominibus ut videant opera vestra bona et glorificent Patrem vestrum qui in cœlis
est. » Matth. v, 16.

[3] « Quæ ædificationis sunt in invicem custodiamus. » Rom.
xiv, 19.

avant tous les autres, « tout faire pour l'édification commune [1] » ; car l'exemple, en rendant les
préceptes faciles, les devoirs plus doux, les réprimandes moins amères, tend au développement du
règne de Jésus avec un succès que la parole
n'obtient pas toujours. Saint Benoît recommandait expressément aux supérieurs de son Ordre
d'être les premiers à observer la règle et à édifier
plus par leurs œuvres que par leurs discours :
Ils doivent, disait-il, enseigner de vive voix les
préceptes divins aux esprits capables de comprendre leurs paroles ; mais pour enseigner la
vertu aux esprits bornés et aux âmes simples, ils
doivent le faire par leurs propres actions [2].

Austreberte avait compris la sagesse de cette
prédication silencieuse, et elle voulut que, dès son
entrée à Pavilly, sa vie apparût aux yeux de tous
plus mortifiée s'il était possible, plus fervente, plus
édifiante en un mot. Les saintes ardeurs dont
son âme était consumée, embrasaient tous ceux
qui avaient le bonheur de vivre à ses côtés ou
qui s'approchaient d'elle ; les plus faibles de ses
filles trouvaient en leur supérieure comme une
règle vivante qui les guidait et les affermissait

---

[1] «Omnia ad ædificationem fiant.» I Cor. xiv, 26.

[2] « Omnia bona et sancta factis amplius quam verbis
ostendat, ut capacibus discipulis mandata Domini verbis
proponat, duris vero corde et simplicioribus factis suis divina præcepta demonstret. » Cap. ii, 64 reg. Bened.

dans leur vocation ; les plus ferventes s'excitaient comme elle à de continuels renoncements ; toutes, témoins de ses veilles, de ses jeûnes, de sa chasteté, de son humilité, s'efforçaient à l'envi d'imiter ses exemples. Un tel parfum de sainteté s'exhalait de sa vie et la renommée de sa faveur auprès de Dieu se répandit si loin que des vierges accouraient de toutes parts se ranger sous sa direction et devenaient les dignes disciples d'une si parfaite maîtresse.

Cette édification produisit également les fruits les plus heureux en dehors de l'enceinte du monastère ; un grand nombre d'époux du voisinage présentèrent à Austreberte leurs fils et leurs filles pour les vouer au Seigneur dès leurs bas-âge ; beaucoup d'entre eux se séparèrent volontairement pour prendre chacun de leur côté l'habit religieux ; des fiancés renoncèrent spontanément à leurs projets d'avenir et embrassèrent l'état monastique. Que d'âmes aussi, engagées dans les liens du monde, lui durent le bienfait d'une véritable conversion ou la grâce de la persévérance ! Et peut-être faut-il voir dans la vision de Guillaume de Rouen dont nous parlerons au chapitre XI, les restes bénis de ces généreux chrétiens que la pieuse abbesse conduisit avec succès dans le chemin de la sainteté.

Ainsi se réalisait la promesse faite autrefois à Framchilde ; sa fille était vraiment devenue la

mère de cette multitude d'âmes qu'elle avait
enfantées au Christ, et la ferme colonne de l'É-
glise qu'elle soutenait par la ferveur de son
zèle, l'ardeur de sa piété et l'excellence de ses
vertus.

Les supérieurs sont encore les sentinelles de
leur troupeau, parce qu'ils ont la lourde respon-
sabilité de toutes les âmes que Dieu a confiées à
leur sollicitude. Que l'abbé, dit la règle bénédictine, ne dissimule point les fautes de ceux qui
manquent, mais qu'il s'efforce de tout son pouvoir
de les déraciner aussitôt qu'elles commenceront à
paraître, se souvenant du péril du grand prêtre
Héli qui demeurait dans Silo sans veiller sur la
conduite de ses enfants. Qu'il sache que le père
de famille lui demandera compte de ses brebis, et
qu'il n'en sera déchargé que quand il aura apporté comme un bon pasteur toute la diligence
possible à gouverner son troupeau et employé
tout son soin à le guérir de ses maladies [1].Or sainte
Austreberte n'a jamais failli en remplissant les
obligations de sa charge ; lorsqu'il lui a fallu soit
extirper le vice d'une maison où la ferveur doit
seule régner en souveraine, soit conserver la régularité de la vie religieuse, soit diriger les efforts
de ses filles vers cette perfection après laquelle
toutes soupiraient, elle était jour et nuit à son de-

---

[1] Reg. Bened., Ch. II.

voir, fortifiant les volontés, animant les cœurs, réchauffant la piété, ne perdant de vue ni un point de la règle à observer, ni une vertu à conquérir, ni une tentation à vaincre, ni une âme à sauver.

Voici un trait qui la peint dans sa vigilance et son humilité. Comme un bon pasteur qui veille jour et nuit sur le troupeau du Seigneur, dit son historien, Austreberte avait coutume de parcourir les dortoirs après l'office de la nuit afin de s'assurer par elle-même que chaque sœur prenait un repos nécessaire ; dans une de ses visites, alors qu'elle s'avançait lentement le long des cellules avant le lever de l'aurore, elle fut entendue par la prieure qui, la prenant pour une religieuse en faute, la réprimanda fortement. « Que faites-vous donc, ma sœur ? Pourquoi troublez-vous notre repos ? Allez à la croix [1]. » L'abbesse, évitant de se faire reconnaître, reçut cette pénitence avec joie et descendit s'agenouiller devant la croix qui s'élevait au

[1] Cette pénitence, dit Mabillon (acta SS. t. I), était autrefois imposée aux religieuses qui troublaient le repos de la communauté. Nous lisons dans la Vie de saint Lambert, évêque de Maëstricht, que la coutume en prit naissance dans l'église de Liège et de là se répandit dans un grand nombre de monastères. « On priait à cette croix de pierre pour y crucifier sa chair avec ses vices et ses concupiscences, et pour expier les manquements à la règle que l'on aurait pu commettre. » C'est peut-être de cette sorte de croix dont parle la règle de Saint-Donat : qui egrediens domum.... crucem non adierit. Reg. S. Donat, c. 27,

milieu du cloître ; elle y était toujours en prière, lorsque les sœurs se rendirent à l'église pour l'office du matin. La prieure, reconnaissant son abbesse, se rappela la punition de la nuit et se jeta à ses pieds en sollicitant son pardon ; pour toute réponse, Austreberte la releva avec bonté et l'embrassa.

Sainte Austreberte remplit son devoir de supérieure vigilante avec cette charité dont parle saint Benoît : « Que l'abbé considère toujours sa fragilité, et se souvienne qu'il ne faut pas briser le roseau qui est déjà cassé ; nous n'entendons pas néanmoins qu'il permette ou entretienne les vices ; mais qu'il les retranche avec prudence et charité, comme il le jugera plus utile à chacun ; qu'il s'étudie plus à se faire aimer qu'à se faire craindre. »

Austreberte sut merveilleusement fonder son autorité sur la charité la plus tendre. Quand ses religieuses eurent pénétré dans son cœur et qu'elles eurent puisé à ce trésor de dévouement, elles comprirent aussitôt qu'elles avaient en leur abbesse non plus une supérieure, mais une mère. Elle était bien leur mère celle qui souffrait de leurs douleurs, s'attristait de leurs peines, luttait avec elles dans les combats de la vie monastique et se réjouissait de leurs triomphes. Sa parole sympathique, ses soins délicats et discrets, un esprit de sacrifice qui allait jusqu'à l'oubli de soi-même, conquéraient les cœurs, et il n'était pas jusqu'aux âmes les plus fermées qui ne s'ouvrissent à sa compassion pour revenir à l'espérance.

La règle, parfois si pénible à la nature, empruntait à sa douceur un charme inconnu, et les observances les plus austères étaient celles-là même que les religieuses s'appliquaient à mieux garder ; s'il lui fallait user de sévérité et de reproches, elle laissait percer un tel chagrin de se voir contrainte à punir que la coupable acceptait avec une joyeuse soumission et de vifs regrets la réprimande ou la pénitence : ce qui lui a fait donner le nom de « Mère très-prudente » par l'historien de saint Philibert.

Austreberte se dépensait pour ses filles en soins assidus, veillant sur leurs nécessités, les assistant dans leurs maladies et demandant au Seigneur des miracles de guérison. Entre autres faveurs qu'elle obtint, nous citerons la suivante : une sœur eut un côté du visage tellement enflé que l'œil paraissait avoir disparu ; l'abbesse alla la visiter à l'infirmerie, et aussitôt qu'elle lui eut touché le visage, la malade fut rendue à la santé[1]. Il n'est donc pas étonnant que cette mansuétude et cet esprit de charité lui aient valu en retour la reconnaissance de la communauté ; ce ne fut pas un élan passager ; au contraire, les religieuses de-

[1] Vita : n. 16.

Notre-Dame des affligés.

meurèrent si inébranlablement attachées à leur abbesse que pas une n'aurait consenti à se séparer de cette mère qui les aimait toutes et en était tendrement aimée.

Il nous semble qu'un trait manquerait à la sainteté d'Austreberte si nous ne faisions ressortir sa dévotion envers la Sainte Vierge. La tradition nous en offre déjà un premier témoignage quand elle nous montre la jeune vierge, à peine donnée à Dieu par l'évêque Omer, préluder à ses œuvres d'édification par l'érection du sanctuaire de Marconne, plaçant ainsi sous l'auguste patronage de Notre-Dame à qui elle doit sa vocation, un père, une mère tendrement chéris et la contrée où elle a reçu le jour [1].

Ses annales nous rapportent également qu'elle dédia à la Sainte Vierge le monastère de Pavilly ainsi que la première église qu'elle éleva dans le couvent. Sans doute, la pieuse abbesse voulait affirmer toute sa tendresse filiale pour sa divine protectrice ; mais elle voulait aussi imprimer profondément cette dévotion dans le cœur de ses filles, et elle le fit avec tant de zèle que les siècles l'ont

---

[1] Une tradition fait remonter jusqu'aux temps de sainte Austreberte le culte solennel que Marconne rend à la Sainte Vierge. Vers le septième siècle, dit-on, une gracieuse statue de Marie fut trouvée par des moissonneurs dans la fontaine de cette paroisse, et portée à l'église où, depuis lors, elle est honorée sous le titre de Notre-Dame des Affligés.

transmise,sans la diminuer, aux héritières de leurs
vertus. La Sainte Vierge l'en récompensa en de-
venant sa sauvegarde au milieu des périls auxquels
elle fut exposée et en choisissant le jour même
d'une de ses fêtes pour l'avertir de sa mort prochaine.

Austreberte gouverna quarante ans environ son
monastère, et d'humble qu'il était aux premiers
jours, elle le porta à un haut degré de splendeur.
Quand elle prit possession de Pavilly, les sœurs
étaient en petit nombre, la règle paraissait à plusieurs un fardeau bien lourd et les bâtiments eux-
mêmes ne répondaient pas aux besoins de la
communauté ; en peu de temps, la sainte abbesse
n'avait pas réuni moins de vingt-cinq religieuses
de chœur et elle avait fait du couvent le modèle
des autres maisons. Suivant une coutume généralement usitée à cette époque, on lui devait,avec
la première basilique de Notre-Dame, des sanctuaires placés sous le vocable de saint Pierre, de
saint Martin, de saint Laurent ; la tradition parle
même de cinq ou six églises. Elle ne négligea pas
davantage le temporel de la communauté ; et sans
nous étendre sur ce sujet, nous nous contenterons
de dire qu'elle s'occupa de construire des bâtiments
tout à la fois spacieux et dignes de servir d'habi-
tation aux épouses virginales du Christ. Aussi
quand la bienheureuse Austreberte considérait les
merveilles dont elle avait été l'instrument, quand

elle se voyait délivrée des dangers du monde
« comme un oiseau des lacets du chasseur, » quand
elle parcourait ce monastère que Dieu avait si subitement rétabli après sa ruine, son âme reconnaissante ne pouvait assez remercier le Seigneur
de ses miséricordes, pas plus que la plume de
l'historien ou les lèvres de l'orateur ne peuvent
redire toute la sublimité des vertus de notre
sainte[1].

[1] Vita : n. 17.

CHAPITRE VII.

La mort.

RÉVOYANT la fin de ses travaux apostoliques, saint Paul écrivait à son disciple Timothée [1] : « J'ai combattu le bon combat, j'ai consommé ma course et conservé la foi, il ne me reste plus qu'à attendre la couronne de justice que le Seigneur, comme un juste juge, me rendra. »

[1] Tim. iv, 78.

Nous nous rappelons ces sublimes accents en touchant au terme de la vie d'Austreberte. A l'exemple de l'Apôtre, la pieuse abbesse a combattu ces combats du Seigneur où son âme a victorieusement lutté pour établir le règne de Dieu et courageusement souffert pour l'accroître ; ses élans plus enflammés, son détachement plus absolu de la terre, son union plus intime avec son Jésus laissaient pressentir la consommation prochaine de cette sainte vie, et déjà nous entendons l'appel de l'Époux[1] : « Venez, mon épouse, venez et vous serez couronnée. »

Heureux ceux qui meurent dans le Seigneur ! Après une vie qui a été une mort continuelle à la nature, la dernière heure est pour les saints la ravissante aurore du jour de la délivrance, et ils l'accueillent, le sourire sur les lèvres, le cœur débordant d'espérance ; il semble, tant ils aspirent à la patrie, que le Christ murmure à leur oreille ces paroles qu'il redira en ouvrant devant eux les portes éternelles[2] : « Venez, âme bénie de mon Père, venez recevoir la couronne que je vous ai préparée. »

Ainsi mourut la bienheureuse Austreberte. Le dimanche, 2 février, fête de la Purification de la Sainte Vierge, elle reçut la visite d'un ange qui

---

[1] Cant. iv. 8.
[2] Matth. xxv, 34.

lui prédit sa fin prochaine ; et ayant assemblé toute la communauté, elle annonça qu'elle s'en irait au ciel le dimanche suivant. Tirant alors du trésor de son cœur de nombreuses paroles des Saintes Écritures, elle entretint ses filles du royaume de Dieu, du mépris du monde, de la gloire des justes, des châtiments des méchants ; elle leur recommanda de tenir bien resserré entre elles le lien de la charité et de la patience, affirmant que le Christ n'habite pas en ceux qui sont brûlés par la jalousie et envient le bonheur d'autrui ; elle leur donna ensuite le baiser d'adieu et régla ses dernières dispositions. Une fièvre légère la saisit alors, et elle se fit porter sur le cilice où d'ordinaire elle prenait son repos, ne cessant durant les huit jours qu'elle vécut encore, de multiplier le « talent » qui lui avait été donné par le Seigneur.

Quand on sut que l'abbesse de Pavilly avait prophétisé sa mort, toute la Normandie qui la révérait à l'égal d'une sainte, s'attrista comme à l'annonce d'une calamité publique. Prêtres et clercs, abbés et religieux, fidèles de toute condition et de tout âge accoururent au monastère ; ils y étaient souvent venus solliciter quelque grâce et s'édifier de la régularité commune; tous, maintenant, le cœur serré par l'angoisse, faisaient le douloureux pèlerinage pour apercevoir une fois encore leur bienfaitrice, leur modèle, toucher ses humbles vêtements, recueillir une bénédiction, obtenir même la promesse de son intercession dans le ciel.

Sans consulter ses forces défaillantes, la « vénérable Mère » ordonna de recevoir tous les visiteurs et consacra ses derniers instants à leur adresser de touchantes exhortations ; elle les encourageait à ne jamais se détourner de l'œuvre de leur salut et, leur montrant le but à atteindre comme le prix de leurs efforts, elle leur donnait rendez-vous au ciel.

Enfin le dimanche arriva, jour de deuil pour Pavilly, mais jour ardemment souhaité par Austreberte. Après avoir reçu l'adorable Eucharistie avec de pieux transports et humblement offert ses membres aux onctions suprêmes du chrétien, elle ne put contenir son bonheur ; sur son visage se peignit une joie céleste qui parut aux assistants comme un avant-coureur des immortelles délices que Dieu lui préparait. S'arrachant cependant à sa prière intime, elle adressa à sa communauté ses dernières recommandations : « Allons, mes chères sœurs et filles en Jésus-Christ, c'est donc aujourd'hui le terme de ma course ; mais si vous m'aimez d'une véritable affection, suivez en tout mes conseils et ne vous détournez jamais de l'œuvre si bien commencée de votre vocation. Je vous remets aux soins du divin Jésus : il est votre pasteur et votre gardien. » A ces paroles, les religieuses, s'abandonnent à tout l'excès de leur douleur et fondant en larmes : « Pourquoi donc, ô notre maîtresse, ô notre très sainte mère, s'écrient-elles, pourquoi nous quittez-vous si vite ? à qui confiez-vous le soin de votre troupeau ? Aujourd'hui que vous arrivez à la patrie glorieuse, vous nous laissez toutes désolées en cette vallée de larmes. Demandez plutôt à Dieu que nous vous suivions ; oui, nous aimons mieux mourir avec vous que vivre ici-bas sans vous. »

Touchée de leurs plaintes, la vénérable Mère dit encore : « O Dieu immortel, Roi des anges et des hommes, soyez, je vous prie, l'éternel gardien de ces filles que vous m'aviez confiées. Voici que je viens à vous en toute hâte, voici que j'ai soif de reposer en vous que j'ai aimé d'un si ardent amour. Je me confie en vous et je ne rougirai point ; j'espère en vous et je ne serai point confondue ; recevez mon âme dans la paix éternelle, de peur que les traits de l'ennemi ne me percent. Et je vous prie, ô Roi de la gloire éternelle, d'exaucer les prières de tous ceux qui garderont mon souvenir ici-bas et de leur accorder les biens de la paix et du salut. »

Elle demeura quelques instants dans une sorte de ravissement ; s'adressant ensuite aux prêtres qui récitaient les Litanies [1] autour de sa couche :

[1] Mabillon remarque dans ses notes que déjà, à cette époque, les Litanies de la Recommandation des morts étaient d'un usage général dans l'Église.

« Faites silence, mes Frères, ne voyez-vous pas quelle admirable procession descend ici ? Tous les saints que vous invoquez sont présents et m'attendent. » Et pendant qu'elle répétait : « Je viens à vous, mon Seigneur que j'ai tant aimé », son âme se sépara doucement de son corps pour suivre les Élus dans la patrie éternelle.

O sainte et vénérable vierge, vous voyez accourir sur votre passage et la multitude des anges, et le cortège empourpré des martyrs, et la troupe innocente des vierges ! Vous vous mêlez à leurs rangs pour jouir d'un ineffable bonheur dans les siècles des siècles !

C'était le dimanche, 10 février de l'an 704 [1],

---

[1] L'an 703, suivant l'ancienne chronologie qui faisait commencer l'année à Pâques.

« Eodem die, Sanctæ Austrebertæ Virginis Abbatissæ Pauliacensis, quæ nobili genere in territorio Taruanensi nata, sacro velamine a Beato Audomaro urbis illius Episcopo amicta; præfectaque monialium ob præcelsas pii animi dotes, a sancto Philiberto Abbate Gemeticensi, Pauliaci in Normania constituta, quarto a Rotomago milliari; nuper constructum hoc monasteriolum prima laudatissimo regimine gubernavit, sanctissimæque vitæ meritis, beataque morte nobilitavit. » Ex martyr. gall. auct. Andrea Saussaio. — Sainte Austreberte est morte le 4 des Ides de Février, un dimanche. Plusieurs auteurs ont écrit qu'elle était morte, Guil. Gazet en 680, Harœus en 690; mais ce n'est qu'en 681, en 687, en 698 et 704 que les Ides tombent un dimanche. Nous acceptons cette dernière date qui est donnée par Malbrancq d'après le ms. de Montreuil, par la plupart des auteurs, et par la tradition, parce qu'elle répond seule au nombre d'années que la sainte a vécu en religion.

au lever de l'aurore ; Austreberte avait 74 ans.

Ainsi s'éteignit dans la paix du Seigneur cette grande servante de Dieu dont « la sainteté brilla d'un si vif éclat », comme l'a écrit Baronius [1] ; ainsi s'accrut d'un nom nouveau la liste immortelle des saints qui sont l'honneur du VIIe siècle, si justement appelé l'âge d'or du catholicisme. « Cette vierge illustre est plus radieuse que les astres du firmament quand elle s'élève vers le trône que lui prépare le roi des cieux ; le jour où le Christ est ressuscité de la mort est le jour même où son épouse entre en possession du royaume éternellement heureux du Christ [2] ».

Les restes de sainte Austreberte furent déposés au milieu des larmes de tout un peuple dans la basilique de Saint-Pierre qu'elle avait elle-même choisie pour sa sépulture [3].

Au pied de ce tombeau que Dieu va changer

[1] « Hic vel obiter mentio facienda est de Sancta Austreberta virgine quæ ab eodem sancto Audomaro Deo consecrata *egregia claruit sanctitate :* cujus vitæ Acta scriptis mandata habentur. »
Cæs. Baronii Annales eccl. an 695. t. XII.

[2] « Virgo decora micat cœli fulgentius astris
    Cœlestis regis consocianda toro ;
    Qua Christus de morte die surrexit, eadem
    Sponsa die, Christi regna beata subit. »
Ex martyrologio poetico Brantii d'après le *Neustria pia.*

[3] « L'an de grâce VIIe et IIIe, trespassa Madame sainte Austreberte, le Xe jour de frevrier, jour de dimence, laquelle fut enterrée audit monastère en la chapelle fundée

en sanctuaire, notre âme recueillie évoque la pensée du patriarche des moines d'Occident qui fut
le modèle de sainte Austreberte, et compare à sa
grande et noble vie la vie si pure, si douce, de sa
glorieuse fille.

Quels traits saisissants de ressemblance ! Benoît
et Austreberte appartiennent tous deux à une famille, riche des biens de la terre, mais plus riche
des biens du ciel ; Benoît descend de la *gens Ani-
cia* qui possédait à Rome la haute influence du
nom, de la fortune et du mérite ; Austreberte est
unie par les liens du sang à cette race royale
que saint Remi a courbée sous le joug du Christ.
Nous admirons auprès de Benoît la radieuse
figure de sainte Scholastique, sa sœur, comme
nous révérons aux côtés d'Austreberte un père et
une mère que la grâce a enrichis de ses dons et
toute une nombreuse famille que l'Église a placée
sur ses autels. Benoît et Austreberte, prévenus des
bénédictions d'en-haut, se donnent au Seigneur
dès leur jeune âge et aspirent à la solitude où leur
cœur goûtera en paix les joies intimes de la prière
et les saintes rigueurs de la pénitence. L'épreuve

de monsieur saint Pierre apostre, au senestre costé du grant
autel. Moult sainctement se gouverna, et par ses mérites
et prières moult miracles nostre créateur y voulut faire et
démonstrer, comme il appert d'une fontaine, laquelle est
auprès de ladicte chapelle où est enterrée. » Bull. de la
comm. des Ant. de la Seine-Inf. t. VI, III liv.

les visitera, mais pour les trouver invincibles et les laisser doux aux méchants qui les persécutaient. Ils furent favorisés du don des prophéties et des miracles : Benoît le manifesta souvent devant les princes pour témoigner combien était grand le Dieu qu'il servait ; Austreberte le renferma dans l'enceinte de son monastère jusqu'au jour où Dieu en fit rayonner au dehors l'admirable splendeur.

Que leurs vertus nous sont un merveilleux sujet de louanges ! Pureté, humilité, mortification. amour de l'oraison, esprit de pauvreté et de détachement, rien n'effraya les saintes ardeurs de leur âme ; et si leurs pieux entretiens produisirent des fruits merveilleux de conversion, à coup sûr leurs exemples furent une prédication non moins éloquente.

La vie d'Austreberte est comme un rayonnement de la vie de Benoît. Les *Constitutions* de ce Père spirituel furent le livre admirable où la bienheureuse Vierge apprit la sainteté : elle trouva dans ces pages écrites sous l'œil de Dieu, les conseils les plus utiles, les lumières les plus vives, les règles les plus sages pour s'avancer dans la voie difficile de la perfection. C'est également à cette école des maîtres et des disciples qu'après avoir longtemps goûté ses chères obligations d'humble religieuse, elle y apprit ses graves devoirs de supérieure ; c'est enfin dans l'esprit de charité, que saint Benoît a transmis à ses enfants, qu'elle puisa la tendresse toute maternelle dont elle se pénétra pour conduire au ciel ses religieuses, ses filles bien-aimées.

Austreberte nous apparaît donc comme un des nobles fleurons de la couronne que les fils de saint Benoît tressent depuis quatorze siècles à la gloire de leur Père; en la saluant à l'heure suprême où elle entre aux parvis divins, nos hommages remontent vers le Maître dont les leçons ont donné à l'Église un de ses noms les plus vénérés.

CHAPITRE VIII.

Le triomphe.

L E Seigneur se plaît souvent à manifester ici-bas le triomphe immortel des saints; il le fait avec une sorte d'excès, avec une largesse incomparable devant laquelle pâlissent les pompeux et vains témoignages d'admiration que les peuples décernent à la mémoire de leurs grands hommes. Pour affirmer l'éclat de leurs vertus et exalter la grâce dont ils ont surabondé, il donne à leur prière une merveilleuse puissance, il fait découler ses miséricordes par

leurs mains, et il n'est pas jusqu'à leurs ossements,
jusqu'à leurs tombeaux, qu'il n'environne des
splendeurs du miracle. Aussi mêlons-nous la reconnaissance et l'amour au culte que nous ren-
dons aux saints. L'homme sent le besoin d'avoir
près de Dieu des protecteurs tutélaires dont le
cœur, au milieu des joies ineffables qui l'inondent,
s'intéresse à ses travaux, à ses luttes et à ses douleurs ; il s'adresse à leur intercession parce qu'il
connait leur pouvoir, mais surtout parce qu'il va
instinctivement à ceux qui l'aiment ; et en retour
des faveurs que ces frères du ciel sollicitent pour
la grande famille humaine, il offre aux saints son
pieux amour et sa plus tendre dévotion.

Dans ce concert universel de louanges, Austreberte reçoit des hommages mérités.

Elle avait repoussé les joies et les espérances
humaines « pour se faire humble et obscure dans
la maison du Seigneur[1] » ; pareille à la lampe
solitaire qui jette sa tremblante lueur devant le
tabernacle, son âme s'était consumée d'amour au
sein de cette retraite où l'Époux des vierges avait
été l'unique témoin de sa vie sacrifiée et pénitente. Voici cependant que Dieu, « qui n'allume point
la lampe pour la mettre sous le boisseau[2], vou-

---

[1] « Elegi abjectus esse in domo Dei mei. » Ps. LXXXIII.

[2] « Neque accendunt lucernam, et ponunt eam sub mo-
dio. » Matth. v. 15.

lut couronner d'honneurs devant les hommes celle
qu'il ceignait de la glorieuse auréole devant les
anges et les élus. Quand les prêtres eurent refer-
mé la pierre du tombeau sur la dépouille de l'abbesse de Pavilly, il y eut un inexplicable entraîne-
ment qui poussa les foules à la basilique de Saint-
Pierre, pour réclamer quelque faveur de la «sainte,»
comme le proclamait déjà la voix populaire ; et
Dieu ne se lassa pas de semer ses miracles, met-
tant pour ainsi dire sa toute-puissance aux mains
d'Austreberte et paraissant se montrer avide de
faire aimer ici-bas sa grande servante. «Les dé-
mons furent chassés du corps des possédés, rappelle l'auteur de sa Vie [1], les aveugles virent la
lumière, les membres paralysés devinrent actifs,
les boiteux marchèrent droit, la violence des fièvres
fut arrêtée et toutes les espèces d'infirmités gué-
ries. »

Ces bienfaits ont perpétué son culte jusqu'à nos
jours ; l'histoire et la tradition, en inscrivant les
faveurs signalées que sainte Austreberte prodigua
dans le cours des âges, nous redisent aussi comment les pays normand et picard, objets de cette
protection singulière, se sont montrés ses dévots
serviteurs. La suite de cet ouvrage sera donc
consacrée à rappeler d'abord les miracles de notre

[1] Vita : n. 20.

sainte, et à réunir ensuite dans une rapide énumération sanctuaires, pèlerinages, confréries et solennités qui célèbrent bien haut la piété séculaire de nos ancêtres envers leur bienheureuse patronne.

Une religieuse du monastère de Pavilly souffrait d'un si violent mal de gorge qu'elle en était venue à ne plus pouvoir prendre ni nourriture ni boisson. Dans cette extrémité, elle se fit porter au tombeau de la sainte où bientôt elle s'endormit. Une vierge lui apparut alors et lui offrit de la part de son ancienne abbesse un fruit assez semblable à une pomme ; la malade en mangea et s'éveilla toute pénétrée d'un parfum exquis. Elle se sentit alors la force de regagner sa cellule où, dans un second sommeil, elle vit au-dessus de sa couche un visage resplendissant qui lui souriait, pendant qu'une main soulevait sa tête avec des soins délicats : aussitôt la sœur se trouva guérie.

Une autre religieuse de Pavilly eut les jambes paralysées durant cinq années et endura dans les autres membres d'atroces souffrances ; pas un mouvement qui ne lui arrachât des plaintes déchirantes. La sœur qui l'assistait entendit enfin une voix qui, par trois fois, lui ordonna de porter sa compagne au tombeau de sainte Austreberte ; notre pauvre malade n'y fut pas plus tôt arrivée qu'elle entendit au-dessus de sa tête comme des battements d'ailes de colombe : elle se leva pleine de santé.

Un moine était paralysé de la langue depuis quatre jours ; la sainte lui ayant apparu : « Priez demain près de mon tombeau, dit-elle, et le Seigneur vous viendra en aide » ; ce qu'il fit avec confiance, et guéri sur l'heure, il célébra hautement la faveur qu'il avait reçue.

Il y avait à Pavilly, ajoute le P. Simon Martin sur la foi de la tradition, une jeune fille qui avait dès son enfance, consacré sa virginité au Seigneur et s'était vouée au service de sainte Austreberte. Elle passait ses journées et quelquefois ses nuits près du sépulcre, balayant l'église, jonchant le pavé de fleurs et d'herbes aromatiques. Lorsqu'elle arriva à la fin de son existence, elle apprit de sa glorieuse patronne que, le samedi suivant, elle irait trouver au ciel le repos de ses travaux pénibles. Toute joyeuse d'aller bientôt en la maison de Dieu[1], elle se prépara au dernier voyage par la réception de l'adorable Eucharistie, et, le jour indiqué, elle rendit son âme en paix à Celui qui daigne agréer nos humbles efforts.

Sainte Austreberte manifesta également son pouvoir dans la direction de l'abbaye. Pendant les premières années qui suivirent la mort de leur

---

[1] « Lætatus sum in his quæ dicta sunt mihi : in domum Domini ibimus » Ps. cxxi

supérieure, les religieuses, pénétrées du souvenir toujours vivant de ses exemples et de ses leçons, continuèrent à marcher généreusement dans le chemin du salut ; mais peu à peu le relâchement se glissa au sein de la communauté ; les plaintes de quelques sœurs moins dociles trouvèrent un écho, et même il y en eut quelques unes qui cherchèrent des adoucissements aux austérités de la règle. C'était à bref délai la ruine du monastère, à cause de l'anathème suspendu sur les âmes tièdes : « Parce que vous êtes tiède, et que vous n'êtes ni froid ni chaud, je suis près de vous vomir de ma bouche[1]. » Heureusement que du haut du ciel la fondatrice veillait sur son œuvre ! Une sœur demeure endormie pendant le chant des matines ; la sainte lui apparaît, la soufflette et ordonne aux vierges qui l'accompagnent de jeter la paresseuse hors du lit ; celle-ci terrifiée, de courir à l'église, chassée qu'elle est par ces vierges dont elle entend le bruit des pas résonner derrière elle sur les dalles[2]. D'autres sœurs prennent à l'heure de midi un repos défendu sur la couche où la bienheureuse est morte ; Austreberte leur reproche d'abord cette désobéissance et va même jusqu'à châtier sévèrement les incorrigibles. L'une de ces dernières que les réprimandes n'ont pas

[1] Apoc. iii, 16.
[2] P. Simon Martin.

touchée est saisie tout à coup d'une horrible fièvre
qui la met à toute extrémité ; après un jour ou
deux d'un état si grave, elle comprend toute l'étendue de sa faute et s'adressant à sa compagne : « Je
sais bien, dit-elle, que je vais mourir ; mais je
vous en prie, portez-moi ailleurs, de peur que
mon âme, à l'heure où elle quittera mon corps,
ne soit condamnée pour avoir osé en état de pé-
ché me servir du lit de la Sainte de Dieu. » O prodige de bonté ! la sœur est guérie à l'instant où on
la dépose dans une autre cellule [1].

L'abbesse elle-même n'était pas exempte de reproches, puisque c'était la mollesse de son autorité qui avait amené le relâchement. Sainte Austreberte n'hésita pas à l'en punir : elle apparut un
jour de chapitre, la crosse en main, devant toutes
les religieuses, et adressa à leur supérieure des
réprimandes si sévères que, toute repentante,
l'abbesse se hâta de renouveler l'esprit du monastère et d'y ramener l'ancienne ferveur [2].

La première abbesse qui succéda à sainte Aus-

[1] Apud Boll.

[2] D'après Simon Martin, cette abbesse serait Aurée, fille
du fondateur de l'abbaye. — « Quelques auteurs anciens,
ajoute Godescard, lui donnent le nom de sainte ; mais on ne
voit pas qu'elle ait été honorée d'un culte public. Il pourrait arriver qu'on l'ait confondue avec sainte Aure, que saint
Eloi fit abbesse du monastère de Saint-Martial à Paris. »
Car on trouve au Martyrologe : (4 oct.) à Paris, sainte Aure
vierge. — Toutefois nous lisons sa vie dans le Neustria Sanc-

treberte est nommée Bénédicte [1] pour avoir été
guérie d'une grave maladie par « *une bénédiction
singulière* » de sa céleste patronne, comme on le
voit dans le fait suivant. Une fille de Pavilly,
nommée Julie ou Julienne, dont l'humilité et l'innocence étaient précieuses devant Dieu, désirait
ardemment entrer en religion dans le monastère
de Pavilly ; mais parce que sa pauvreté eût apporté un surcroît de charges au couvent, on la rebu-
tait obstinément, sans toutefois diminuer sa confiance dans la protection de la sainte qui lui avait
inspiré sa vocation. Elle se résolut enfin à un acte
en quelque sorte désespéré ; au jour de la fête de
la fondatrice de Pavilly et pendant que les sœurs

ta d'Arthur du Monstier, à la date du 11 février : « Sancta
Aurea virgo sanctimonialis Pauliacensis ; » l'auteur, après
avoir rapporté ce que les Actes de sainte Austreberte disent
d'Aurée et comment elle marcha dans l'observance régulière sur les traces de sa très-pieuse mère, ajoute qu'elle
mourut saintement à Pavilly, « ac tandem sanctissime ibi-
dem in Domino obdormivit. »

[1] Mabillon écrit que les deux premières abbesses de Pavilly après sainte Austreberte furent Bénédicte et Julie ou
Julienne (Annales O. S. B.) Le P. Simon Martin et Godescard
veulent qu'il y ait eu d'autres supérieures. D'abord les sœurs,
disent-ils, élurent deux anciennes religieuses de Port qui
avaient suivi leur prieure à Pavilly, Philothée et Dilothée
dont le nom signifie Amour de Dieu, Service de Dieu. A la
suite de ces deux vénérables mères dont l'administration ne
fut pas de longue durée, la communauté choisit pour abbesse Aure, Aurée ou Avoye dont nous avons parlé précédemment, et enfin Bénédicte qui présida à l'élévation des reliques de Sainte Austreberte.

chantaient à la messe le *Sanctus*, elle s'approcha du tombeau près duquel se pressaient une grande foule de pèlerins, et, l'embrassant fortement, s'écria bien haut qu'elle ne le quitterait point qu'on ne lui eût donné l'habit. Indignée de cet acte qu'elle jugeait d'une audace impardonnable, Bénédicte commanda de jeter la malheureuse fille à la porte de l'église ; mais elle n'eut pas plus tôt parlé qu'elle fut saisie d'une fièvre ardente et réduite à l'extrémité. Se voyant sur le point de paraître devant Dieu et comprenant qu'elle était frappée en punition de sa rigueur, elle supplia les religieuses d'ouvrir le couvent à la pauvre Julienne, afin d'adoucir par cette réparation la sévérité du jugement qui l'attendait en l'autre vie. Mais, dans la pensée des sœurs, la maladie de l'abbesse n'avait aucun lien avec le refus d'admettre la jeune fille, et quelque fussent les instances de Bénédicte, elles ne voulurent promettre de donner le saint habit que si Dieu daignait soulager leur supérieure par les mérites d'Austreberte. Dieu se contenta de cette promesse et n'en fit pas attendre l'effet ; à peine la communauté se fut-elle agenouillée au tombeau que l'abbesse se releva subitement guérie et reçut aussitôt l'heureuse postulante en qualité de sœur converse.

Julienne devint une des gloires de Pavilly ; elle fit paraître une obéissance si parfaite, une humilité si profonde, une charité si pure que l'excel-

7

lence de ses vertus lui mérita le nom de Julienne
de Jésus, et qu'après la mort de Bénédicte, la communauté l'élut abbesse. Son élévation ne changea
rien à ses sentiments, et toujours égale à elle-
même, elle ne fut pas moins humble dans l'exercice de sa charge qu'elle ne l'avait été dans l'obs-
curité de son noviciat et des premières années de
sa profession. Elle gouverna sagement son abbaye
durant de longues années, et en reconnaissance
du bienfait qu'elle avait reçu de sainte Austreberte, elle fit écrire sa vie par un moine de Jumièges.
Elle mourut le 11 octobre dans la paix du Seigneur ; son corps, transporté à Marconne et à
Montreuil, fut honoré jusqu'à la Révolution près
des ossements de sainte Austreberte [1].

Avec le nom de sainte Julienne se clôt l'histoire
du premier monastère de Pavilly ; jusqu'aux invasions normandes et en dehors des miracles pieusement recueillis par un contemporain, il ne se
dégage aucun fait des ténèbres des temps anciens ;
aussi ne nous reste-t-il qu'à continuer le récit des
prodiges dûs à l'intercession de notre illustre

---

[1] Apud Boll. — Mabillon : Annal. t. 1, lib. xix. — Offices
particuliers de l'abbaye de Montreuil ; office de sainte Julienne. — Du Saussay (Martyr. gallic.) en fait un grand
éloge au 20 octobre. — L'année Bénédictine: Paris. mdclxx
— 11 oct. — Dans le prologue de la Vie de sainte Austreberte, l'auteur écrit : « Venerabilis Mater Christique disci-
pula Julia. »

sainte, à commencer par l'élévation de son corps.

Le corps de sainte Austreberte demeura vingt années dans le tombeau où il avait été enseveli. Ce tombeau, de forme élégante et taillé dans le marbre, s'élevait de moitié au-dessus du pavé de la basilique : mais, dit Malbrancq, il n'était pas encore digne de la sainteté et de la noblesse de l'illustre fille du comte d'Hesdin, et Dieu ne voulut pas que le corps virginal de l'épouse de son Fils « à qui elle s'était offerte comme une hostie vivante, sainte, agréable à ses yeux pour lui rendre un culte raisonnable » fût honteusement consumé [1].

Un ange révéla alors à un fidèle serviteur de Dieu que la pierre sur laquelle reposaient ces précieux restes était couverte d'eau : avec le consentement de saint Hugues, archevêque de Rouen [2], on ouvrit le sépulcre, et le saint corps en fut retiré pour être placé dans une châsse et offert à la vénération des fidèles. Cette cérémonie eut lieu le 19 octobre de l'an 723 : une fête en perpétua la

[1] De Morinis. t. II. lib. V c. 2.

[2] Saint Hugues, archevêque de Rouen, était fils de Drogon, duc de Champagne, et neveu de Charles Martel. Il gouverna simultanément les églises de Bayeux, Paris et Rouen, fut abbé de Fontenelle et de Jumièges où il mourut le 8 avril 730. Son corps fut déposé dans un magnifique tombeau et, lors de l'invasion normande, transporté à Haspres près Cambrai.

mémoire sous le titre d'Invention ou Translation de sainte Austreberte [1].

Les miracles éclatèrent à la châsse sans cesser au tombeau vide. Une religieuse de Pavilly avait perdu la vue depuis douze ans ; après de ferventes prières, elle la recouvra entièrement la nuit même qu'on éleva le corps de terre. La femme d'un des principaux seigneurs du pays était affligée d'un cancer que les médecins avaient jugé incurable ; dans son extrême affliction elle s'adressa à sainte Austreberte qu'elle avait beaucoup aimée durant sa vie ; à peine rentrée chez elle, elle vit les chairs corrompues se détacher, la plaie se fermer, puis disparaître en peu de temps. Une autre femme venue de loin, mais arrivée trop tard pour entrer dans l'église, s'agenouilla à la porte et sollicita avec une grande foi la guérison d'une main paralysée ; elle l'obtint la nuit même, et en

[1] 19 Octobre. « Interea translatum est sanctum illud corpus a loco quo prius fuerat positum : sed non sine miraculo. Sæpius enim revelaverat omnipotens Deus cuidam servo ut inde sublevaretur, quoniam summitas lapidis illius tingebatur aqua. Sed et ita inventum est, sicut ab Angelo fuerat nuntiatum. » A. du Saussay : ex Martyrolog. Gallic. — « Cette cérémonie est qualifiée Invention de sainte Austreberte, et célébrée comme un jour de fête en quelques endroits le 10 octobre. D'autres ont appelé cette élévation Translation que l'on trouve marquée en divers martyrologes au 20 ou au 19 du mois d'octobre. » A. Baillet : Les vies des Saints 10 février.

actions de grâces de ce prodige, elle offrit le matin à la sainte l'anneau qu'elle portait à la main dont l'usage lui était rendu.

Un enfant était possédé du démon ; il fut délivré dès qu'on l'approcha de la châsse. Une jeune fille était tourmentée avec tant de violence qu'elle poussait des hurlements, se déchirait elle-même et n'avait de repos ni jour ni nuit : elle trouva la santé à l'instant où elle toucha le tombeau vide. Un homme était possédé et, dans sa rage, il brisait les chaînes dont on l'avait chargé ; sa famille désolée pensa enfin à l'attacher sur un lit et à le porter à la basilique. Quel fut l'étonnement des fidèles qui pénétrèrent ensuite dans le temple ! Ils apercevaient le malheureux prosterné devant l'autel sur lequel ses liens étaient déposés ; « c'est, dit-il à la foule, la bienheureuse Austreberte qui est venue et m'a délivré de l'esprit infernal ; puis elle a brisé mes chaînes et m'a ordonné de les mettre sur l'autel en reconnaissance du bienfait qu'elle m'a accordé ».

« Ce ne seroit jamais fait, dit à ce sujet le P. S. Martin, de réciter en détail les miracles qui sont arrivez à ce saint sépulchre : jusques-là qu'un bon prestre qui demeuroit à Pavilly témoigne qu'en une octave de sa feste, il se releva chaque jour plus de vingt fois, pour remercier Notre-Seigneur des santez admirables qu'il opéroit par les mérites de sainte Austreberte et spécialement le samedy qui est le jour destiné plus particulièrement à la dévotion de ceste grande sainte. »

Ce n'était point seulement à Pavilly que sainte Austreberte manifestait son pouvoir : de loin comme de près, quiconque s'adressait à son intercession, pouvait espérer en elle. Sur les bords de la Seine, une femme fut un jour insultée par un misérable ; et pendant qu'elle se débattait pour se soustraire à d'odieuses violences, elle perdit pied et tomba dans le fleuve ; mais elle avait appelé notre sainte à son secours, et voici que l'onde se creuse pour la recevoir comme dans une nacelle et la porter doucement à l'autre rive où elle la dépose en pleine vie.

Un jeune homme de Pavilly fut arrêté et jeté, pieds et poings liés, dans les prisons de Rouen ; et la veille de subir le dernier supplice, il se recommanda à sa patronne et la supplia avec larmes de l'arracher à l'horrible mort qui l'attendait. Sainte Austreberte daigna visiter le prisonnier : « N'aie plus de crainte, lui dit-elle ; Dieu te fait miséricorde et te donne la liberté ; sors et porte tes chaînes à notre église en témoignage d'actions de grâces ». Au moment où elle disparut pour rentrer dans la gloire, le malheureux vit ses liens tomber à ses pieds ; lorsque, dans sa stupéfaction, il alla pousser la porte du cachot, cette porte s'ouvrit d'elle-même pour lui livrer passage à travers les gardes endormis. Il se hâta d'aller à Pavilly remercier Dieu et la sainte de son salut inespéré.

Aux environs du Mans, trois femmes, l'une aveugle, l'autre contrefaite, et la troisième malade de la fièvre, demandèrent leur guérison à sainte Austreberte dans une chapelle qu'on venait de lui élever en ce pays; ayant recouvré la santé, elles firent toutes trois à Pavilly un pèlerinage de reconnaissance.

Une dame de Rouen, qui souffrait horriblement d'une jambe, se fit conduire à Pavilly; elle y reçut une guérison si parfaite, qu'elle retourna à pied en son logis, rendant grâces à Dieu et célébrant les mérites de sa puissante protectrice. Par malheur, elle parla de sa maladie à une voisine qui la pressa de prendre un remède qualifié de souverain et de l'appliquer sur le membre guéri, afin, disait-elle, d'empêcher toute rechute. Avec une légèreté coupable, la dame se servit du remède préconisé; mais, par une punition divine, de rétablie qu'elle était, la jambe devint plus malade qu'auparavant, et notre imprudente dut se faire porter de nouveau à l'église de Pavilly, achetant cette fois sa seconde guérison par huit jours d'aumônes et de prières continues.

CHAPITRE IX.

Le nouvel asile.

ES peuples lointains que la Providence avait mystérieusement appelés à la curée romaine, s'étaient, dans leur soif de pillage, avidement jetés sur les Gaules. Semblables aux vagues de la marée qui se heurtent, se poussent, s'avancent et emplissent la grève, les flots barbares, d'abord refoulés par les armées de l'empire, avaient enfin lassé la résistance, et une partie d'entre eux, les Franks, devenus incontestablement les maîtres d'une contrée qui abondait

en villes opulentes et en campagnes fertiles, s'é-
taient, dès le cinquième siècle, établis dans les
Gaules pour faire souche de nation chrétienne.
Mais au neuvième siècle les invasions reprirent
leur marche; l'empire frank, assailli au midi par
les Sarrasins, au nord par les Normands, chan-
cela un instant sur ses bases et l'on put se demander avec effroi si les disciples de Mahomet, unis
aux fils d'Odin, n'allaient pas faire de sanglantes
funérailles à la France et au catholicisme.

Les Normands ou Danois, car c'est d'eux qu'il
faut nous occuper, habitaient la Scandinavie *(Le
Danemark et la Norwège)*. Se trouvant trop à
l'étroit sur leurs rochers battus par l'Océan, ils se
jetaient dans de longues barques, voguaient vers
des contrées plus heureuses et remontaient les
fleuves et les rivières. Quand abordaient ces ban-
des barbares, les villes étaient livrées aux flammes.
les monastères pillés et détruits, les églises rasées
jusqu'en leurs fondements, les campagnes dévas-
tées. Après leur passage, on ne rencontrait en certains cantons ni un homme, ni un animal domestique : « Il ne restait pas une ville, a dit un contemporain [1], pas un village ou un hameau qui
n'eût éprouvé à son tour l'effroyable barbarie
des païens ».

[1] Ex mirac. S. Bened.

Des rivages de la Narbonnaise, Charlemagne avait aperçu les barques agiles des Normands sillonner la mer de Gascogne, et il avait pleuré en prévoyant quelles horribles calamités allaient fondre « sur ses enfants et ses peuples ». Sous son fils et successeur, Louis le Débonnaire, les barbares, ne se sentant plus contenus par la main de fer qui avait sévèrement châtié les premières incursions, s'abattirent comme autant d'oiseaux de proie sur la partie occidentale de la Gaule, par la Loire et la Seine.

Tremblantes devant ces effroyables dévastations, les filles de sainte Austreberte pensèrent à s'enfuir vers le monastère éloigné qui gardait pieusement le souvenir de leur Mère[1]; et emportant sur leurs épaules les corps de leurs saintes dont le fardeau leur était léger[2], elles prirent le chemin de l'exil. Quelles larmes ne durent-elles pas verser à l'heure où elles quittèrent, sans espoir de retour peut-être, la chère maison qui avait abrité leur vie innocente! Ces larmes eussent été plus amères encore si elles avaient su que les Normands, irrités de ne plus trouver de victimes à immoler, avaient mis à sac

[1] Mabillon : Annales. lib. XIX, fol. 10. — Malbrancq : De Morinis, II, lib. V, c. 2. — Gallia Christ. : x, 1318.

[2] « Ergo age, care pater, cervici imponere nostræ:
« Ipse subibo humeris nec me labor iste gravabit. »
Eneid, lib. II.

Église de Ste-Austreberthe-lez-Hesdin

(d'après un dessin de M. le colonel Démarest.)

et incendié le monastère, à ce point que, moins de deux siècles après, on ne retrouvera plus traces du vieux moustier de sainte Austreberte [1].

Dieu garda les ossements sacrés [2]; malgré les dangers sans nombre qu'elles rencontrèrent à chaque pas, les exilées purent déposer le corps de la Fille près du tombeau de la Mère, dans ce sanctuaire de Marconne où la bienheureuse Framehilde n'avait cessé d'opérer d'admirables prodiges: la vierge de la Morinie, comme le dit Malbrancq [3], revenait ainsi aux lieux sanctifiés par sa naissance et habitait de nouveau aux bords de la Canche que son passage avait marquée d'un signe miraculeux.

Toutefois les religieuses ne jouirent pas d'une longue sécurité. Enhardis par le succès constant de leurs entreprises, les pirates danois s'attaquaient maintenant au nord de l'empire et envahissaient la Germanie sans rencontrer de résistance sérieuse. Comme la défaite des armées franques avait répandu la terreur jusqu'au pays des Atrébates et des Morins, nos sœurs, partageant

---

[1] Le monastère de Pavilly « fu brullé et destruit par les danois sarrazins;... et demoura en ruine ledit monastère l'espasse de iie xxiii ans ». Mémoire de M. de Beaurepaire déjà cité.

[2] « Custodit Dominus ossa eorum : unum ex his non conteretur. » Ps. xxxiii, 21.

[3] De Morinis, t. II, lib. VI, c. 22.

ces craintes, se hâtèrent de confier le dépôt de leurs Saintes aux remparts qui défendaient le mont Sithiu.

Boulogne et Saint-Omer (l'antique Sithiu) devinrent au neuvième siècle le boulevard de la Morinie contre les dévastations des Normands. Tandis que la cité Boulonnaise recevait dans son enceinte inexpugnable les reliques de saint Wulmer de Samer, de saint Bertulphe de Renty, de saint Wulfran de Sens, de saint Wandrille de Fontenelle, de saint Ansbert de Rouen et de beaucoup d'autres saints de moindre renommée[1], la ville qui devait un jour porter avec honneur le glorieux nom de Saint-Omer, offrait asile aux corps de saint Bain de Thérouanne, de saint Bavon de Gand, de saint Winoc de Wormouth et de notre sainte Austreberte[2]. C'était, d'après Du Chesne, en l'année 846[3].

Les Normands brûlèrent Hambourg, puis quittèrent la Frise après cet acte de sauvagerie qui n'était qu'un avant-coureur de ravages prochains. Plusieurs des reliques sacrées demeurèrent en

[1] L'abbé D. Haigneré : Dict. hist. du Pas-de-Calais. — Arrondt. de Boulogne. — T. I.

[2] Malbrancq : De Morinis. —T. II, lib. VI, c. 7. — Mabillon : Annal. t. II, p. 525.

[3] Du Chesne: Hist. Franc. scriptores: Chronicon de gestis Norman. t. II, p. 846.

dépôt à Saint-Omer[1], et lorsque le calme eut été rétabli dans la province, les religieuses de Sainte-Austreberte revinrent à Marconne avec leurs ossements vénérés. Toutefois, en retour de la protection qu'elles avaient trouvée à Sithiu et probablement sur les instances du chapitre qui desservait la basilique de Notre-Dame, elles y laissèrent une partie du corps de leur sainte fondatrice[2].

En 850, de nouvelles tentatives des Normands en Germanie jetèrent pour la seconde fois la panique dans tout le nord de l'empire. La communauté trouva alors un refuge sur le rocher de Montreuil que le comte Helgaud venait d'entourer de solides remparts; la tourmente passée, elle reprit le chemin de Marconne.

Malbrancq[3] écrit que ces religieuses s'établirent dès cette époque à Montreuil. «Comme elles habitaient, dit-il, un pays complètement ouvert à la fureur des Danois, Henri, comte d'Hesdin, pria Helgaud de permettre l'établissement d'un monastère de religieuses bénédictines à l'une des extrémités de sa citadelle, puisqu'il avait placé à l'autre extrémité un couvent de bénédictins.» Nous ne

[1] « Quadraginta annis eorum aliqui ibi permanserunt. » Du Chesne : Chron. Norm. II, 525.

[2] Mabillon : Annales O. S. B. I, lib. XIX. — Gallia christiana X, 1318.

[3] De Morinis. — T. II, c. x.

croyons pas cependant que le refuge de Montreuil
soit devenu une fondation définitive dès cette
époque, et que les religieuses aient sitôt abandonné une demeure à laquelle les rattachaient
des souvenirs trop chers ; car la province avait
simplement souffert de la peur, le fléau sanglant
s'était abattu sur d'autres contrées et l'abbaye restait intacte. Il serait plus exact de dire avec le
Gallia Christiana que la communauté se fixa à
Montreuil seulement après l'entière destruction
de Marconne qui eut lieu quelques années plus
tard.

Enfin, en 880, les Normands attaquent et détrui-
sent Tournay ; au commencement de l'année suivante, vers la fête de la Purification, ils assiègent
vainement Sithiu ; puis, massacrant tout sur leur
passage, ils brûlent Cambrai et ravagent le pays
jusqu'à la Somme. Après quelques jours de repos,
ils reprennent le cours de leurs crimes, s'empa-
rent de Thérouanne, réduisent en cendres les abbayes de Saint-Ricquier et de Saint-Valery, dé-
truisent tous les monastères, les villes et villages
de la Morinie, livrent au pillage Amiens et Cor-
bie, et, sans rencontrer aucun obstacle, rentrent
dans leurs camps, chargés d'un immense butin [1] ;

[1] Du Chesne : Chron. Norm. — Annal. Vedast. (Dom Grenier Bibl. nat. ms. 68.) — La chronique de Sigebert :
(Dom Bouquet VIII, 308.)

vers la fête de saint Pierre. ils reviennent sur
Arras et font un grand carnage des Atrébates.

« Le même désastre, rapporte Malbrancq, frappa Hesdin et Marconne. Les barbares couvrirent
de ruines cette noble contrée de la Canche qui
avait porté dans les siècles précédents des plantes
célèbres en sainteté. La cité d'Hesdin que fonda
l'impératrice Hélène, Marconne où se voyaient
encore les célestes vestiges des saints Badefrid,
Framehilde et Austreberte, Auchy, cet odorant
verger qui avait produit les saints Sylvin, Sicchède, Adalsquaire, Anéglie, tout succomba sous les
coups des Normands [1]. »

Le roi Louis III était alors occupé au siège de
Vienne : rappelé en Neustrie par la nécessité de
repousser l'invasion, il se hâta d'accourir avec ses
troupes et rencontra les Normands à Saucourt,
dans le Wimeux (Somme) : au moment de livrer bataille, il entonna un cantique auquel toute l'armée
répondit par le chant du *Kyrie eleison*. « La fureur

[1] De Morinis. — T. II, lib. vi. c. 38.
Les religieuses d'Auchy s'enfuirent dans l'intérieur de la
France, cherchèrent asile en divers monastères et confièrent
à la ville de Dijon les corps de Saint Silvin et de la bienheureuse Sicchède. Les religieuses de Blangy gagnèrent le sud
de la Germanie avec les ossements de sainte Berte, leur
fondatrice ; vers le milieu du onzième siècle ces précieux
restes furent rapportés à leur berceau au milieu de la joie
du clergé et des fidèles. Ces deux abbayes furent relevées
au siècle suivant pour des communautés d'hommes.

et la joie colorèrent les joues des Francs ; chacun d'eux se rassasia de vengeance ; mais Louis les surpassa tous en audace et en adresse. Il perce les uns, traverse les autres et abreuve de l'amère boisson du trépas tous ceux que rencontrent ses coups. » Les pirates furent taillés en pièces [1].

Les filles de sainte Austreberte s'étaient enfuies à Montreuil pour la seconde fois ; pleurant sur le désastre qui les avait atteintes et ne sachant se résoudre à relever des ruines que de nouvelles tempêtes pouvaient sans cesse accumuler, elles sollicitèrent des successeurs d'Helgaud l'autorisation de se fixer dans leur refuge et d'y fonder un monastère avec les terres dont Badefrid avait doté son œuvre primitive, de sorte que la ville naissante s'enrichit des précieuses reliques de sainte Austreberte et de sainte Julienne, auxquelles on adjoignit, au onzième siècle, le corps de sainte Framehilde [2] : Marconne fut désormais oublié.

[1] Depping : Hist. des expéditions des Normands au Xᵉ siècle. — 1835.

[2] Du Monstier : Neustria Pia, p. 327. — Apud Boll. 10 febr.

CHAPITRE X.

Pavilly renaît de ses cendres.

PRÈS ce déluge de fléaux qui submergea le nord et l'ouest de la France, la paix revint enfin aux bords de la Loire et de la Seine. Une fois maîtres de la province qui prit leur nom, les Normands, suivant l'exemple donné par les Francs au Ve siècle, se convertirent au catholicisme et adoptèrent les mœurs et le langage de leur conquête ; sous leur chef Rollon, ils s'étudièrent même à faire oublier les désastres affreux qu'ils avaient semés sur cette contrée malheureuse.

8

Les exilés revinrent aux lieux d'où ils avaient été chassés; les vestiges des anciennes églises disparurent pour faire place à de nouveaux temples ; le clergé reprit son ministère sacré et la vie religieuse se reforma en quelques-uns de ses anciens foyers.

Pavilly se repeupla à son tour et ses nouveaux habitants construisirent une église sur les ruines de l'ancienne basilique de Notre-Dame. Mais toute trace du monastère avait disparu et peut-être avec elle les souvenirs si glorieux de sainte Austreberte ; la génération qui s'établissait sur ce sol sanctifié par la bienheureuse vierge et ses filles n'avait sans doute pas connu les témoins des anciens prodiges, et c'en était fait du culte que les âges précédents avaient rendu à la patronne de Pavilly, si Dieu n'avait remis lui-même son sanctuaire en honneur. « Un homme digne de foi, lisons-nous dans les Bollandistes, vit en songe une personne d'un éclat et d'une beauté admirables ; elle le conduisit à Pavilly, dans l'église de Sainte-Austreberte que les païens avaient autrefois *presque* détruite, et lui montrant le lieu où cette vierge sainte avait été mise au tombeau, elle lui commanda d'aller trouver le prêtre qui desservait l'église et de lui dire qu'il fallait enclore ce lieu pour qu'il ne fût pas foulé aux pieds, et le traiter avec respect. Comme il négligeait ce premier avertissement, la même personne lui apparut encore ; enfin elle revint une troisième fois, le frappa fortement au visage et lui déclara qu'il ne serait guéri de ce coup que lorsqu'il aurait obéi; elle menaça également le prêtre de peines plus rigoureuses s'il ne se hâtait d'exécuter ses ordres. A son réveil, il fit part au prêtre de la mission dont il avait été chargé, lui montrant en preuve l'enflure de son visage ; et aussitôt que le prêtre eut obéi, notre malade fut guéri ».

Dès lors les prodiges qui avaient été suspendus durant deux siècles reprirent leur cours.

Trois hommes de bien reçurent, en songe, la même nuit, l'avertissement d'aller visiter ce sanctuaire et d'y célébrer la fête de la Sainte ; ils le firent pieusement et leur dévotion fut récompensée par les concerts angéliques qu'ils entendirent.

Un enfant, âgé de cinq ans, se brisa le bras en tombant à terre et les chirurgiens jugèrent nécessaire de faire l'amputation. La mère affligée eut alors recours à sainte Austreberte : « O douce vierge, amie de Dieu, s'écria-t-elle, je place mon enfant sous votre sauvegarde, car je sais que vous avez assez de pouvoir sur Notre-Seigneur Jésus-Christ pour lui rendre la santé. » A peine eut-elle parlé que l'enfant, levant son bras jusqu'au-dessus de sa tête, assura sa mère qu'il était guéri, et cette mère heureuse vint en témoigner sa gratitude à l'autel de sa bienfaitrice.

Au territoire de Rouen, une femme était, depuis six ans, paralysée des jambes ; on la conduisit à Pavilly, et après avoir touché le tombeau, elle revint chez elle, à pied et sans bâton. Une femme de Drincourt était entièrement paralysée d'un bras ; ayant entendu parler des miracles qui s'accomplissaient par l'intercession de sainte Austreberte, elle accourut prier à son tombeau et s'en retourna guérie. Une jeune fille, boiteuse et muette, y fut un jour amenée par son frère ; ils étaient tous deux bien pauvres et n'avaient qu'un œuf à offrir à la sainte ; mais Dieu considère plutôt la confiance de ses enfants que la richesse de leurs dons : tandis que le frère monte à l'autel et y dépose son humble aumône, la malheureuse infirme aperçoit devant elle la glorieuse Vierge qui la contemple d'un aimable regard ; toute ravie, elle se lève et se trouve entièrement guérie, ne sachant comment exprimer ses joyeux remerciements [1].

Deux clercs se rendaient en pèlerinage à Pavilly. Pour traverser la Somme près de son embouchure, ils montèrent en barque avec un grand nombre de compagnons ; mais au milieu du fleuve, le marinier, voyant le flux de la marée s'avancer avec une grande impétuosité, se met, tout pâle de peur, à s'écrier que c'en est fait d'eux. A cette menace d'une mort si proche, les passagers par-

[1] Apud Boll.

tagent l'effroi du pilote, et, sur l'exhortation des Clercs, ils invoquent sainte Austreberte. Celle qui avait traversé sans barque une onde agitée, les sauva du péril et les fit aborder au rivage où leur reconnaissance éclata en de pieux transports [1].

Un homme n'avait qu'une vache qui devint aveugle; c'était la misère pour ce malheureux. Dans sa détresse, il eut recours à sa patronne et la supplia de rendre la vue à l'animal, faisant vœu de lui offrir le premier veau qu'il en aurait; après avoir prié à son église avec une grande ferveur, il rentra chez lui : sainte Austreberte avait déjà exaucé sa requête naïve. Un homme, démoniaque et muet, fut amené au sanctuaire de Pavilly; malgré sa résistance, on l'approcha du tombeau et on pria pour lui durant plusieurs heures; tout à coup le démon fut chassé du corps du possédé qui se hâta de parler pour remercier la Sainte [2].

Un des serviteurs des religieuses de Bonvillé était muet depuis sept ans; il entra un samedi soir dans l'église de Sainte-Austreberte, et, avant l'heure de minuit, il avait recouvré le parfait usage de sa langue. Un habitant des environs de Beauvais était affligé d'un torticolis depuis sa naissance; il vint à Pavilly où son infirmité disparut. Un homme, paralysé depuis dix-neuf mois, se fit

[1] Apud Boll.
[2] Ibid.

transporter, du pays du Bec où il demeurait, en cette église ; il y recouvra une santé si complète qu'il s'en retourna à pied. L'enfant d'un riche habitant de Rouen, après avoir subi plusieurs opérations infructueuses des médecins, y fut miraculeusement délivré de la pierre ; en actions de grâces, ses parents attachèrent un cierge au côté droit de l'autel et suspendirent la pierre de l'autre côté. Une femme de Pavilly, nommée Alix, tomba au sortir d'une couche dans une faiblesse extraordinaire qui cessa dès qu'elle eut été portée à l'église de sa Patronne [1].

Pendant que la dévotion à notre glorieuse sainte allait s'épandant en bénédictions, les seigneurs de Pavilly s'étaient remis en possession des biens que leurs ancêtres et en particulier Amalbert avaient donnés à l'ancien monastère. Mais, en 1091, Thomas de Pavilly ne crut pas devoir prolonger un état de choses si préjudiciable au repos de sa conscience ; comme il voulait restituer à l'église les terres qu'elle avait possédées autrefois[2], il sollicita le concours des Bénédictins du Mont-Sainte-Catherine près Rouen[3] pour rétablir l'anti-

[1] P. S. Martin.

[2] Mabillon : Annal. Ord. S. Bened. t. V, lib. LXVIII, f, 262.

[3] L'abbaye de la Sainte-Trinité-du-Mont de Rouen fut fondée en 1030 par Gosselin, vicomte de Rouen et d'Arques, sur une haute colline, aux flancs escarpés, qui do-

que lieu de prières, à la condition qu'ils y entretiendraient à perpétuité quatre religieux « chargés d'y vaquer au service divin sous la perpétuelle observance ». Gautier, troisième abbé de Sainte-Catherine, accepta volontiers cette fondation, et Guillaume, archevêque de Rouen [1], daigna l'approuver. L'acte suivant qui en fut dressé se lit encore aujourd'hui dans le chœur de l'église de Sainte-Austreberte [2].

« A tous les fidèles en Jésus-Christ, tant à venir que présents, qui verront ces lettres. salut.

« Sachez tous que moi, Thomas de Pavilly. chevalier, pour le salut de mon âme et de celles de

mine, à l'est. la ville et la Seine. Cette abbaye prit le nom de Sainte-Catherine avant la fin du XI⁰ siècle. lorsque des reliques de sainte Catherine d'Alexandrie, rapportées du Sinaï par saint Siméon, eurent été déposées dans son église. Elle eut beaucoup à souffrir des guerres de religion et fut entièrement détruite en 1597, comme nous le verrons plus loin.

[1] Guillaume, surnommé Bonne âme, d'abord chanoine et archidiacre de Rouen sous l'archevêque Maurille, ensuite abbé de Caën, transféra le corps de saint Romain dans la cathédrale. Il assista au concile de Lillebonne l'an 1080 ; il tint deux conciles à Rouen en 1093 et 1096. Archevêque de Rouen de 1079 à 1110. (Extrait du Rituel de Rouen.)

[2] La pierre sur laquelle est gravée la charte de Thomas de Pavilly, se voit à l'entrée du Chœur, du côté de l'Évangile ; on y a joint également une bulle du pape Urbain II. Les deux inscriptions sont surmontées d'écussons et de tiares avec les clefs, et entourées des effigies de saint Pierre, de saint Paul et du pape saint Urbain. A la partie inférieure. se trouve une troisième inscription que nous citons plus loin. Ce remarquable travail date de l'an 1600.

tous mes ancêtres, j'ai donné et confirmé par cette charte munie de mon sceau à l'abbé de la Sainte-Trinité-du-Mont Sainte-Catherine près Rouen et aux religieux qui y servent Dieu, l'église et le monastère de Pavilly que mes prédécesseurs ont autrefois fondés en l'honneur de la sainte Vierge Marie et qu'ils ont construits sur leur domaine féodal. C'est là que vécut la bienheureuse Austreberte avec un grand nombre de servantes de Dieu dont elle fut la supérieure. Mais comme ce monastère, détruit par les gentils et les païens, est longtemps demeuré ruiné et renversé, Nous, par charité, nous l'avons donné audit Abbé à charge de le reconstruire, et nous avons concédé à perpétuité audit abbé et à ses moines en possession perpétuelle toutes les propriétés de revenus, dîmes, droits et privilèges que mes ancêtres ont accordés autrefois à cette église, à la condition toutefois que lesdits Abbé et moines seront tenus d'envoyer audit monastère de Pavilly quatre de leurs frères pour y vaquer à perpétuité au service divin sous la régulière observance. A cette donation assistait Guillaume notre archevêque ; il y a donné son consentement et l'a confirmée de son sceau.

« Donné l'an 1091 de l'Incarnation du Verbe divin. Témoins Guillaume mon frère[1], Réginald de

---

[1] Guillaume de Pavilly est repris, avec son frère Hugues, dans la charte suivante du monastère de la Sainte-Trinité-

Beaumont, Hugues de Poville, Othon d'Alrite, et plusieurs autres.

Le pape Urbain II [1] approuva la fondation du seigneur de Pavilly ; en lisant la bulle suivante, le lecteur y verra toute l'importance que le Souverain Pontife attachait à la restauration d'une œuvre qui devait nécessairement étendre et perpétuer le culte de sainte Austreberte.

« Urbain, évêque, serviteur des serviteurs de Dieu, à notre vénérable frère Guillaume, archevêque, et à tous les fidèles de sa province, salut et bénédiction Apostolique.

« Nous avons appris que le monastère qui avait été autrefois élevé sur le territoire de Pavilly par

du-Mont de Rouen : « Pateat cunctis fidelibus quod Ego Willelmus Pauliacensis et Hugo, frater ejus, dederunt Sanctæ Trinitatis ecclesias sui ditionis Huinili (Henouville)... Signum Willelmi Pauliacensis, signum Hugonis fratres ejus. Testes : Rainoldus de Belleboit. — Cartulaire de la Sainte-Trinité-du-Mont de Rouen, XCV. — Nous trouvons également dans ce même Cartulaire les noms de « Rodulfus de Pauliaco », témoin dans une charte d'environ 1066, et de « Goidefridus de Pauliaco », témoin dans une charte de 1084.

[1] Urbain II, pape français, de 1088 à 1099, né à Lagery près Châtillon-sur-Marne, fut d'abord religieux de Cluny, puis cardinal et évêque d'Ostie sous Grégoire VII. Il succéda sur le siège de Pierre au pape Victor III, lutta contre l'empereur Henri IV, condamna l'antipape Guibert, vint en France et tint le célèbre concile de Clermont où la première croisade fut prêchée par Pierre l'Ermite. C'est dans ce voyage qu'il data de Sauxillange un grand nombre de bulles que l'on peut lire dans les différents Cartulaires des abbayes.

la bienheureuse vierge Austreberte et dans la
suite détruit par les païens, vient d'être nouvelle-
ment restauré par les soins du vénérable abbé
Gautier et par le dévouement de quelques fidèles.
Afin que le Siège Apostolique vienne, par ses encouragements, donner un nouvel essor à leur
pieux dessein, nous exhortons par ces présentes
Votre Dilection à la réparation et à l'achèvement
de ce même monastère, et par Notre Autorité
Apostolique nous défendons que qui que ce soit
ait à l'avenir la témérité de nuire à ce lieu. Nous
appelons la bénédiction et la grâce de Dieu et des
Apôtres sur tous ceux qui par révérence pour le
Dieu tout-puissant et la vierge sainte Austreberte,
s'efforceront d'aider, de protéger et d'exalter ce
lieu ; à tous ceux qui montreront leur libéralité et
leur dévotion pour ce lieu, nous faisons remise du
quart de la pénitence qui leur aura été enjointe
par l'évêque ou par le prêtre ; et nous frappons
du glaive de l'anathème jusqu'à satisfaction tous
ceux qui, par violence ou par quelque fraude
que ce soit, toucheront aux biens concédés à ce
lieu.

« Donné à Sauxillange (Celsinii)[1] le quatrième

---

[1] Lisez 1095. — Les caractères diplomatiques de la Bulle
attribuée au Pape Urbain II ne sont pas ceux des Actes ordinaires du Saint-Siège à cette époque. Il y a lieu de croire
que, malgré la forme épistolaire dans laquelle cet acte se
présente, nous nous trouvons seulement en présence d'une

jour des Ides d'Octobre, l'an 1091 de l'Incarnation du Verbe divin [1]».

analyse, reproduisant les dispositions principales d'une pièce plus étendue, peut-être même d'une Bulle-privilège.

[1] Au-dessous de ces inscriptions on lit encore gravées sur la pierre les lignes suivantes :

« Il y a encore d'autres privilèges et de nombreuses indulgences accordées à ce lieu par les Souverains Pontifes. Adrien IV et Nicolas V, par les très illustres légats Guillaume d'Estouteville et Alexandre de Médicis, et par les très braves et très pieux chevaliers Amalbert, seigneur de Pavilly, premier fondateur de ce monastère et Robert, baron d'Esneval, que, pour abréger, nous n'avons point transcrits sur cette pierre. Pour perpétuer de si grands souvenirs, cette inscription a été placée ici par ordre de haut et puissant seigneur Charles de Puineley, chevalier, noble homme, gentilhomme ordinaire de la chambre du roi, capitaine de cinquante hommes d'armes, seigneur châtelain de Pavilly, seigneur de Gazeran et de Herbaut, de tout le couvent de cette abbaye et de messire Jean le Cauchois prieur de ce même lieu, en l'année 1600.. »

CHAPITRE XI.

Le prieuré de Pavilly et le culte de sainte Austreberte.

ÈS que la donation de Pavilly eut été ratifiée par l'archevêque de Rouen, l'abbé Gautier, pressé de hâter l'achèvement d'une œuvre chère à sa piété, se mit sans retard à élever l'église que nous voyons aujourd'hui, et les bâtiments du nouveau prieuré où, selon les termes du traité convenu entre Thomas et lui, il plaça quatre de ses moines [1]. Durant ces

[1] Du Monstier : Neustria pia, p. 327. — Mabillon : Annales O. S. B. t. V, lib 68, an. 1091.

travaux, il fit transporter dans son abbaye de Sainte-Catherine les quelques ossements de sainte Austreberte qui étaient demeurés en secret à Pavilly pendant les invasions normandes [1].

D'abondants prodiges vinrent prouver que cette nouvelle institution répondait à la volonté du Ciel. Un moine était paralysé de tout un côté du corps; la santé lui fut rendue aussitôt qu'il eut été posé sur le tombeau même de la Sainte. Un autre religieux n'ajoutait pas foi à la vérité des miracles qu'il entendait rapporter; il doutait même des guérisons qui s'accomplissaient sous ses yeux, et, par un aveuglement étrange, il se mit un jour à blâmer ouvertement les personnes qui honoraient sainte Austreberte. A peine eut-il ainsi parlé que son visage et sa gorge s'enflèrent au point d'empêcher la respiration : c'était par conséquent la mort à bref délai. En cette extrémité, il comprit sa faute, et, touché d'un profond repentir, il invoqua avec larmes le secours de la Sainte ; dès qu'il eut approché sa tête du sépulcre, il fut guéri, et devint un grand prédicateur des vertus et des gloires de sa Bienfaitrice.

Un moine parlait sur le pardon des injures dans la basilique de notre sainte, le jour de sa fête. Or, il y avait dans l'assistance un homme qui non-seulement refusait de pardonner à un en-

[1] Normanniæ Nova Chronica, p. 8. A.

nemi, mais cherchait même toutes les occasions de le tuer ; l'orateur averti fait amener ce malheureux jusqu'auprès du tombeau et le conjure, au nom de sainte Austreberte, de se réconcilier ; pour toute réponse, l'impie se répand en furieuses imprécations. « Ah ! qu'as-tu dit là, reprit le frère, mais ne sais-tu pas qu'avant ce soir tu pourrais t'en repentir ? » Et voici que dans l'après-midi, il fut saisi d'horribles douleurs d'entrailles qui le secouaient convulsivement et lui arrachaient des cris épouvantables ; alors son cœur fut changé, et il répétait : « Pardonnez-moi, ô vierge sainte, pardonnez à un misérable pécheur, comme moi-même je veux pardonner à mon ennemi ; oui, remettez-moi le crime que j'ai commis contre vous. » Sa famille accourt épouvantée et le religieux lui demande s'il consent à la réconciliation : « Tout de suite, répond-il, parce que la sainte me menace de peines incroyables ; que mon ennemi vienne et qu'il s'en aille en paix. » Le pardon fut scellé dans un baiser fraternel et les douleurs cessèrent aussitôt.

Au moment où un jeune homme, fils unique d'une veuve, entrait avec son cheval dans la Seine, il fut tout à coup paralysé et disparut dans les flots. Sa mère, debout sur les bords du fleuve, le suivait du regard ; à la vue de l'horrible malheur, elle poussa un cri de désespoir et, se tournant vers l'église de Pavilly, elle fit le vœu de donner à la sainte autant de froment que son enfant pourrait en peser. Par un éclatant prodige, l'enfant se trouva tout à coup sain et sauf à ses côtés ; en reconnaissance, elle se hâta d'accomplir son vœu et porta à la basilique le froment qui servit à nourrir les religieux et les pauvres, le jour de la fête de sainte Austreberte [1].

Un siècle plus tard, en l'année 1191, dit la légende, comme pour illustrer l'anniversaire du rétablissement solennel de son culte, sainte Austreberte apparut à un serviteur de Dieu, Guillaume de Rouen, pauvre des biens de la terre, mais riche des dons du Ciel [2]. Elle lui apprit qu'il y avait près de son église de Pavilly une *fontaine* qui guérissait toutes sortes de maladies, en vertu de ses mérites et des prières qu'elle avait offertes à Notre-Seigneur, lorsqu'elle était encore de ce monde. Elle conduisit cet homme en esprit par tous les lieux de son église et près de la fontaine, lui montrant un grand nombre de saints et de saintes qui reposaient en ce même lieu. Il fallut que la vision se renouvelât trois fois pour que Guillaume osât publier les anciennes merveilles autrefois opérées par l'intercession de la sainte. On le traita d'abord de visionnaire ; mais le jour de la fête de notre Sainte, en plein midi et à la

[1] Apud Boll.
[2] P. S. Martin, c. 41.

vue d'un très grand nombre de fidèles, un ange descendit du ciel dans la fontaine et tous les malades qui y accoururent y trouvèrent leur guérison.

L'on cite en particulier un prêtre de Reuvillé que la fièvre tenait depuis quatre ans et qui, arrivé au bord de la fontaine, se fit lire la Vie de sainte Austreberte, et se plongea ensuite dans l'onde : la fièvre disparut pour toujours. Une femme de Donquesteville avait une main paralysée qui y fut également guérie. Cela arriva encore à une femme de Belemcombre, ainsi qu'à deux enfants de Rouen dont l'un sentit dans l'eau une douce main qui serrait la sienne. Une femme de Cailly qui ne pouvait tenir debout s'y fit porter sur un cheval, et s'en retourna à pied. Une autre avait sous les mamelles une enflure monstrueuse qui la rendait toute difforme ; elle eut un grand froid dans la fontaine et y pensa mourir, mais au sortir de l'eau elle rejeta toutes les matières corrompues de son corps et ne se ressentit plus de son mal.

Sans faire mention de la légende de Guillaume, les Bollandistes parlent cependant de la fontaine de Pavilly au chapitre VI des miracles : *per aquam fontis S. Austrebertæ curationes;* la santé, disent-ils, y est rendue à un grand nombre de malades. Ils citent en outre le trait suivant (chapitre III) : a Claville, au territoire de Rouen, une femme était devenue aveugle en défendant son enfant encore à la mamelle contre les attaques de l'esprit infernal. Au bout d'un an de cette cruelle épreuve, elle reçoit en songe l'avertissement d'aller se laver à la fontaine de Sainte-Austreberte pour y trouver la guérison. Son mari à qui elle raconte le fait la plaisante ; mais vaincu par ses importunités, il se décide à contre-cœur à la conduire à Pavilly. La foi de l'aveugle fut récompensée ; après une prière fervente, elle offrit le cierge d'usage et se lava trois fois à la source ; elle aperçut alors comme deux brillantes étoiles qui descendaient du ciel et se plaçaient dans ses yeux : la vue lui était rendue.

Aussi un chroniqueur du XVe siècle a-t-il pu écrire en toute vérité : « Moult sainctement se gouverna (sainte Austreberte), et par ses mérites prières et moult de miracles nostre créateur y voulut faire et démonstrer, comme il appert d'une fontaine, laquelle est auprès de ladicte chapelle où est enterrée [1]. »

Notre glorieuse sainte manifesta également son pouvoir dans l'abbaye de Sainte-Catherine où ses reliques étaient maintenant déposées. Une pauvre femme de Rouen, depuis longtemps paralysée, fut guérie par leur attouchement ; elle déposa sur

---

[1] Archives dép. de la Seine-Inf^{re}. — Mémoire de M. de Beaurepaire.

l'autel une poignée de froment, tout ce qu'elle possédait. Un gentilhomme anglais, Gosselin, donna
la dîme de sa terre à cette même abbaye, en
l'honneur de sainte Austreberte, et il ajouta à ce
présent deux bassins d'airain que l'abbé de Sainte-
Catherine reçut dans la Grande-Bretagne où il
était passé pour quelques affaires de son monastère. Cet abbé, ayant abordé à Dieppe, redemanda ses bassins au pilote qui se moqua de
lui en disant que la sainte n'était guère puissante
puisqu'elle ne pouvait garder ce qu'on lui avait
donné. Le lendemain, le pilote voulut mettre à la
voile pour retourner en sa patrie avec d'autres
navires ; mais tandis que ces derniers quittaient
joyeusement le port et gagnaient la pleine mer,
notre larron avait beau larguer les voiles ; son
vaisseau se tenait immobile et comme cloué sur
place ; ce ne fut qu'après avoir restitué son larcin
qu'il put prendre le vent et s'en aller honteusement [1].

Les Bénédictins de Sainte-Catherine possédèrent
le prieuré de Pavilly jusqu'en 1662. Durant les
trois cents ans qui suivirent la fondation de Thomas, rien de bien saillant ne se produisit dans la
vie sereine des bons moines, tout entiers à leurs
devoirs de prières et de prédications ; au commencement du seizième siècle, pendant cette époque

[1] Apud Boll. 10 febr. Mirac. VI.

désastreuse où la peste et la guerre avaient ramené le gros bourg de Pavilly au rang de « petit village », le couvent se ressentit des calamités qui fondirent sur la Normandie et le nombre des moines diminua : on fut alors contraint de transformer le prieuré, de conventuel qu'il était, en bénéfice simple, c'est-à-dire qu'il n'y eut plus qu'un seul religieux pour le desservir.

Les archives de Rouen contiennent un « Estat des bien et revenu du prieuré de Sainte-Austreberte de Pavilly[1] » qui jette un jour particulier sur l'église, la fontaine et le pèlerinage.

« Ledict prieuré consiste en unne grande chapelle dédiée à la bienheureuse vierge Marie et à sainte Austreberte, dans le cœur de laquelle il y a unne contretable de pierre des carrières de Caen, dans laquelle il y a ung tableau de l'Annonciation, et a esté icelle contretable faict construire de neuf par ledict Belin, prieur, en la présente année 1667 ; et dans icelle chapelle, et unne autre petite chapelle desdiée au prince des apostres saint Pierre, dans laquelle est le tombeau de ladicte sainte Austreberte, lequel est vénéré de tout le peuple du pays et d'une grande quantité de pèlerins ; et au bout d'icelle chapelle, dans le jardin du sr prieur, se veoit unne fonteyne de l'eau de laquelle les pesle-

---

[1] Bull. de la Comm. des Ant. de la Seine-Inf^{re} t. VI. — Mém. de M. de Beaurepaire.

rins en boyvent par grande debvotion. Au costé de
ladicte chapelle est le manoir du prieur, consistant
en une bassecourt, avec maison, où il y a salle,
cuysine, seulle, plusieurs chambres et anticham-
bre, guernier et caves. Au dessoubz et vis-à-vis
de lad. maison, de l'autre costé de la cour, vers le
septentrion, est une autre longueur de bastiment
qui se compose : une chambre, seulle et caveau,
qui est l'appartement que le prieur destine pour
son chappelain, au costé duquel sont les escuries
avec une remise de carosse, et, au bout de ladict
cour, est une vollière garnie de pigeons au costé
de laquelle est un vieil bastiment.

« Et dedans la maison dudict manoir est ung
jardin planté de nains avec deulx parterres à lad.
fonteyne de sainte Austreberte, ledict jardin contenant viron demye acre. »

La seconde moitié du dix-septième siècle fut
remplie par les interminables débats que souleva
la succession du prieuré.

Henri IV, répondant aux vœux de la ville de
Rouen, avait donné l'ordre de raser la célèbre
abbaye de Sainte-Catherine [1]. Les religieux qui

---

[1] « La position occupée par l'abbaye de la Sainte-Trinité
sur un point culminant qui dominait la ville de Rouen,
l'avait plus d'une fois exposée aux insultes des armées en-
nemies, lors des sièges que cette ville eut à soutenir. Véritable forteresse elle-même, car elle avait des murs crénelés
et flanqués de tours, l'abbaye fut l'objet d'attaques en

l'habitaient se retirèrent en 1598 dans leur pauvre couvent de Saint-Julien où ils menaient une vie si précaire qu'ils eurent la pensée, soixante-deux ans après, de s'entendre avec les Chartreux pour leur céder Saint-Julien et Pavilly (1661). Mais les seigneurs de Pavilly, en qualité d'héritiers de Thomas, s'opposèrent à la réunion du prieuré à la Chartreuse, prétendant qu'on ne pouvait sans leur assentiment disposer d'une fondation qui, l'autre partie contractante faisant défaut, devait nécessairement revenir à la famille du Patron. Il y eut procès et le baron d'Esneval, seigneur de Pavilly, obtint gain de cause devant le Parlement de Normandie.

Par un contrat passé le 13 mai 1701, les Bénédictins de l'abbaye de Cormeilles, reprirent le prieuré, et munis de l'approbation de l'archevêque de Rouen, entrèrent en possession de Pa-

règle, qui portèrent de sérieuses atteintes à sa prospérité et qui finirent par compromettre son existence; la création au XVIe siècle, d'un fort bastionné en avant de l'abbaye et se liant à ses fortifications, en avait fait une véritable place de guerre. Les habitants de Rouen, d'un autre côté, voyaient avec une inquiétude qu'ils ne dissimulaient pas cette citadelle toujours menaçante qui plongeait sur leur cité, et d'où un ennemi heureux pouvait, depuis l'invention du canon, la réduire en cendres en quelques heures. »

Henri IV donna l'autorisation de détruire le fort et l'abbaye.

A. Deville : Cartulaire de l'abbaye de la Sainte-Trinité-du-Mont de Rouen.

villy, le 11 septembre suivant. En 1713, le baron
d'Esneval traitait à son tour avec les Chartreux
et se désistait de l'opposition qu'il leur avait faite,
aux conditions suivantes : les Chartreux s'obli-
geaient à l'entretien des bâtiments et du manoir
du prieuré ; le baron d'Esneval et ses successeurs
devaient nommer le desservant de la chapelle et
lui assurer un traitement annuel de 300 livres,
outre le logement et le casuel.

Les religieux de Cormeilles quittèrent Pavilly
le 4 octobre 1723, et les Chartreux supprimèrent
aussitôt le bénéfice ; ils ne supprimèrent pas toutefois les difficultés, puisqu'ils en vinrent le 5
juillet 1773, à céder au président d'Esneval « le
sol, l'église ou chapelle et le manoir de l'ancien
prieuré de Sainte-Austreberte, à charge par lui
de pourvoir à l'entretien et à la décoration du lieu
saint, ainsi qu'au desservice de la chapelle [1]. »

[1] Mémoire de M. de Beaurepaire. — L'abbé Tougard,
Géog. de la Seine-Inf^{re}.

CHAPITRE XII.

Le culte de sainte Austreberte à Montreuil-sur-mer.

L'ABBAYE DE MONTREUIL CONTINUE LES MONASTÈRES DE PAVILLY ET DE MARCONNE. — L'ABBESSE HILDEBURGE OBTIENT UNE PARTIE DES OSSEMENTS DE SAINTE FRAMEHILDE. — GUY DE PONTHIEU ET EUSTACHE DE BOULOGNE VIENNENT A MONTREUIL HONORER LES RELIQUES DE SAINTE AUSTREBERTE. — L'ABBESSE IMBERGE SOLLICITE DES AUMONES POUR LA RESTAURATION DE LA CHASSE DE LA SAINTE.

A ville de Montreuil-sur-mer, autrefois l'un des comtés du Ponthieu et aujourd'hui chef-lieu d'arrondissement du département du Pas de-Calais. couronne une colline dont le pied est baigné par la Canche; de hauts remparts posés sur des flancs escarpés la défendaient, il y a cent ans encore, contre les attaques du dehors, pendant qu'au dedans les demeures se pressaient dans le dédale de rues souvent étroites et semblaient s'abriter sous les clochers

des églises. Du sommet de ses tours, l'œil, ébloui par l'immense horizon qui se déploie, plonge au loin vers la mer et parcourt la vallée charmante de la Canche pour s'arrêter sur les collines du Boulonnais ou celles de Picardie.

Montreuil, qui n'était primitivement qu'une bourgarde celtique *(Brayum)* perdue au milieu des forêts, prit le nom de *Monasteriolum* lorsque saint Sauve y eut fondé son monastère d'hommes au commencement du septième siècle ; plus tard, le comte Helgaud, voulant mettre le pays à l'abri des incursions normandes, entoura l'abbaye et le sommet de la colline d'une imposante ceinture de remparts derrière lesquels la population des alentours s'empressait de chercher asile à chaque menace d'invasion : au moyen-âge, la cité, visitée par les souverains, défendue vigoureusement contre de puissants ennemis, jouit d'une certaine importance militaire et devint le centre d'un grand commerce.

C'était à Montreuil que les religieuses de Sainte-Austreberte avaient désormais planté leur tente pour y prier en paix. Mais là s'arrête ce que nous savons des commencements du monastère ; jusqu'au onzième siècle, son histoire, le nom de ses abbesses, l'influence qu'elles exerçaient, la piété des sœurs, le culte dont elles glorifiaient leurs Saintes, tout est entouré d'obscurités. En enchaînant cette communauté à la succession de Marconne et de Pavilly, nous avons suivi le sentiment des plus graves auteurs et les traditions de nos contrées[1]; nous devons toutefois reconnaître que le P. Simon Martin, dans la *Vie de sainte Austreberte*, a émis une opinion différente.

Il y eut, selon cet écrivain, quelques filles dévotes qui s'assemblèrent en la ville de Montreuil-sur-mer vers l'an 1000 pour vivre retirées du monde sous la règle de saint Benoît ; avec l'autorisation de Foulques Ier, évêque d'Amiens, elles se mirent sous la conduite de l'une d'elles nommée Austreberte.

[1] *Gallia Christ.* — X, 1318 — Mabillon : Annales O. S. B. t. I, lib. XIX — et les auteurs Bénédictins. — Malbrancq, qui est d'un avis diamétralement opposé à celui du P. S. Martin, déclare pourtant qu'il s'appuie sur les pièces historiques communiquées par l'abbaye de Montreuil « monumenta Monstroliens. mss. » — Nous lisons également au Monasticon Benedictinum (t. XXXVIII f. 238 au verso) : « Extrait d'un livre manuscript de l'Abbaïe de sainte Austreberte. Le monastère de sainte Austreberte fut premièrement fondé dans un lieu nommé Marconne-lez-Hesdin qui s'estendoit d'un coté et d'autre de la rivière de Canche... On y établit les religieuses de Port et elles y restèrent jusqu'aux ravages des Normands en l'année 880 que ce monastère fut détruit. Les religieuses se retirèrent à Montreuil où Elgaud comte leur donna un refuge où elles demeurèrent jusqu'en 1032 que le roy Henri leur donna une maison roïalle proche leur refuge pour y bastir un monastère. » — L'abbé Parenty (Annales Boulonnaises : Abbaye de Sainte Aust. t. I) nous dit que, dans les divers procès qui furent suscités aux Dames Bénédictines de Montreuil, les religieuses ne purent produire d'autre titre de propriété qu'une possession constante, appuyée sur la tradition qui attribuait la donation de ces propriétés à sainte Austreberte ou à sa famille.

Mais peut-être concilierait-on ces deux sentiments. Entre les deux dates, séparées par un siècle,
qui marquèrent l'invasion normande et l'avènement
de cette supérieure, il est possible d'admettre que
les débris du monastère réfugiés à Montreuil eurent une existence languissante, et que les malheurs
des temps influèrent sur le nombre comme sur la
ferveur des religieuses. Les biens autrefois généreusement cédés par Badefrid avaient été ravagés ;
les sœurs, si longtemps errantes, se créaient à
peine une demeure définitive, et sans doute, dans
l'incertitude du lendemain, la vie monastique allait
s'affaiblissant, comme s'affaiblissent trop souvent
les sentiments religieux dans les cœurs à toutes
les époques de révolutions et de troubles. Il parut
alors une grande et belle âme qui s'appelait Austreberte ; elle rassembla ces restes épars, souffla sur
des cendres refroidies le feu sacré de la vocation,
imprima une direction énergique à une fondation
en quelque sorte renouvelée, et la plaça sous la
garde de Marie dans sa glorieuse Assomption,
ainsi qu'avait fait la première Austreberte à son
arrivée à Pavilly. Et il est constaté qu'à sa mort
elle laissait une communauté parfaitement orga-
nisée et animée du véritable esprit religieux.

Avec la deuxième abbesse commence à propre-
ment parler l'histoire du troisième monastère de
Sainte-Austreberte. Hildeburge ou Edelburge, fille
de Guillaume Ier, comte de Ponthieu, apportait à

l'œuvre qu'elle était appelée à diriger l'éclat de ses
vertus, la noblesse de son nom, l'appui de sa famille et la faveur des princes ; aussi éleva-t-elle
le couvent, modeste jusque-là, à un si haut degré
de splendeur qu'on le compta dès lors au nombre
des grandes abbayes de la contrée. Hildeburge [1]
obtint d'abord du roi Henri Ier que son abbaye fût
déclarée royale, titre avidement recherché au
moyen-âge, parcequ'il donnait le droit d'être jugé
dans ses différends avec le dehors par « les gens du
roi », et non par les barons ou les magistrats
communaux. Elle songea ensuite à offrir un
aliment à la piété de ses sœurs et à enrichir le
monastère d'un trésor précieux. Lorsque le corps
de sainte Framehilde, disent les Bollandistes [2], eut
reposé environ trois siècles dans l'église qu'elle
avait fait construire à Marconne, vénéré par un
grand concours de peuple qu'attiraient les nom-

---

[1] Simon Martin dit que Hildeburge était sœur d'Ernieul,
comte de Boulogne, et de Louis, comte de Thérouanne.
Lambert d'Ardres parle d'un Ernicule, comte de Boulogne
au Xe siècle. Serait-ce le même que le comte Arnulfe,
Arnulfus comes, qui a signé quelques chartes de cette
époque ? On doit également noter qu'il n'y eut pas au XIe
siècle de comte de Thérouanne du nom de Louis. — Selon
L'Art de vérifier les dates, cette même abbesse qu'il nomme
Elisabeth, est fille de ce Guillaume Ier qu'on croit fils de
Roger ou Rodgaire, et qui succéda à son père en 957 au
plus tard. Hildeburge devait être d'un âge avancé en 1030.

[2] Vie de sainte Framehilde, au mois de mai, d'après la
« Vie de saincte Frameheut ».

breux miracles opérés sur son tombeau, il fut révélé
à la sainte abbesse Hildeburge et à plusieurs personnes pieuses que ce serait plaire à Dieu que d'é-
lever de terre ces restes saints et de les placer dans
un lieu plus honorable. L'abbesse, tout en conservant le silence sur son dessein de transférer le
corps à Montreuil, raconta la révélation à son frère
Louis, comte de Thérouanne. Des évèques, des
abbés, un grand nombre de prêtres, de moines et
de religieuses furent invités à la Translation ; une
procession solennelle se rendit à l'église, et, divisée
en deux chœurs, elle remplissait l'air de cantiques
harmonieux, pendant qu'on mettait au jour les
ossements précieux et qu'un parfum tout céleste
s'échappait du sépulcre. En ce moment l'abbesse,
découvrant sa pensée secrète, déclara qu'il était
juste d'honorer la mère là où était honorée la fille ;
mais le comte fut d'un avis opposé ; lui aussi vé-
nérait la sainte et il voulait que son territoire et
l'église de Marconne continuassent de posséder
leur trésor. L'évêque Bauduin apaisa cette contes-
tation en divisant les ossements en deux parts
égales dont l'une demeurerait à Marconne et l'autre
serait portée à Montreuil. Alors se passa une
chose extraordinaire ; comme il restait un dernier
ossement, l'évêque le mit à égale distance des deux
parts et fit reprendre les chants sacrés afin de
demander au Seigneur de déclarer sa volonté ;
soudain, on vit la relique s'élever et s'aller poser

doucement sur la part réservée à Marconne, au grand contentement du clergé et des fidèles[1].

Bien que ses désirs n'eussent pas été entièrement satisfaits, ni ses démarches couronnées d'un plein succès, l'abbesse Hildeburge fut cependant heureuse de porter à Montreuil les ossements de sainte Framehilde qui lui avaient été concédés, et elle plaça ce saint dépôt dans une châsse magnifique, près des châsses de la bienheureuse Austreberte et de sainte Julienne[2]. Dieu récompensa sa piété par la vue d'un miracle éclatant. Il y avait à cette époque à Montreuil une pauvre femme qu'un rétrécissement des nerfs des jambes empêchait de se soutenir et qui, traînée dans une charrette par

[1] Le seul élément chronologique que l'on ait de cette Élévation est la désignation de l'évêque Bauduin. Or Bauduin, d'après Papebroch qui suit Malbrancq, a été évêque de 1004 à 1032, et mieux de 1004 à 1029 (Cart de S. Bertin), date de l'intronisation de Drogon. — Bauduin avait établi son siège à Boulogne, après la destruction de Thérouanne par les Normands. — Dom Ganneron raconte ainsi l'Élévation de sainte Framehilde : « Dieu révéla quelques siècles après (sa mort), qu'il fallait lever son saint corps de terre, et partout on dénonça par le pays la solennité de cette translation, à laquelle se trouva une infinité de peuple avec plusieurs evesques, abbez et autres personnes qualifiées. Baudoin, evesque de Thesrouenne fut celuy qui fit cette cérémonie, en présence d'Alonse, ou Alphonse, comte de Marcon, frère de Heudebourg, seconde abbesse de sainte-Austreberte de Monstrueil, vers l'an 1036, le 4e jour de may, et leva le corps saint de terre aux hymnes et cantiques, et tous sentirent ung odeur admirable en cette translation.....

[2] Ghesquière : t. V. de S. Fram. 7.

ses enfants, était réduite à vivre de la charité
publique. Après trois ans de cette cruelle infirmité,
elle eut la pensée de se faire conduire, le samedi
de Pàques, dans l'église de l'abbaye, devant l'autel
où les reliques de sainte Austreberte étaient exposées ; et portée par l'abbesse et les religieuses,
elle offrit son cierge en priant de toute l'ardeur de
son âme. La confiance de cette femme ne fut pas
vaine ; elle se sentit tout à coup guérie, se tint
droite, se servit de ses membres et marcha sans
aucun appui[1].

Quelques années plus tard, sous l'abbesse Ide,
fille puînée de Guy Ier, comte de Ponthieu, (le
même qui retint Harold prisonnier dans la tour de
Beaurain), et de Adda son épouse, le monastère
de Montreuil obtint sa confimation du pape Alexandre II. Dans une première bulle, le Pontife
mit l'abbaye sous la protection du Saint-Siège,
et dans une seconde, régla la nomination à plusieurs cures et bénéfices.

Vers cette époque, le vénérable Enguerran, abbé
de Saint-Ricquier, de 975 à 1045, écrivait en vers
latins une histoire de sainte Austreberte qui est
malheureusement perdue[2].

Sous le règne de Philippe Ier, alors que le siège
d'Amiens était occupé par Roricon, son trente-

---

[1] P. Simon Martin.
[2] Hariulfe — Chron. Cent. l. III, c. iii.

sixième évèque [1], Guy Ier et Adda, accompagnés d'Eustache II, comte de Boulogne, l'illustre père de Godefroy de Bouillon, et d'un grand nombre de leurs barons, vinrent honorer, en présence de tout le peuple, les reliques de sainte Austreberte. Depuis longtemps sans doute la chàsse n'avait été ouverte et l'on éprouvait le besoin, comme cela s'est renouvelé presque de siècle en siècle, de vérifier l'existence du saint corps et d'en constater de nouveau l'authenticité. C'est dans cette solennité qu'un marchand de Montreuil, nommé Wallon, offrit une étoffe précieuse pour servir d'enveloppe intérieure aux ossements [2], tandis que, dit la chronique de l'abbaye, un seigneur faisait présent d'une peau de cerf pour les protéger extérieurement contre les injures de l'air [3].

[1] L'épiscopat de Roricon est circonscrit entre les années 1080 et 1088.

[2] « Anno, mense et die superius dictis inventus est quidam Breviculus cum corpore sacro beatæ virginis Austrebertæ in cassa ista sub forma quæ sequitur loquens : « Tempore Philippi Regis Francorum et tempore Roricionis Episcopi Ambianensis facta est quædam dubitatio de hac sancta Austreberta qua fama comperta nobilissimus comes Guido venit cum nobilissima conjuge sua nomine Adda et Eustacio comite Boloniæ et cum principibus terræ suæ volens videre corpus coram omni populo qui affuit, cujus ossa Walo negotiator tunc involvit pallio. »

Ms. de la Bibl. de Rouen. — *Vie de sainte Austreberte*.

[3] La chronique d'Andres rapporte également que le corps de sainte Rotrude fut trouvé par les gens du comte de Guines, entouré de même d'une peau de cerf, « inventionem corporis sacri in corio cervino consuti. »

Un fait étrange eut lieu au siècle suivant qui prouve combien était déjà grande la renommée de notre abbaye. Étienne de Blois, comte de Boulogne du chef de sa femme Mathilde qui était la petite-fille de sainte Ide, puis roi d'Angleterre en 1135, avait eu trois enfants, Eustache, Guillaume et Marie. Les deux frères étant morts sans postérité, le comté revenait de droit à leur sœur Marie, abbesse de Ramsay en Angleterre. Matthieu d'Alsace, dans le dessein de se faire comte de Boulogne, enleva l'héritière et l'épousa sans solliciter dispense des vœux qu'elle avait prononcés. Il fut excommunié par le pape Alexandre III, et comme il résistait aux foudres pontificales, l'interdit fut lancé sur le Boulonnais [1].

Matthieu fit sa soumission en 1170, et enfin repentant, il conduisit lui-même Marie au monastère de Sainte-Austreberte où cette princesse reprit l'habit religieux ; il lui donna 120 livres de pension viagère et accorda en même temps à l'abbaye une rente perpétuelle de 12 livres qui fut payée par l'État jusqu'à la Révolution [2]. A la mort de Matthieu d'Alsace, Marie dut exercer la tutelle de

[1] L'abbé D. Haigneré : Dict. hist. du Pas-de-Calais. arrondissement, de Boulogne t. I. p. 93.

[2] Gallia Christ. t. X. p. 1319 — P. Simon Martin : Vie parfaite — Notre monnaie peut valoir environ soixante fois moins que la monnaie de cette époque, de sorte que les 120 livres du XIIe siècle seraient équivalentes à 7200 francs.

sa fille aînée, Ide de Boulogne, jusqu'à son mariage ; puis elle vécut dans la pratique des plus
austères vertus et mourut saintement en 1182[1].
En souvenir de sa mère, la comtesse Ide fit de
nombreuses donations au monastère[2].

L'abbesse Ide II sollicita d'Alexandre III plusieurs privilèges que ce Souverain Pontife daigna
accorder en 1160[3].

L'abbesse Marguerite d'Henneveux couvrit les
reliques de sainte Austreberte d'ornements d'or
et d'argent ; une note en langue vulgaire fut déposée dans la chàsse pour perpétuer le souvenir de
ce présent : nous la transcrivons d'après la copie
de la Bibliothèque de Rouen :

« Che saichent chil Ki ore sont et qui ne sont,
Ke nul ne mescroye Ke li cors me Dame sainte
Austreberte ne soit en cheste fiertre Ke li abbeesse
Margerie de Hanewe Ki estoit a chel tans abbeesse
de l'Eglise le fist remuer, si Ke ele le vit et ses
guens[4] et le refist mout bellement remettre si Ke
ele trouva en cuir de cherf et fist parer le fierte

---

[1] « Tant y a que ceste Princesse Marie fut faite religieuse
où elle a vescu sainctement plus contente mille fois avec les
servantes de Nostre Seigneur qu'elle n'estoit ny en la cour
de son père, ny au palais de son mari. » P. Simon Martin :
Vie parfaicte.

[2] L'abbé Parenty : Notice hist. sur l'abbaye de Sainte-Aust.
— Annales boul. t. I, 1851, p. 135. charte de 1188.

[3] Gallia Christ. t. X, p. 1319.

[4] Lisez : convens.

d'or et de argent. Che fut a ce tans Hounere Ki estoit Apostoles de Roume et au tans Everart Ki estoit Evesque de Amiens, et au tans Phelippon de Gounesse Ki estoit Roi de Franche mil et deux cens et vingt deux el mois de Septembre. »

Voici la traduction de cette pièce intéressante : Sachent tous présents et à venir qu'ils doivent être certains que le corps de sainte Austreberte est dans cette fierte (châsse) ; l'abbesse Marguerite d'Hannebbe (ou d'Henneveux) qui était à cette époque abbesse de l'église le fit découvrir pour le voir, elle et son couvent, et le fit remettre de nouveau tout bellement comme elle le trouva, dans une peau de cerf ; et elle fit orner la châsse d'or et d'argent. Honorius était alors Pape à Rome, Evrard évèque d'Amiens et Philippe Auguste roi de France. L'an mil deux cent vingt-deux au mois de Septembre[1]

L'abbesse Imberge succéda à Marguerite ; ayant conçu le projet de restaurer la châsse de sainte Austreberte, elle sollicita dans ce but les charitables aumônes de toute la contrée et plaça sa pieuse entreprise sous le patronage de Guillaume de Joinville, archevêque ·de Reims, qui, précisément, revenait alors d'Angleterre où il avait as-

---

[1] Cette date se rapporte sans doute à l'époque où la note a été écrite et déposée dans la châsse restaurée par l'abbesse Imberge.

sisté à l'élévation du corps de saint Thomas de Cantorbéry.

Elle adressa aux monastères et aux fidèles du Boulonnais et du Ponthieu la « lettre encyclique » suivante [1] :

« Imberge, abbesse, et l'humble couvent de Sainte-Austreberte de Montreuil, à tous les fils de notre mère la Sainte Église qui auront connaissance de la présente lettre, salut et communauté de dévotes prières en Jésus-Christ.

« Lorsqu'un accusé, gravement coupable et craignant une condamnation certaine, doit être jugé au tribunal du roi, s'il peut se faire des avocats parmi les conseillers et les amis du souverain, il sera presque certainement renvoyé absous de la sentence fatale qu'il redoutait. Semblablement, par la faute de nos péchés, sur la mer vaste et spacieuse du monde, semée de beaucoup d'amertumes, nos offenses envers la bonté de Dieu nous ont souvent précipités au fond de l'abîme. Si nous voulons obtenir notre pardon, il convient que nous nous fassions des intercesseurs parmi les confidents d'un si grand roi, en lui offrant nos présents et nos hommages, afin que, par l'intervention de leurs mérites et de leurs prières, nous sentions s'apaiser le courroux de notre juge redoutable. Mais celui qui ne sacrifie pas ce qu'il aime n'ob-

[1] Gallia Christiana t. X, instrum. LXVII. Traduction.

tiendra pas non plus ce qu'il désire ; aussi sur la terre il faut faire acte de dévotion envers ceux que nous voulons avoir comme protecteurs dans le ciel. Puisque notre église de Montreuil conserve le corps glorieux de la bienheureuse Vierge Austreberte, ce serait une indignité de priver sur la terre d'un vêtement d'or et d'ornements précieux celle qui jouit dans le ciel devant Dieu d'une radieuse couronne. Avant nous, les pieux fidèles avaient enrichi sa châsse d'or et de pierres précieuses ; mais ce reliquaire est tombé en si grand délabrement de vétusté que le travail et la matière ont presque entièrement disparu. Accablées comme nous le sommes des charges de notre église, tant pour le paiement des anciennes dettes que pour la réparation et le rétablissement du couvent et de l'église, nous n'avons point de ressources suffisantes pour subvenir à une convenable restauration de la châsse ; et d'ailleurs nous croyons que cette Vierge sage qui, ayant suivi le Seigneur son roi, a tout quitté par amour pour son Dieu sans se garder rien en propre, aimera mieux que sa châsse soit réparée avec les petites aumônes des fidèles que refaite à nouveau de nos propres biens. C'est pourquoi nous sollicitons affectueusement de votre charité dans le Seigneur que pour l'amour de Dieu vous fassiez de pieuses largesses pour la restauration de la châsse d'une vierge aussi illustre, afin que, grâce à l'interces-

sion de ses mérites et de ses prières, vous puissiez
obtenir de la majesté divine le pardon de toutes
les offenses que vous avez pu commettre envers
le Seigneur. A tous ceux qui, vraiment pénitents
et s'étant confessés, nous remettront leurs aumônes pour la restauration de la châsse, Monseigneur
l'Archevêque de Reims accorde la remise de vingt
jours des pénitences qui leur auraient été enjoin-
tes, l'absolution des manquements qu'ils auront
faits à leurs vœux à la condition qu'ils les accom-
plissent, celle des péchés oubliés, des offenses
commises envers les père et mère, pourvu qu'il
n'y ait pas eu violence matérielle. Dans notre
sanctuaire, outre les suffrages ordinaires de l'É-
glise, nous faisons célébrer chaque jour quatre
messes pour ces mêmes bienfaiteurs et chanter
annuellement vingt psautiers par chacune de nos
sœurs. Nous supplions instamment les abbés,
prieurs et religieux des lieux où passeront les
porteurs de ces présentes, d'accorder une parti-
cipation de leurs prières à ceux qui nous offri-
ront leurs aumônes pour la réparation de la
châsse, et d'apposer leur sceau à cet acte en
confirmation de ce qui précède.

« A. abbé de Saint-Sauve de Montreuil. E. abbé
de Saint-Josse-sur-mer. H. abbé de Notre-Dame
de Longvilliers. G. abbé de Saint-Wulmer. O.
abbé de Notre-Dame-de-Boulogne. Les autres
abbés ont donné des lettres semblables. »

Les sollicitations d'Imberge, appuyées par les grandes abbayes du Boulonnais et du Ponthieu, obtinrent de merveilleux résultats. Jusqu'au dix-septième siècle, le corps de sainte Austreberte reposa dans une châsse splendide où la richesse de la matière le disputait à la perfection du travail, une châsse véritablement digne de notre Sainte.

CHAPITRE XIII.

Nouvelles translations des reliques des saintes Austreberte et Framehilde.

L'ABBESSE MARGUERITE DE BRUNEMBERT FAIT PLACER UNE PAR-
TIE DES OSSEMENTS DE SAINTE AUSTREBERTE DANS DES RELIQUAIRES
PARTICULIERS. — LOUIS XI ET CHARLES VIII VISITENT L'ABBAYE. —
LES OSSEMENTS DE SAINTE FRAMEHILDE LAISSÉS A MARCONNE SONT
TRANSPORTÉS A MONTREUIL. — LE MONASTÈRE EST BRULÉ DEUX
FOIS PAR LES ANGLAIS ET LES ALLEMANDS.

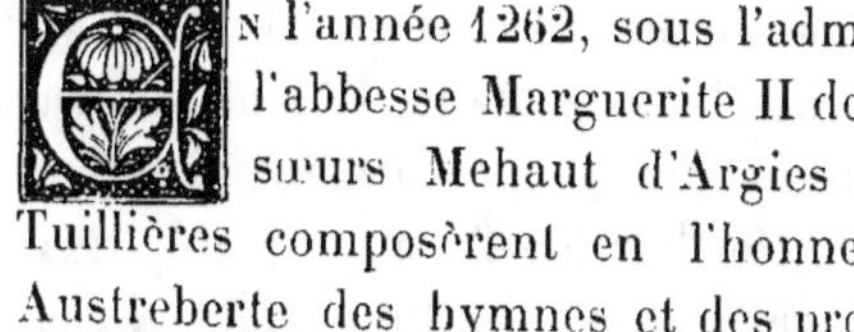

EN l'année 1262, sous l'administration de l'abbesse Marguerite II de Sanghen, les sœurs Mehaut d'Argies et Jeanne de Tuillières composèrent en l'honneur de sainte Austreberte des hymnes et des proses pour être chantées aux jours de ses fêtes.

Quelques années plus tard, le 5 mars 1271, du temps de l'abbesse Marguerite III de Bouvelinghem, un miracle signalé eut lieu au monastère. Aichart, maître-maçon, travaillait dans une fosse profonde de plus de vingt mètres, quand une grande partie des parois se détachèrent et accablèrent sous leur masse le malheureux ouvrier. Tout le monde accourut au bruit et le couvent consterné se mit en prières pendant que l'on procédait au sauvetage. Il y avait vingt-quatre heures que les ouvriers se succédaient sans interruption, risquant courageusement leur vie pour retirer celui qu'ils pensaient n'être plus qu'un cadavre, lorsqu'une voix se fit entendre du fond du puits : c'était le maçon qui recommandait d'agir avec précaution de crainte de le blesser, « car, ajoutait-il, sainte Austreberte me préserve sous ces décombres. » Ces paroles réjouirent vivement l'assistance ; on hâta les derniers travaux, et le maçon, arraché à son affreux tombeau sans aucune blessure. alla aussitôt à l'église pour remercier Dieu et la Sainte de sa délivrance.

Mais il ne suffisait plus à la piété des religieuses de prier devant le corps de leur bienheureuse Mère ; ce qu'elles souhaitaient maintenant, c'était de le voir, de le toucher, de le faire toucher aux autres afin d'accroître la dévotion commune et obtenir des bienfaits plus abondants. L'évêque d'Amiens, Guillaume de Matiscon ou Mâcon, accorda à l'abbesse Marguerite IV de Brunesberg (Brunembert), la faveur d'ouvrir la châsse et de développer le trésor, toujours enfermé dans une peau de cerf. Le procès-verbal de cette cérémonie est intéressant à connaître : nous en donnons la traduction :

« A tous ceux qui les présentes lettres verront, Marguerite de Brunembert, par la miséricorde divine, abbesse de l'église de la bienheureuse Austreberte à Montreuil-sur-mer, de l'ordre de Saint-Benoît, du diocèse d'Amiens, et tout l'humble couvent de la même église, salut dans le Fils de la glorieuse Vierge. Sachent tous, présents et à venir, qu'en l'an du Seigneur mil deux cent quatre-vingt-quatorze, au mois d'Octobre, au jour de la Translation de la sainte vierge Austreberte, le lendemain de Saint Luc, évangéliste, nous toutes souhaitant depuis longtemps, avec la plus grande dévotion et le plus ardent désir, voir le corps sacré de ladite Vierge, d'autant plus que nous n'avons que peu de choses d'elle en dehors de la châsse, ayant appelé à cet effet avec nous deux hommes recommandables par leur sagesse et leur discrétion, savoir messire Pierre de Sommereux, prêtre, curé de Fraisne-Moutier et doyen de la chrétienté de Montreuil, et messire Jean de Hesdin, curé de notre dite église paroissiale, avec leur concours et leurs conseils, nous avons ouvert

notre châsse dans laquelle nous croyions fermement que reposait le corps sacré, et nous y avons
trouvé renfermé le trésor désirable, à savoir la
moitié du très-saint corps de notre très-glorieuse
vierge et mère Austreberte ; avec quoi était de la
terre provenant de son sépulcre mêlée avec la
poussière ou la cendre de sa chair précieuse ; nous
y avons vu son suaire avec quelques-uns de ses
vêtements, tant de lin que de pelleterie ; il n'y
manquait même pas sa ceinture funéraire et quelques fragments de son gobelet. En contemplant
d'un long regard tous ces objets, et en baisant
dévotement dans le Seigneur, au milieu de nos
larmes, ces ossements très-saints, nous avons reçu
la satisfaction de nos désirs et goûté le bienfait
d'une consolation profonde. Tous les assistants
trouvèrent bon d'accorder à ceux qui viendraient
dans la suite de jouir des mêmes consolations que
nous goûtions à la vue de ce corps sacré ; c'est
pourquoi, d'un commun consentement et de notre
bonne volonté, nous avons mis à part une partie
du saint corps, savoir un grand os du bras de
notre sainte vierge, deux fragments de la partie
antérieure de son crâne, un morceau de la mâ-
choire inférieure avec seize dents, quelque partie
de l'épine dorsale, des jointures, des côtes et
d'autres menus ossements qui sont restés dans
nos mains hors de la châsse. Lesdits messire
Pierre, doyen de la chrétienté de Montreuil, et

messire Jean, prêtre, avec honneur et allégresse, en notre présence et de leurs propres mains, en firent trois parts qu'ils enveloppèrent chacune dans un morceau d'étoffe de soie sur laquelle ils déposèrent une étiquette sommaire pour en faire connaître le contenu. L'une indiquait la présence du saint corps ; l'autre, l'existence de la poussière et de la cendre ; la troisième faisait connaître que le suaire y était enveloppé à part avec quelques-uns de ses vêtements de linge et de pelleterie et son gobelet ; enfin la ceinture et les autres objets furent mis à part en dehors de la châsse. Alors le corps et les reliques mentionnées plus haut furent enfermés dans leur châsse avec l'honneur et le respect dûs à la sainte, au chant des hymnes et des cantiques, après la célébration d'une messe solennelle en l'honneur de la glorieuse Vierge Austreberte. En foi de quoi, nous avons apposé nos sceaux sur cette feuille pour en confirmer et en accroître à perpétuité l'autorité.

« Donné l'an du Seigneur, le mois et le jour ci-dessus indiqués, sous le Pontificat du pape Célestin [1] qui gouvernait au nom de Dieu toute l'Église Catholique sur la terre et qui autrefois a passé de longues années dans le désert sous la règle et dans l'ordre de saint Benoît ; Pierre étant

---

[1] Saint Célestin V fut pape de juillet à décembre 1294. Après cinq mois de pontificat, il se retira par humilité dans un monastère qu'il avait précédemment fondé.

archevêque de Reims[1], Guillaume de Mâcon étant évêque d'Amiens ; sous le règne de Philippe[2], l'illustre roi de France et de Navarre, fils de Philippe, roi de France, de bonne mémoire, qui mourut en Aragon en conduisant son armée par l'ordre ou la permission du Pontife romain contre le roi Pierre d'Aragon, déposé par le Seigneur Pape ; et ce dernier Philippe est fils de Louis, roi de France, d'heureuse mémoire, qui mourut à Tunis en conduisant son armée contre les Sarrasins. Beaucoup de personnes regardent ce Louis comme saint. A cette époque, de graves dissensions s'étaient élevées entre Philippe roi de France et Édouard roi d'Angleterre[3] qui fit périr par ses soldats un grand nombre de notre nation et occasionna de très grands dommages.

« Ces lettres ont été écrites en double original dont l'un a été retenu en dehors de la châsse, muni de nos sceaux. »

Au-dessous est écrit : « Le premier sceau est celui de l'abbesse ; le deuxième, dudit doyen ; le troisième, celui du couvent ; le quatrième, de maître Jean, prêtre et curé[4]. »

Jeanne d'Argies qui succéda à Marguerite de Brunembert fit enchâsser richement les reliques

---

[1] Pierre Barbet, archevêque de Reims.
[2] Philippe-le-Bel, fils de Philippe-le-Hardi.
[3] Edouard Ier, roi d'Angleterre.
[4] Voir à l'Appendice : 4°. (traduction.)

particulières dont il est parlé au procès-verbal
précédent, et vers l'an 1311, elle chargea un ecclésiastique de Montreuil, le prêtre Wistase Waucot,
d'écrire les Vies des saintes Austreberte et Framehilde[1] ; le P. Papebroch qui examina les deux
ouvrages dit qu'il y trouva peu de renseignements
qui ne fussent déjà contenus dans le manuscrit
reproduit par Surius et les Bollandistes.

Au siècle suivant, le monastère reçut des mar-
ques de la bienveillance royale. Louis XI déclara
en 1474 à l'abbesse Jeanne II de Hardenthun que
l'abbaye de sainte-Austreberte de Montreuil était
placée « sous la protection singulière de Sa Majesté. » Dix-neuf ans plus tard, « le 16 juin 1493,
Charles VIII s'arrêta à Montreuil. Il revenait de
Boulogne où il avait offert à la Sainte Vierge un
cœur d'or pour l'hommage du comté. Le gouverneur, le clergé régulier et le clergé séculier, la
noblesse, l'échevinage et les cinquantaines des
archers et des arbalétiers allèrent à sa rencontre
jusqu'à la limite du Boulonais... Charles VIII parcourut à cheval les rues de la ville et visita avec
beaucoup d'intérêt l'abbaye de Sainte-Austreberte[2]. »

[1] « Anno Incarnationis D. N. J. C. MCCCXI per manus
Wistasii Waucot Presbyteri, mandante singulari devotione
D. Joannæ de Dargies, Dei permissione tunc abbatissæ
ecclesiæ S. Austrebertæ Monstrolii. » apud Boll. append.
ad. XVII maii : Vita S. Framechildis.

[2] Baron A. de Calonne : Dict. géog. du Pas-de-Calais —
arrondissement de Montreuil-sur-mer.

En l'année 1503 où l'abbesse Marguerite VII de
Wailly avait prêté le serment d'obédience au pape
Jules II, le roi Louis XII, ayant signé la paix
avec l'empereur Maximilien, s'occupait de son ex-
pédition d'Italie qui devait permettre à la Picardie
et à l'Artois de respirer quelque peu après un
siècle de luttes le plus souvent désastreuses.
Aussi la communauté de Montreuil voulut-elle
profiter de ce calme inattendu pour obtenir les
ossements de sainte Framehilde, laissés à Marconne au onzième siècle ; on pouvait craindre que
la reprise des hostilités ne dispersât enfin les reliques, jusque-là respectées, de la mère de sainte
Austreberte. Monseigneur Nicolas de la Cousture[1],
évêque d'Hébron, religieux de l'ordre de Saint-
François et « suffragant » (auxiliaire) de Monseigneur Philippe de Clèves, évêque d'Amiens, leva[2]
les ossements de la bienheureuse Veuve dans
l'église de Marconne et vint ensuite les réunir à

[1] « Quarto nonas Maii. Translatio Beatæ Framehildis vi-
duæ cujus corpus a Balduino episcopo Ambianensi elevatum
partimque in Ecclesiâ S. Mariæ Marconensi, partim in ba-
silicâ S. Austrebertæ apud Monasterium collocatum, per
Nicolaum Episcopum Ebronis Francisci Episcopi Ambianensis suffraganeum, totum in eâdem capsulâ ipsâ in Ecclesiâ
S. Austrebertæ reconditum est »

Ex Martyr. gallic. Andreæ du Saussay.

[2] Dom Martin Rhètelois : Add. aux chron. de l'Ordre de
Saint-Benoît par Yspez — Le Monasticon benedictinum (Bibl.
nat. ms. latin t. 28) fait également mention de cette translation.

l'autre partie du corps que l'abbaye possédait déjà, à l'exception du chef qu'il mit dans un reliquaire spécial.

Sainte Framehilde ou Frameuse était invoquée contre les douleurs de tête. Les Bollandistes et Ghesquière citent à ce sujet un usage généralement répandu à Montreuil : lorsqu'une personne souffrait de ce mal parfois atroce, on lui mettait sur la tête le morceau d'étoffe qui entourait le chef vénéré, et le plus souvent la douleur disparaissait aussitôt. Claude Châtelain, chanoine de Paris, put le constater au mois de juillet 1686 dans un voyage qu'il fit à Montreuil ; ce savant correspondant des Bollandistes reconnut également que sainte Frameuse y était honorée le 17 mai et que sa fête était célébrée au milieu d'un grand concours de fidèles[1].

L'évêque d'Hébron visita en cette circonstance le corps de sainte Austreberte, et il y trouva des

---

[1] Apud Boll. ad append. Maii — Le culte de sainte Framehilde, dit l'abbé Corblet, ne paraît guère s'être répandu hors de Marconne et de Montreuil. Il y avait à l'abbaye de Dommartin une châsse avec cette inscription : « De Saincte Frameutt, mère de Saincte Austreberte » (Hugo, Ord. præmonst. annal. 1,621). On conservait de ses reliques à l'abbaye de saint Paul-les-Beauvais. (Hagiog. du dioc. d'Amiens, II. 222) — L'église collégiale d'Hesdin en possédait également (Destombes. Vie des Saints des diocèses de Cambrai et d'Arras, II, 64.) — L'office de sainte Framehilde que chantaient les religieuses de Montreuil avait été approuvé par l'évêque d'Amiens le 3 décembre 1664.

témoignages si complets d'authenticité qu'il ne voulut point en ajouter d'autres ; il ouvrit pareillement la châsse de sainte Julienne et y laissa, aussi bien que dans le reliquaire de sainte Framehilde, des lettres d'attestation [1].

L'abbaye eut alors à traverser une époque critique dont les horreurs de la dernière guerre peuvent seules nous donner une idée à peu près exacte. Les armées de François Ier et de Charles-Quint avaient recommencé autour des places fortes de Picardie et d'Artois leurs luttes sanglantes ; prises et reprises, les cités voyaient leurs murailles éventrées par le canon, les monuments ravagés par l'incendie, les maisons livrées au pillage par la soldates-

---

[1] « Anno Domini millesimo quingentesimo tertio, die dominica 14 mensis maii, reverendus in Christo pater Dominus Nicolaus, Dei et Sanctæ Sedis Apostolicæ gratià, episcopus Ebronensis, etiam reverendi in Christo Patris et domini domini Philippi de Clèves, eàdem gratià Ambianensis et Nivernensis episcopi suffraganeus, transtulit de quadam capsà veteri et antiquà, ossa et reliquias sanctæ Julianæ et reposuit in præsentem capsam, præsentibus venerabilibus et circumspectis viris dominis et magistris. Eustachio de Couvry, in sacra paginà professore, religioso ordinis fratrum B. Mariæ de Monte-Carmelo, et priore conventus Monsteroli, Judoco Glachon, decano christianitatis dicti loci, necnon locumtenente et majore, et pluribus habitantibus etiam dicti loci de Monsterolo, et magistro Petro du Mas, in decretis licentiato, canonico Ambianensi, ac prædicti reverendi in Christo patris episcopi Ambianensis secretario »

Dom Ganneron : Vie de sainte-Austreberte.

Mgr de la Cousture déposa une attestation semblable dans la châsse de sainte Framehilde.

que, tandis que les campagnes étaient abandonnées
à la merci d'un ennemi sans pitié. Montreuil,
jusque-là imprenable dans sa triple enceinte, eut
sa part de ces affreux désastres : Floris d'Egmont
à la tête de 30 000 Allemands, et Norfolck avec
son corps d'Anglais vinrent enfin l'assiéger et s'en
emparèrent (24 juin 1537) : puis, maîtres de la
place, les vainqueurs ordonnèrent lâchement,
malgré la capitulation honorable qu'ils avaient
signée, de mettre le feu à la ville. L'abbaye de
Sainte-Austreberte, tous les autres monuments et
toutes les demeures, devinrent la proie des flammes et Montreuil fut entièrement détruit[1].

Cependant, pleine d'une énergie puissante,
l'abbesse Françoise de Boufflers ne se laisse pas
abattre par l'étendue du malheur qui frappe sa
communauté ; elle se met à l'œuvre, appelle les
ouvriers, relève les murs, rebâtit son église, son
couvent, et bientôt toute trace du siège est effacée.

Moins de dix ans après, Montreuil était une
seconde fois investi par les Anglais et les Allemands dont les canons ne cessèrent de battre les

---

[1] L'abbaye possédait également à Montreuil une chapelle
paroissiale de sainte Austreberte que les religieuses avaient
fait bâtir pour se réserver leur propre église. Cette chapelle
fut détruite dans cette vengeance des Impériaux, et la
paroisse qu'elle desservait, unie à celle de Saint-Jean qui
prit le nom de Saint-Jean-en-Sainte-Austreberte. Cette dernière paroisse fut à son tour supprimée en 1663 et rattachée
à l'église Saint-Firmin qui ne disparut qu'à la révolution.

remparts durant quatre mois. La ville fit une
résistance héroïque et força l'ennemi à s'éloigner ;
mais il fallut réparer de nouvelles ruines, et l'abbesse Françoise ne se montra pas au-dessous de
la tâche que lui imposaient de si terribles calamités ; quoique le couvent, situé près des remparts,
eut été encore incendié, elle le fit rétablir dans
son premier état.

CHAPITRE XIV.

Les épreuves du monastère de sainte-Austreberte.

RÉFORME DE L'ABBAYE. — MIRACLE ÉCLATANT. — NOUVELLES
TRANSLATIONS DES SAINTES RELIQUES. — INCENDIE DU MONASTÈRE
ET SA RESTAURATION.

ES guerres sanglantes auxquelles la
France avait été mêlée durant le sei-
zième siècle, aussi bien que les luttes
de Religion et les troubles de la Ligue, avaient
amoncelé de grandes ruines matérielles et mora-
les sur toute l'étendue du territoire ; un grand
nombre d'abbayes, autrefois florissantes, se res-
sentaient du désordre des esprits, et le relâchement
s'était même insinué jusque dans les cloîtres les
plus austères. Les graves préoccupations d'un présent troublé, la perspective d'un avenir plus me-

naçant encore, le contact permanent avec le dehors, des projets tout humains dans quelques vocations religieuses, peuvent expliquer cette tendance de l'époque à apporter des tempéraments aux austérités imposées par les règles et à abaisser les barrières qui doivent séparer du monde la vie monastique.

L'Église qui n'avait cessé de protester contre le mal, l'arrêta enfin en prescrivant résolûment la réforme des Ordres religieux ; les Canons du concile de Trente et les mesures salutaires que prirent les Souverains Pontifes pour les appliquer aux besoins de la chrétienté, trouvèrent en France les âmes disposées pour la plupart à l'obéissance ; il y eut entre tous les monastères comme une émulation généreuse à revenir aux Constitutions anciennes.

L'abbaye de Sainte-Austreberte avait payé son tribut à cette décadence et elle était quelque peu déchue de cette forte discipline qui avait fait sa juste réputation. On ne pouvait que lui reprocher, il est vrai, des habitudes mondaines qui avaient brisé la clôture et affaibli l'esprit de pauvreté ; mais n'était-ce point trop déjà, quand on se reportait à cette règle vigoureuse que sainte Austreberte avait pratiquée avec tant de perfection et enseignée avec tant de fruit ?

Cependant l'heure de la réforme était venue. En 1620, une religieuse Urbaniste de Pont-Saint-

Maxence, Madeleine de Monchy, « fille de messire Jean de Monchy, chevalier des Ordres du Roy,
gouverneur pour Sa Majesté des villes et chasteaux
d'Ardres et d'Étaples, seigneur de Montcavrel, de
Rubempré, Varennes et autres lieux ». fut nommée par Louis XIII abbesse de Sainte-Austreberte
et pourvue l'année suivante par le pape Paul V, à
la condition qu'elle quitterait l'habit franciscain
qu'elle avait revêtu quatre ans auparavant, pour
embrasser la règle de saint Benoît et rétablir l'observance régulière dans le couvent. Elle fut bénie
en l'église des Carmélites d'Amiens le premier
dimanche de Novembre 1621 par Monseigneur
François de Caumartin [1]. et dès le 1er février suivant, elle remit les Constitutions en vigueur. Comme la Supérieure aspirait à la vie pénitente que

[1] François Lefevre de Caumartin, fils d'un garde des
sceaux, occupa le siège d'Amiens de 1618 à 1648. Une
aventure dans laquelle il pensa perdre la vie montre combien la population de Montreuil était attachée à ses reliques
et à ses saints. Cédant aux instances des habitants de Rue
qui réclamaient le corps de Saint Wulphy, leur fondateur.
il crut pouvoir dans sa tournée pastorale à Montreuil, retirer de la châsse de ce Saint quelques ossements. Le peuple
présent à cette cérémonie, se souleva et se jeta avec fureur
sur le vénérable Prélat qui fut horriblement maltraité et
ne dut son salut qu'au commandant de la garnison. De
retour à Amiens, l'Evêque frappa la ville d'interdit, et vingt-
deux habitants furent condamnés au bannissement. Cependant,
grâce aux actives démarches du bon Pasteur, les
coupables obtinrent leur grâce, moyennant une amende de
six cents livres qu'on distribua en œuvres pies, et le calme
s'étant fait dans les esprits, l'interdit fut levé.

sainte Austreberte avait autrefois menée à Pavilly, elle projetait d'aller plus avant encore dans la voie de la parfaite observance par la profession de la réforme dite du Val-de-Grâce, lorsqu'elle s'éteignit le 27 avril 1628, consumée par son zèle et pleine de mérites, laissant à sa sœur le soin d'achever son œuvre.

De son temps (21 septembre 1622), vers les quatre heures et demie du matin, le clocher et la voûte du chœur des religieuses s'effondrèrent subitement avec un fracas épouvantable ; mais ni le grand autel où reposait le Très-Saint Sacrement, ni le Trésor des Corps Saints et des Reliques, ni les statues de l'église ne furent endommagés. « De quoy Dieu, dit le P. Simon Martin, avoit adverty ses humbles servantes : parceque la lampe de l'église brusla toute la journée et la nuit précédente d'une façon si extraordinaire qu'il sembloit que l'Eglise fut pleine de flambeaux quoy qu'en tout ce temps on y eut point versé d'huyle. Ce qui fut recogneu par la susdicte Mère Anne de Sainct Pierre, religieuse de l'abbaye de Sainct Paul (de Beauvais), et par la mère Agnès de l'Espy, dicte de Sainct Joseph, à présent sous-Prieure à Monstreül qui avoit pour lors la charge de l'Eglise. »

La sœur de la précédente abbesse, Charlotte Cécile de Monchy, dite de Saint-Benoît, fut choisie pour lui succéder par le roi Louis XIII, et confirmée dans sa dignité par Urbain VIII. A peine eut-elle reçu avis de sa nomination qu'un miracle éclatant combla de joie la communauté. Le 12 juillet de l'année 1628, quatre manœuvres tiraient des pierres dans l'enclos même de l'abbaye, à l'extrémité d'une carrière à laquelle on ne pouvait arriver que par un puits profond. Il arriva qu'une veine de sable s'ouvrit dans les parois de ce puits à l'heure où les ouvriers étaient à leur travail, et se mit à couler avec une telle abondance que l'entrée de la carrière fut bientôt bouchée. Le sable se répandit ainsi deux jours entiers, quoiqu'on eût apporté toute diligence et employé toute espèce d'efforts pour l'arrêter ; déjà les assistants avaient perdu l'espoir de sauver les malheureux ouvriers, quand, le troisième jour, les religieuses eurent la pensée de recourir à la protection de Sainte Austreberte. Elles apportèrent ses Reliques jusqu'au bord de la fosse, et immédiatement, comme retenu par la puissance de ces ossements sacrés, le sable cessa de couler. Encouragé par ce prodige, un des ouvriers présents, après s'être fait asperger par l'eau dans laquelle on avait trempé une Relique, descendit dans le puits au péril de sa vie et retira d'abord trois de ses compagnons plus morts que vifs. Le quatrième, qui avait fermement invoqué le secours de Sainte Austreberte au fond de son horrible prison, sortit ferme et dispos, sans se ressentir aucunement des douloureuses émotions de ces trois jours ; les autres néanmoins recouvrèrent une parfaite santé et tous ensemble allèrent rendre grâces à Dieu età la Sainte qui les avait arrachés au trépas.

Ce prodige que le P. Simon Martin inséra peu d'années après dans sa *Vie de sainte Austreberte,* excita dans le cœur de la nouvelle abbesse un désir plus vif encore de réforme. Elle passa les quatre mois qui s'écoulèrent jusqu'à la réception de ses bulles au Val-de-Grâce où elle put s'entretenir plusieurs fois avec la reine-mère, Marie de Médicis, et se perfectionner dans la pratique des Constitutions de la Vénérable Marguerite d'Arbouze, dite de Sainte-Gertrude. A son arrivée à Montreuil, elle invita la communauté à les agréer, ce qui fut fait le jour de Noël 1628.

En l'année 1631, l'abbesse Charlotte obtint de Mgr François de Caumartin l'autorisation de transférer le corps de Sainte Austreberte, de la châsse ancienne qui tombait de vétusté dans une autre châsse, richement brodée d'or et d'argent. L'évêque d'Amiens délégua pour cette solennité le P. Simon Martin de l'ordre des Minimes : le procès-verbal suivant en fut dressé [1] :

[1] Vie de sainte-Austreberte, ms. à la Bibl. de Rouen.

Is.   †   Mar.

Benedictus   Austreberta

« Nous sœur Charlotte de Monchy, dite de Saint-Benoist, par la grâce et faveur divine humble abbesse de l'église et abbaye de Sainte Austreberte en Montreuil sur la mer, faisons sçavoir à tous ceux qu'il appartiendra que l'année mil six cens trente un le dix septième aoust le jour de l'octave Saint Laurent que le révérend Père Simon Martin Prestre religieux de l'ordre de Saint François de Paule de la maison des Peres Minimes d'Abbeville, visiteur élu pour la susd. année de lad. maison de Sainte-Austreberte et confirmé par Mgr le Révérendissime Père en Dieu messire François évêque d'Amiens, lequel humblement requis par Nous et du consentement de toute la Communauté, assisté du Révérend Père Paul Croyer, prêtre religieux du même ordre et maison susd. et de messire Florent Guérard, prêtre confesseur de notre maison, en notre présence a ouvert la châsse de notre glorieuse mère Sainte Austreberte dans laquelle a été trouvée la moitié de son corps avec une attestation dessus l'enveloppe d'icelui, dans laquelle fut trouvée une grande quantité de terre ou cendre de sa précieuse chair avec de la terre de son sépulchre, avec quelqu'autre partie de ses habits, de plus y fut trouvé son suaire tout entier avec l'inscription dessus, comme aussi l'enveloppe du reste de ses Reliques. Ce qu'ayant unanimement humblement révéré et baisé pour la même fin au peuple à la grande grille du chœur, ces sacrés os de Relique furent mis dans des toiles de lin couvertes de morceaux de taffetas et le tout transféré dans une châsse neuve de bois, doublé de satin blanc, brodé de diverses fleurs avec un coussin de la longueur de la châsse couvert de satin rouge avec un écrit à l'entour d'icelui, que nous avons disposé et fait couvrir avec le consentement et unanime dévotion de toute la communauté pour l'honneur que nous portons à notre sainte Mère, en signe de quoi nous avons apposé notre sceau cy-présent. Fait comme dessus et signé sœur Charlotte de Monchy, abbesse, et scellé du sceau qui a pour empreinte une abbesse avec sa crosse. »

Cette châsse en attendait une autre, plus brillante encore, que la pieuse abbesse avait commandée à Adam Pijart, orfévre à Paris, et qui répondait à la vénération du monastère et du pays pour sainte Austreberte. L'acte de la translation nous la décrit dans toutes ses richesses : c'était un coffre de bois recouvert de lames et de tablettes d'argent sur lesquelles se voyaient, ciselées merveilleusement, les principales actions de l'illustre Vierge ; l'artiste lui avait donné la forme d'un temple, soutenu par huit colonnes d'argent dont les bases, les pyramides et les chapiteaux étaient de bronze doré ; huit chérubins de même métal l'entouraient ; une croix et des lys d'or en couronnaient le faîte.

L'Évêque d'Amiens délégua l'archidiacre de l'église cathédrale de Boulogne-sur-mer, Louis Maquet, qui se fit assister de Gaspard Donnel, curé de Saint-Martin d'Esquincourt près Montreuil, et de Louis Alloy, prêtre, chanoine prébendé de l'église Saint-Firmin en cette même ville. Le 6 novembre 1636, après la grand'messe, ces trois ecclésiastiques, revêtus de leurs ornements sacerdotaux, ouvrirent la châsse devant la communauté ; ils y trouvèrent les quatre procès-verbaux authentiques des précédentes translations ; ils développèrent ensuite les linges qui entouraient les reliques en formant quatre fascicules avec leurs inscriptions[1]. Après un examen minutieux — consigné dans leur témoignage, — les trois ecclésiastiques mirent les saints ossements dans la châsse nouvelle ; ils y joignirent deux exemplaires de la règle de Saint-Benoît et des Constitutions de Marguerite d'Arbouze, ainsi que la Vie de sainte

---

[1] « 1° Hic est media pars sanctissimi corporis gloriosæ Virginis Austrebertæ exceptis aliquot ossibus. — 2° Hic est caro Beatæ Virginis Austrebertæ incinerata seu pulverisata cum terrâ suæ sepulturæ mixtâ. — 3° Hic est sudarium Beatæ Virginis Austrebertæ cum vestibus suis lineis cujus corrigia funestica retenta est extra cassam — 4° Varia linteamina sanctæ Austrebertæ. » Procès-verbal de la translation — Manuscrit de Rouen.

Austreberte qui venait d'être écrite par le P. Simon Martin.

La nièce des deux précédentes supérieures, Madeleine II Angélique de Gouffier, fille d'Emmanuel de Gouffier, marquis de Bonnivet, et d'Anne de Monchy, fut nommée abbesse, à l'âge de 21 ans, par Louis XIV, et reçut du pape Innocent X ses bulles d'institution canonique en 1648. L'évêque d'Amiens, François Faure, la bénit en 1656, dans la chapelle des sœurs hospitalières de Pontoise. L'année suivante, Louis XIV et la Reine-Mère séjournèrent huit jours à Montreuil, visitèrent l'abbaye dont ils se déclarèrent les protecteurs et rendirent de grands hommages aux reliques de sainte Austreberte [1].

Environ quatre-vingts ans plus tard, « sous le gouvernement de Madame Marguerite Le Boucher d'Orsay, très digne abbesse », un évènement malheureux frappa le monastère déjà si éprouvé ; dans la nuit du 21 au 22 octobre de l'année 1733, le feu prit aux bâtiments et à l'église et les consumèrent si rapidement que les châsses furent seules sauvées à grand' peine par les ecclésiastiques de la ville. Telle fut alors la détresse du couvent [2] que l'abbesse éplorée se vit obligée de faire appel à

[1] A. Braquehaye fils — *L'abbaye de Sainte-Austreberte au XVIIe siècle* — La Picardie, revue historique, sept. 1878, t. I.

[2] Fl. Lefils — Histoire de Montreuil, p. 265.

la charité publique par cette lettre touchante
qui nous fait juger de l'étendue du désastre :

M.........

« La triste et affligeante situation où je me
trouve, ne me permet pas de différer davantage à
vous informer du malheur qui est arrivé dans
mon abbaye la nuit du 21 octobre dernier ; car,
dans moins de trois heures de temps, elle a esté
réduite en cendres : le feu ayant pris en trois endroits différents, à onze heures de la nuit, et peu
s'en est fallu que je ne sois périe moy-même avec
toutes mes religieuses ; dont la plupart ont esté
obligées de sauter par les fenêtres de leur chambre
pour sauver leur vie, et sans avoir eu le temps de
prendre leurs habits de jour : les unes ont été
estropiées ou du moins très blessées par leur chù-
te ; les autres se sont sauvées à demi-brulées ; et
ce qui sera pour moy un grand et juste sujet de
douleur, le reste de mes jours, c'est qu'il y en a
une, qui m'étoit très chère, qui a esté la triste victime des flammes, et entièrement consumée par
le feu.

« J'ay ésté portée à demi-morte dans une chambre de la maison des religieuses de l'Hôtel-Dieu
de cette ville de Montreuil, où toutes mes religieuses qui sont au nombre de quarante, se sont aussi
réfugiées, sans meubles, sans linge et presque sans
habits, et en un mot, dénuées de tout, aussi bien

que moy : ce qui me met dans la dure nécessité
d'en envoyer quelqu'une, avec la permission de
messieurs les grands vicaires d'Amiens, le siège
vacant, pour recevoir les secours que votre charité
compâtissante voudra bien m'accorder, pour tâcher
de rétablir au plutôt une partie des bâtiments qui
ont été incendiés, afin que j'aye la consolation
d'aller avec mes filles qui soupirent nuit et jour
après leur chère solitude, finir mes jours dans mon
abbaye, qui est une des plus anciennes et des plus
respectables de l'ordre de Saint-Benoît et dont
cependant le revenu est des plus modiques, à
cause des pertes qu'elle a faites par le ravage
des guerres et le malheur des temps : j'espère que
vous voudrez bien entrer dans mes peines et être
sensible à mon malheur ; ce sera un motif pres-
sant pour m'obliger, aussi bien que toutes mes
filles, à lever sans cesse les mains au ciel pour
vous obtenir ces bénédictions et ces grâces abondantes que le Seigneur destine à ceux qui se
portent d'un grand cœur et d'une volonté pleine
à consoler les affligés et à secourir ceux qui sont
dans le besoin.

« J'ay l'honneur d'être, M. votre très humble et
très obéissante servante.

Sœur Marguerite Le Boucher d'Orsay
abbesse de l'abbaye de Sainte-Austreberte.

Pleine de confiance en la sainte Patronne qui n'abandonna jamais son abbaye, la supérieure, à peine rétablie de ses terribles émotions, manda des ouvriers et fit réparer à la hâte les parties les moins endommagées des bâtiments, afin que la communauté pût bientôt reprendre les exercices de sa vie claustrale. Le 22 novembre suivant, au milieu d'un nombreux clergé et d'un immense concours de fidèles, les sœurs quittèrent l'Hôtel-Dieu où elles avaient trouvé un refuge compatissant. « Quand nous fûmes rentrées, dit une relation du temps, notre chœur était si délabré que nous récitions le saint office dans une chambre, en attendant qu'on l'eût un peu restauré, car il restait si peu de chose d'un si beau et si grand bâtiment. » Et tel était en effet l'état misérable du monastère que les châsses furent déposées dans une cave, le seul lieu qui parût offrir quelque sécurité.

Deux religieuses avaient été envoyées à Paris pour solliciter les aumônes de la capitale et intéresser la Cour à la situation en quelque sorte désespérée de la malheureuse abbaye. Il faut croire que ce désastre inouï toucha les cœurs et que les aumônes arrivèrent abondantes[1], puisque les

---

[1] En reconnaissance de l'appui bienveillant qu'elles trouvèrent dans Madame d'Orléans et dans la communauté de la Madeleine du Tresnel, à Paris, les religieuses de Montreuil leur offrirent des reliques de sainte Austreberte. L'un

nouveaux bâtiments étaient achevés trois ans après (1736) et que Mgr d'Orléans de la Motte, évêque d'Amiens, posait en 1756 la première pierre de l'église qui était entièrement reconstruite en 1759.

des saints ossements revint à Montreuil ; Madame Sainne de l'Espine, ancienne religieuse de ce monastère du Tresnel, put le sauver à la révolution et s'empressa de le rendre à l'époque du rétablissement du culte. Le procès-verbal de reconnaissance (4 mai 1803) fut approuvé par Mgr de la Tour d'Auvergne, évêque d'Arras (Archives de l'Église de Montreuil-sur-mer.)

P. 177

Église de Marconne.

CHAPITRE XV.

Sainte Austreberte protège ses serviteurs.

GAGES NOMBREUX DE PROTECTION ACCORDÉS AUX DÉVOTS SERVITEURS DE SAINTE AUSTREBERTE, A TOUTE LA CONTRÉE DE MONTREUIL, DURANT LES XVIIe ET XVIIIe SIÈCLES.

ous intéresserons le lecteur pieux en lui faisant le récit de quelques grâces signalées qui furent obtenues durant les dix-septième et dix-huitième siècles par l'intercession de sainte Austreberte.

Un pauvre père de famille traînait depuis quelques années une existence misérable ; miné par une langueur extrême qui le conduisait au tombeau, il se voyait forcé de demander à la mendicité le pain que ses forces ne pouvaient plus donner à ses nombreux enfants : et quelle dure nécessité

que celle de tendre la main quand on a vécu jusque-
là d'un travail persévérant ! Se voyant abandonné
par les médecins qui avaient épuisé sur lui les
dernières ressources de leur art, il eut recours à
sainte Austreberte et promit de faire un pèlerinage à ses saintes Reliques, s'il obtenait sa guérison. A peine eut-il fini sa prière, qu'il sentit un
sang généreux circuler dans ses veines, les cou-
leurs s'épanouir sur son visage, les forces ranimer
ses membres, la vie en un mot reprendre possession de tout son être. Au comble de la joie, il se
hâta d'accomplir son vœu et vint déposer sur
l'autel de sa sainte Protectrice une image de cire,
humble gage d'une reconnaissance qu'il ne savait
comment exprimer.

Au mois de juin 1634, une femme vint à l'église
de Sainte-Austreberte et pria longtemps devant
l'autel ; elle dit ensuite aux assistants qu'elle avait
été miraculeusement guérie d'une fièvre qui la
tenait depuis cinq années, et qu'elle faisait ce
pèlerinage en actions de grâces de son rétablissement.

Le P. Simon Martin raconte un accident où
il fut lui-même l'objet d'une protection particuliè-
re de sainte Austreberte. Comme il traversait en
janvier 1633 la prairie de Nempont que l'Authie
débordée avait entièrement submergée, son cheval,
ayant fait un faux pas, le précipita dans l'eau.
Embarrassé au fond d'un fossé qui bordait la

route. le religieux s'épuisait en efforts surhumains pour arriver à la surface de l'eau bourbeuse, lorsque, se sentant en danger de périr, il se recommanda à la Sainte. Son compagnon de voyage, ne le voyant point reparaître, le regardait déjà comme perdu, lorsqu'au même instant le naufragé put sortir de l'onde et gagner le bord de la vallée par la protection de celle qui n'abandonne jamais ses serviteurs.

Sainte Austreberte, dit-il encore, assiste à l'heure de la mort les personnes qui l'ont invoquée avec confiance pendant leur vie. Deux religieuses notamment. sœur Hyppolite Carpentin et sœur Charlotte de Forceville qui lui étaient fort dévotes. eurent le bonheur de mourir au jour même de sa fête. Le marquis de Montcavrel, en récompense de quelques services qu'il avait rendus au monastère, avait désiré cette même faveur ; elle lui fut accordée, quoique l'avis des médecins eût éloigné la pensée d'une mort si prochaine.

Plusieurs embrasements[1] ont été éteints dans la ville de Montreuil par la seule aspersion de quelques gouttes d'eau où les manchettes de sainte Austreberte avaient été trempées, comme par la

[1] Le P. Giry écrivait : « Il semble que Dieu ait laissé une propriété secrète à tout ce qui a été au service de cette vertueuse vierge pour résister à la violence du feu : car comme le feu eut pris il y a quelque temps à un quartier de la ville de Montreuil-s-mer où les manches de sainte Austreberte sont encore conservées avec respect dans un

présence de quelqu'une de ses reliques. En 1635,
le feu prit à un quartier de la ville et, poussées
par un vent violent, les flammes commencèrent à
envahir un second quartier et à faire craindre
pour toute la cité. Les principaux de Montreuil,
en la compagnie des Pères Carmes et Capucins,
allèrent chercher la châsse, et dès qu'elle fut arrivée sur le lieu du sinistre, l'incendie s'arrêta et
s'éteignit. « Ce qui a tellement augmenté la dévotion envers cette grande sainte qu'en la visite
dernière de Mgr d'Amiens, il s'est trouvé jusqu'au
nombre de vingt filles qui ont quitté leurs noms de
baptême pour prendre celui d'Austreberte en la
Confirmation. »

Nous donnons ici une note manuscrite trouvée
dans un exemplaire de la Vie de sainte Austreberte
qui a appartenu à l'abbaye.

« Nous soussignés, religieux Minimes, témoi-
gnons qu'estans allés visiter Madame de Saveuse
de Riencourt, le feu s'étant pris à quelques basti-
ments qui estoient proches de son chasteau, ladicte
dame ayant invoqué les faveurs de sainte Austreberte, elle nous pria de nous transporter jusques
au lieu où estoit le feu pour y jeter quelque reli-

monastère de religieuses qui est une abbaye sous le nom de
cette sainte, il n'y eut point de remède plus puissant pour y
résister que de présenter aux flammes ce reliquaire : et
elles s'arrêtèrent aussitôt comme lui rendant de l'obéissance
et du respect ; ce qui était arrivé plusieurs autres fois en la
même ville. »

que qu'elle avoit de la dicte Sainte ; en mesme temps que nous l'eusmes mise dedans un costé de la couverture où le feu commençoit, la flamme se tourna en ce mesme instant et se jeta d'un austre costé sans qu'il y eust un seul brin de paille noirci du feu ou de la flamme. Fait ce 12 mars 1635. Ce fut le 23 de Janvier.

frère Pierre la Ferté
frère Nicolas Idée. »

Il nous faut insérer également la page suivante sur une des reliques dont nous avons parlé, la ceinture de notre sainte :

« Que dirai-je de la vénérable ceinture de sainte Austreberte ? combien de femmes ont-elles été délivrées heureusement de leurs couches, qui n'attendaient rien moins que la mort asseurée de leurs corps, outre la perte irréparable des âmes de leurs enfants : ce qui arrive si souvent que je ne prens pas la peine d'en marquer pas un en particulier. Certes j'en ai ouï parlé avec admiration à M. de Mont-cavrel, au sujet d'une de mesdames ses filles qui ont plus de confiance en cette saincte Relique qu'en toutes les industries des créatures. Et non-seulement la ceinture de sainte Austreberte délivre les femmes de ce péril, mais elle soulage indifférement les personnes de toutes sortes de maladie. Un homme hydropique fut entièrement délivré s'étant ceint de la seule longueur de cette même ceinture. invoquant le nom de sainte Austreberte. Un homme de la ville d'Abbeville, étant à l'extrémité, ainsi que l'assistance le jugeait, entra dans une frénésie si furieuse qu'on ne le pouvait réduire à recevoir le dernier sacrement à cause des irrévérences que font les personnes en ces accessoires ; on le ceignit de la sainte ceinture que j'avais apportée en ladite ville, l'an 1633, pour quelque autre sujet ; qui le rendit aussi paisible qu'un agneau pour recevoir dévotement la sainte Onction qui l'allègea de sa maladie corporelle, selon la parole de l'apôtre saint Jacques et le rétablit en sa première santé [1]. »

Les archives de l'Hôtel-Dieu de Montreuil conservent un manuscrit des plus intéressants qui relate les principaux évènements du monastère

---

[1] P. Simon Martin — Le livre d'offices du monastère, (ed. 1635) donnait la formule suivante pour « la bénédiction des ceintures qu'on fait toucher à celle de Sainte Austreberte. »

Adjutorium nostrum etc.   Qui fecit etc.
Dominus etc. Et cum etc.
Oremus — Deus omnipotens bonarum virtutum dator, et omnium benedictionum largus infusor, supplices te rogamus, ut manibus nostris opem tuæ benedictionis infundas, et hoc cingulum virtute Spiritus Sancti bene † dicere et sancti † ficare digneris ; et omnibus eo utentibus salutem mentis et corporis benignus concede, ut intercessione Beatæ Austrebertæ Virginis tuæ salvi et incolumes tibi fideliter servire et perpetuo voluntati tuæ adhærere mereantur. Per.

« Deinde cingulum aspergitur aquà benedictà. »

de l'année 1733 au commencement de la Révolution[1] ; c'est dans ce mémoire, écrit au jour le jour par une religieuse de l'abbaye, que nous puiserons de nombreux détails sur le culte de sainte Austreberte sous le gouvernement de ses trois dernières supérieures[2].

« L'an 1750, y lisons-nous, la ville de Montreuil et les environs furent attaqués d'une maladie de dyssenterie qui a envoyé un grand nombre de personnes dans l'autre monde. Il n'y a presque point eu de maisons qui n'en fussent attaquées, et fort peu en réchappèrent. C'était une consternation publique ; les médecins et les chirurgiens couraient nuit et jour sans pouvoir y suffire. Mgr l'Intendant fut obligé, par l'ordre du Roi, d'envoyer des médecins étrangers pour soulager ceux de la ville. Les curés portaient les SS. Sacrements à toute heure, on entendait continuellement les cloches pour administrer les sacrements et enterrer les morts. Dans cette calamité, tout le monde a eu recours à Dieu et aux saints dont cette ville

[1] « Mémoire et récit des évènements extraordinaires arrivés dans notre abbaye royale de Sainte Austreberte de la ville de Montreuil-sur-mer, Ordre de Saint Benoît. » Ce journal nous a été obligeamment communiqué par M. Roger Rodière de Montreuil.

[2] Les trois dernières abbesses de l'abbaye de sainte Austreberte sont Madeleine III Agathe d'Orléans de la Motte, sœur du saint évêque d'Amiens (1734-36), Anne Iere Renée Marie de Jouanne d'Esgrigny qui abdiqua en 1760, et enfin Anne II Lamoulreux de la Javelière.

a le bonheur de posséder les corps et qui sont en
dépot et en grande vénération dans l'abbaye royale
de Saint-Sauve possédée par les RR. PP. Bénédictins de cette ville, qui ont ouvert la trésorerie où
reposent ces saints corps à la dévotion et à la
vénération des fidèles. A la prière des habitants
de cette ville, nous avons aussi exposé la châsse
de notre glorieuse Mère Sainte Austreberte, à la
grande grille du chœur. Toutes les processions
et toutes les confréries sont venues ici honorer
notre sainte Mère par des hymnes et des cantiques
en son honneur, et tout le monde a ressenti les
effets de sa sainte protection par la cessation de
la maladie. Avant de remettre la châsse à sa
place, nous avons eu la consolation de recevoir
la procession générale de toute la ville avec tous
les corps saints, ce qui ne s'est jamais vu de temps
immémorial... »

Cet usage de vénérer les corps saints, lorsque
des malheurs frappaient le pays ou que le mauvais temps faisait craindre pour les récoltes, s'est
maintenu à Montreuil jusqu'à la Révolution ; aux
heures des calamités publiques, les magistrats de
la cité sollicitaient l'exposition des reliques devant
lesquelles les confréries et les communautés religieuses se succédaient, chantant des hymnes en
l'honneur de sainte Austreberte, de sainte Framehilde et de Sainte Julienne. Notre journal
rapporte plusieurs de ces cérémonies où l'assis-

tance fut toujours nombreuse, la piété fervente, et où les trois Saintes manifestèrent le pouvoir qu'elles ont auprès de Dieu. Le 20 août 1764, la moisson parut en danger ; à la demande des habitants de la ville, la châsse de Sainte Austreberte fut descendue et exposée durant neuf jours. L'année suivante, il y eut encore à pareille date vénération des reliques pour obtenir du beau temps. « Un homme de Montreuil, nommé Vigreux, ajoute la relation, avait une petite fille. âgée de quatre ou cinq ans. que sa mère apporta dans notre église. Cette enfant qui ne pouvait aller seule, s'en retourna chez elle, sans que sa mère l'aidât à marcher. » Le 3 juillet 1766, l'abbesse dut répondre à la dévotion du peuple. en exposant de nouveau les reliques durant toute la moisson.

« En 1771, le 18 août, on descendit la châsse de notre sainte Mère. la moisson étant en grand danger à cause de la grande abondance de pluie. Tout le monde était en affliction et ce fut sur la demande de Messieurs de la Ville que Madame consentit à ce qu'elle fut descendue. Elle fit entrer deux ecclésiastiques et ordonna que les trois hymnes fussent chantées. La communauté parut touchée de dévotion, tout le peuple de la ville et des campagnes accourut ; plusieurs paroisses et le clergé y vinrent en procession chanter la messe, trois ou quatre jours après, Madame fit descendre les châsses de sainte Julienne et de sainte Frameuse... Dieu fit paraître le pouvoir que sainte Austreberte a près de lui, le temps étant devenu fort serein. Cette Sainte fit même éclater son pouvoir par plusieurs miracles ; en voici un dont plusieurs religieuses ont été témoins. Une femme de Neuville, proche de Montreuil, apporta, le 25 août, sa petite fille, âgée de six semaines, à l'église Sainte-Austreberte : elle avait le col tout retourné ; on lui fit baiser le chef de notre sainte Mère, deux ..... après son col était aussi droit qu'un autre. »

« (15 août 1784) La moisson était en grand danger, à cause de la longue et grande abondance des pluies ; les fermiers d'alentour vinrent prier Madame de descendre la châsse de Sainte Austreberte ; on la descendit ainsi que celles de Sainte Julienne et de Sainte Framehilde. La pluie continua de tomber le même jour ; mais il a fait très-beau temps, tant qu'elles ont été descendues. On ne les remonta que le 20 septembre. »

CHAPITRE XVI.

Le triomphe de Pavilly.

LE BARON D'ESNEVAL, SEIGNEUR DE PAVILLY, OBTIENT DES RE-
LIQUES DE LA SAINTE POUR LA CHAPELLE DU PRIEURÉ ET L'ÉGLISE
PAROISSIALE. — DES FÊTES SOLENNELLES SONT CÉLÉBRÉES A PA-
VILLY POUR LES RECEVOIR.

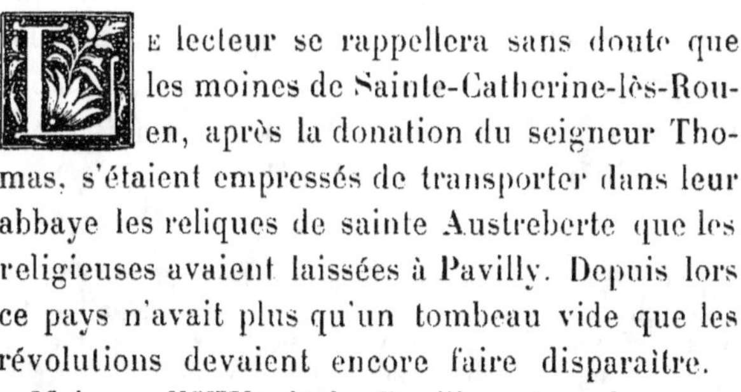

E lecteur se rappellera sans doute que
les moines de Sainte-Catherine-lès-Rou-
en, après la donation du seigneur Thomas, s'étaient empressés de transporter dans leur
abbaye les reliques de sainte Austreberte que les
religieuses avaient laissées à Pavilly. Depuis lors
ce pays n'avait plus qu'un tombeau vide que les
révolutions devaient encore faire disparaître.

Mais, au XVIIIe siècle, Pavilly put quelque peu
se consoler de cette perte qu'il n'avait cessé de
regretter. Ce bourg important possédait alors un

homme que la noblesse de son caractère égale à
la noblesse de sa race, la fermeté de ses principes,
la droiture de ses vues, l'étendue de ses connaissances, avaient porté à une haute situation dans
la magistrature de Normandie, et qui occupait
une place non moins grande dans la vie catholique de cette illustre province par ses vertus éminentes, son esprit enclin à la bienveillance, son
cœur naturellement généreux, par l'impulsion qu'il
savait donner aux œuvres de foi et de charité, par
la persévérance qu'il apportait à la poursuite de
ses pieux desseins. Président à mortier au Parlement de Rouen, descendant des seigneurs d'Esneval et de Pavilly, Pierre-Robert-Marie Le Roux
d'Esneval, baron d'Acquigny, consacrait son immense fortune à bâtir des églises sur ses terres et
à restaurer l'église paroissiale de Pavilly.

Il se préoccupa tout d'abord de restituer à l'antique chapelle du prieuré quelques parcelles des
reliques de sainte Austreberte, et s'adressa, pour
les obtenir, à l'évêque d'Amiens, Mgr Louis-François-Gabriel d'Orléans de La Motte[1].

---

[1] Louis-François-Gabriel d'Orléans de La Motte, nommé
à l'évêché d'Amiens le 25 août 1733, fut un des prélats les
plus recommandables du XVIIIe siècle ; son esprit et sa
charité sont restés légendaires. Le souvenir de ses vertus
éminentes est encore vivant dans le diocèse qu'il gouverna
durant quarante années. Il mourut le 10 juin 1773, à l'âge
de 90 ans, et dicta lui-même l'inscription de son tombeau :
« Ludovicus Franciscus Gabriel d'Orléans de La Motte,

« Je n'ay point oublié monsieur, lui répondit le saint Prélat[1], le zèle avec lequel vous me demandâtes des reliques de sainte Austreberte. Je fus à l'abbaye où est la châsse qui en contient une grande partie et comme ma sœur en est abesse j'obtins que la châsse fut ouverte en ma présence et en retiray le petit os dont je vous fais présent et que j'accompagne de l'authentique. Vous en ferez don à qui vous trouverès à propos. MM. vos grands vicaires vérifieront le tout et permettront l'exposition. Le présent est petit mais précieux. Il est le gage de l'estime que j'ay pour vous aussi bien que de l'attachement respectueux avec lequel j'ay l'honneur d'estre monsieur votre très humble e très obéiss. serviteur.

† Louis Fr. Gabr. Évêque d'Amiens. »
« A Amiens le 12 fev. 1755. »

M. d'Esneval présenta la relique à l'archevêché de Rouen et la fit reconnaître, le 25 août 1756, par M. Terisse, vicaire général. Toutefois ce noble seigneur ne regarda point sa dévotion comme satisfaite par cet inestimable présent qu'il destinait

---

Episcopus Ambianensis, humiliter se commendat precibus cleri et populi. » (Louis-François-Gabriel d'Orléans de La Motte, Evêque d'Amiens, se recommande humblement aux prieres du clergé et du peuple.)

[1] Semaine religieuse du diocèse de Rouen 3ᵉ année, n. 52 : Les reliques de sainte Austreberte.

à l'église du prieuré ; il pensa à enrichir son église paroissiale d'une relique plus insigne, et frappant une seconde fois à la porte de l'Evêque, il renouvela ses instances et fit valoir des motifs si excellents qu'il réussit à obtenir l'entier assentiment du Prélat à ses projets.

Le journal de la communauté de Montreuil raconte cette négociation par ses menus détails ; nous transcrivons son intéressant récit, heureux que nous sommes de constater avec quel soin vigilant les filles de sainte Austreberte gardaient le corps de leur Mère, et avec quelle admirable piété elles l'entouraient d'hommages.

« Messire Pierre Robert Le Roux d'Esneval d'Acquigny, président à Mortier du parlement de Rouen, seigneur châtelain de Pavilly et descendant en ligne féminine du comte Amalbert, homme d'une rare piété, écrivit à Mgr notre évêque pour avoir des reliques de nos trois Saintes. Madame répondit que lorsqu'auroit lieu la translation, on pourroit lui en donner des deux Saintes, mais non de sainte Austreberte. Il écrivit nombre de fois avec tant de ferveur pour en obtenir ; que Madame l'abbesse et sa communauté, touchées de ses instances, résolurent de lui en donner une parcelle.

« Notre prélat arriva ici, le 10 septembre, pour faire la translation ; M. le président d'Acquigny l'avoit précédé avec le curé de Pavilly. Les châsses avaient été descendues huit jours auparavant avec beaucoup de pompe, au chant des hymnes *Jesu Corona* et *Fortem virili* et posées sur des tables, couvertes de tapis où se trouvaient aussi les châsses nouvelles, toutes prêtes à recevoir les reliques ; elles étoient doublées de damas, et l'on avoit mis dans chacune, des coussins de damas cramoisi et de satin blanc fleurangé.

« Dès le 10 au soir, le Président demanda avec instance que l'on descendît aussi la châsse de Sainte Austreberte ; l'abbesse n'y consentit point à ce moment, mais elle arrêta avec Mgr que l'on ouvriroit le reliquaire de la jambe.

« Le lendemain, 11 septembre, jour destiné à la cérémonie, Mgr commença par une exhortation touchante d'environ une demi-heure ; puis, il fut procédé à l'ouverture du reliquaire fait en forme de jambe où se trouva un os du bras de Sainte Austreberte. On entonna l'hymne *Jubilans ;* mais l'orfèvre ayant déclaré qu'il falloit casser le reliquaire, notre prélat qui opinoit toujours pour la descente de la châsse, ne voulut pas qu'on l'ouvrît.

« On procéda alors à l'ouverture de la châsse où étoit représentée Sainte Julienne et on commença l'hymne *Jesu corona Virginum* alternativement avec l'orgue. Madame l'abbesse présenta à Sa Grandeur le paquet de reliques sur lequel étoit une inscription en parchemin qui indiquoit que

lesdits ossements étoient de Sainte Framchilde.
Madame qui avoit placé les chantres près du
clergé et à sa portée, fit arrêter l'hymne des vierges et commencer le *Fortem virili*. La communauté ne pouvoit retenir ses larmes, et Madame
qui se tenoit toujours à genoux près de la table,
assure qu'elle n'a jamais été plus pénétrée de sa
vie. Elle descendit alors le précieux paquet qui
étoit enveloppé dans un taffetas cramoisi recouvert
d'une toile fine. On verbalisa longtemps ; il se
trouva 24 ossements tant gros que petits ; le mé-
decin et le chirurgien les reconnurent, ainsi qu'il
est porté au procès-verbal dont la copie est dans
le dépôt. Pendant ce temps, Madame et la communauté étoient en prières. Mgr fit donner au
Président d'Acquigny une demi-côte qui fut l'objet
d'un procès-verbal particulier, puis elle fut déposée dans une boîte scellée et remise au Président. On montra les ossements au peuple ; les
ecclésiastiques, la communauté, les laïques et les
pensionnaires vinrent ensuite, sans confusion, baiser les sacrés ossements, tandis que le chœur
chantoit alternativement avec l'orgue le ps. *Eructavit* sur le chant d'*Exaudiat*. Cette cérémonie
achevée, on rempaqueta les saintes reliques dans
un linge recouvert de damas blanc que Madame
recousut ; notre prélat les posa dans la nouvelle
châsse, pendant que l'on chantoit l'hymne *Jesu
corona*.

« Les ossements de sainte Julienne, enveloppés dans un taffetas couleur de soufre et un linge, étoient au nombre de seize, presque tous forts. Il fut en même temps trouvé un bâton de bois bien enveloppé et coupé en deux parties, qui fit bien plaisir à l'assemblée, jugeant que c'était une crosse.

« Monseigneur, du consentement de Madame et de la Communauté, adjugea à M. le Président une petite côte et une vertèbre. Toutes les mêmes cérémonies furent observées ; mais comme Sa Grandeur étoit fatiguée et qu'il étoit après-midi, qu'il falloit encore bien du temps pour dresser les procès-verbaux, Madame ordonna que quatre religieuses resteroient près des châsses et se releveroient l'une après l'autre. M. Caron, le curé de Pavilly et M. Garet continuèrent d'écrire, ce qui ne put être terminé que vers cinq heures du soir, heure où les châsses furent scellées. Monseigneur ordonna que les Vêpres seroient celles de l'Office des Saintes avec octave de la translation le jour de l'octave double.

« Vers cinq heures, les châsses furent donc fermées au chant des hymnes, et pendant ce temps, M. le Président, l'abbé de Saint-André et les ecclésiastiques de la ville prièrent Monseigneur de faire descendre la grande châsse. La châsse de notre Sainte Mère fut descendue avec grande solennité ; les trois hymnes furent chantées pendant que le clergé, en grand nombre, le Président et la Communauté lui rendirent leurs devoirs.

« Le lendemain, l'office se fit comme le premier jour et à la même heure. Notre Prélat entra, accompagné des mêmes ecclésiastiques et du Président, et l'on procéda à l'ouverture de la châsse dont l'orfèvre avoit levé auparavant les ornements qui servent à la fermer. L'assemblée fut fort charmée de la beauté du dedans tant elles étoient toutes revêtues de damas cramoisi avec des coussins de même étoffe. On y trouva tous les sceaux sur un vieux parchemin écrit en latin et en françois qui, bien que le haut en eût été coupé, marque bien l'authenticité des reliques. Pendant l'ouverture du paquet contenant les ossements, la communauté chantoit les trois hymnes. Le Président et le curé de Pavilly demandèrent une vertèbre, mais Madame l'Abbesse, la Communauté et plusieurs membres du clergé, amis de la Maison, s'y opposèrent et n'offrirent qu'un bout de côte ou un ossement des doigts. Madame d'Esgrigny (l'ancienne abbesse) qui, dans les deux cérémonies, avoit toujours été assise devant la table près du Président, désiroit qu'un ossement considérable lui fût donné ; Monseigneur demanda à Madame et à la Communauté une vertèbre, ce qui lui fut accordé avec peine : le débat dura plus d'une demi-heure. Après que les ossements sacrés eurent été montrés au peuple, Madame fit entonner

le Ps. *Eructavit* et chacun leur rendit hommage.
Pendant ce temps, on continuoit les procès-verbaux qui furent mis dans les châsses, et le Président demanda copie du tout. M. Caron et M.
Danguillaume, le curé de Pavilly et M. Garet
passèrent la journée à tout écrire ; les doubles en
furent gardés dans le dépot.

Des fêtes solennelles accueillirent à Pavilly le
retour des saintes reliques ; le récit nous en a
été conservé dans les archives de l'église paroissiale, et il semble, à l'enthousiasme manifesté
par le pays entier, que sainte Austreberte prenait
une seconde fois possession de son église.

« Le Dimanche 24 avril 1768, l'on a célébré la
susception des reliques de sainte Austreberte,
première abbesse de Pavilly, de sainte Framechilde sa mère, et de sainte Julienne, abbesse de
Pavilly. La veille, les châsses dans lesquelles
sont renfermées les susdites saintes reliques ont
été exposées au milieu du chœur de l'église du
prieuré de Sainte-Austreberte, sur une crédence
à ce préparée, et entourée de cierges. L'on y
a chanté solennellement les 1^{eres} Vêpres de l'office
des saintes Reliques. Le lendemain Dimanche, à
cinq heures et demie précises, l'on y a chanté
Mâtines, Laudes et Prime, et dit des basses
Messes.

« A neuf heures précises, M l'abbé Terisse, doyen de l'église métropolitaine de Rouen et abbé

de l'abbaye de Saint-Victor-en-Caux, accompagné
de M. l'abbé de Marcouville et de M. Marescot,
tous deux chanoines de l'église métropolitaine
de Rouen, se rendit à la paroisse de Pavilly, où,
après avoir fait la bénédiction de l'eau et l'aspersion, il partit processionnellement avec tout le
clergé pour se rendre à l'église du prieuré. En y
allant, on a chanté l'hymne *Veni Creator*. Arrivé
à l'église du prieuré, on s'est mis à genoux devant
les châsses, et les chantres ont chanté les invocations *Sancta Austreberta, ora pro nobis ; Sancta
Juliana, etc.* et, *Sancta Framechildis, etc.* Le
chœur répétait chaque invocation. Ensuite on a
chanté les répons, verset et oraison en l'honneur
des saintes ; et pendant le répons, le célébrant a
encensé les saintes reliques en tournant tout autour. Après l'oraison, la procession s'est remise
en marche et a fait le tour du bourg comme au
jour du Saint-Sacrement. Deux prêtres en étole
ont porté la châsse ; on a chanté les cantiques
Benedictus, Magnificat, et l'hymne *Te Deum.*

« La procession rentrée dans le chœur, on a
réitéré de chanter les trois invocations des trois
saintes, comme au prieuré et fait les mêmes en-
censements ; ensuite on a chanté Tierce et la
grand'messe, après l'évangile de laquelle M. Marescot, chanoine de Rouen, a fait un excellent
sermon sur le culte des reliques. Dans le premier
point, il a montré la vénération que l'on doit aux

saintes reliques ; dans le second, la confiance que l'on doit y avoir ; et dans le troisième, l'obligation où l'on est d'imiter les saints dont on possède les reliques. Après la messe, on a chanté Sexte.

« A deux heures et demie, on a chanté None, Vespres et Complies ; ensuite le salut, auquel on a chanté la Prose des Patrons et le psaume *Laudate Dominum in sanctis ejus ;* et les châsses ont été portées en procession par deux prêtres en étole, autour de l'église en dedans. La procession rentrée au chœur, on a chanté derechef les trois invocations des trois saintes ; ensuite M. l'abbé Terisse a exposé le Saint ciboire, chanté *O Salutaris Hostia,* verset et oraison et donné la bénédiction. Pendant le *Te Deum,* le célébrant et tout le clergé ont été baiser les châsses, et ensuite tout le peuple. Le *Te Deum* n'ayant pas suffi, on y ajouté plusieurs Cantiques et Psaumes.

« MM. les curés de Goupillières et de Sainte-Austreberte ont assisté à toute cette cérémonie, à laquelle se sont aussi rendus deux chantres de l'église d'Acquigny.

« Le Lundi 25 Avril, jour de saint Marc, la paroisse de Pavilly a été par extraordinaire en procession à la paroisse de Sainte-Austreberte, pour y porter les châsses des trois saintes, qui ont été portées par deux prêtres en surplis et en étole. L'on avait attaché sur la châsse un petit reliquaire d'argent, dans lequel M. l'abbé Terrisse avait renfermé un fragment de la côte de sainte Framechilde. La procession de la paroisse de Goupillères et celle de la paroisse de Sainte-Austreberte sont venues au-devant de celle de Pavilly aux confins de la paroisse de Goupillères, et sont allées toutes ensemble faire station à la paroisse de Sainte-Austreberte, où M. le curé de Goupillères a dit la Messe de la station. M. l'abbé Marescot, chanoine de Rouen, y a prêché après l'évangile. Après la messe, l'on a chanté l'antienne, verset et oraison de sainte Austreberte ; ensuite un répons en l'honneur de sainte Framechilde, pendant lequel M. le curé de Sainte-Austreberte a retiré de dessus la châsse le petit reliquaire qui renferme la parcelle qui a été détachée de la côte de sainte Framechilde, et l'a déposé dans la châsse qu'il a fait faire en 1756 pour les parcelles des reliques de sainte Austreberte qui lui furent envoyées pour lors par Mgr l'évêque d'Amiens. Ensuite la procession de Pavilly est retournée dans son église, et celles de Sainte-Austreberte et de Goupillères, sont venues jusqu'à l'église de Pavilly, et y ont apporté la châsse, les prêtres étant en surplis et en étole.

« Les deux confréries de Pavilly ont assisté à toutes ces processions, et ont entouré la châsse avec des cierges allumés. M. le président d'Esneval d'Acquigny, seigneur de Pavilly, a assisté à ces deux processions et à toute la cérémonie. Il y a été suivi de tous les habitants, tant de Pavilly que de ses autres paroisses, et d'un nombre infini de personnes des environs. »

A l'issue de cette cérémonie triomphale, les châsses furent déposées dans le rétable du grand autel de Pavilly, et le doyen du chapitre métropolitain dressa un procès-verbal qu'il joignit aux authentiques [1].

[1] « Le vingt-quatrième jour d'avril mil sept cent soixantehuit, nous, François-Christophe Terrisse, prêtre, docteur de la maison et société de Sorbonne, abbé de Saint-Victor-en-Caux, chanoine et haut-doyen de l'église métropolitaine de Rouen, vicaire général de Mgr Dominique de la Rochefoucauld, Archevêque de Rouen, Primat de Normandie, avons fait solennellement la cérémonie de la susception d'une partie des reliques de sainte Austreberte, première abbesse de Pavilly, de sainte Framechilde, sa mère, et de sainte Julienne, abbesse de Pavilly, lesquelles portions de reliques ont été données à messire Pierre-Robert Le Roux, baron d'Esneval et d'Acquigny, vidame de Normandie, seigneur châtelain de Pavilly et autres lieux, président à mortier du Parlement de Rouen, et au sieur Pierre-Guillaume Coquillot, prêtre, curé de Pavilly, par les dames abbesses et religieuses de Montreuil-sur-mer, où reposent les corps desdites saintes, et ce par l'autorité et en la présence de Mgr. l'Évêque d'Amiens, suivant les lettres authentiques par luy données pour être conservées en l'église paroissiale de Pavilly; et après avoir transféré processionnellement lesdites reliques de l'église de Sainte-Austreberte, où elles étaient déposées, dans l'église paroissiale, nous les avons placées dans deux niches construites à cette fin dans le rétable du grand autel de ladite église, pour y être exposées à la vénération des fidèles, en conformité des lettres authentiques ci-devant par nous données, et renfermées dans les châsses où reposent les susdites reliques.

« Terrisse, vic. gén.; Marescot, chanoine; de Gaillarbois Marcouville, chanoine de Rouen; Le Roux d'Esneval d'Acquigny; Coquillot, curé de Pavilly; Cardon, curé de Goupillères; Nicole, curé de Sainte-Austreberte; Placquevent, prêtre, chapelain de Notre-Dame; G. Vaucout, prêtre, chapelain du Saint-Sacrement; M. de Caux, vicaire; P. Parmentier, prêtre et chapelain de Sainte-Austreberte; Jacques Courtois, sacristain; Filleul, tonsuré. »

Semaine religieuse de Rouen : 12 mars 1870.

CHAPITRE XVII.

Nouvelles Epreuves.

LA RÉVOLUTION S'EMPARE DE L'ABBAYE DE MONTREUIL ET EN FAIT UNE PRISON, PUIS UNE CASERNE. — ANDRÉ DUMONT BRULE LES RELIQUES DE SAINTE AUSTREBERTE SUR LA PLACE DE MONTREUIL. — L'ÉGLISE DE SAINTE AUSTREBERTE DE PAVILLY EST VENDUE EN 1793 ET DEVIENT MAGASIN, ÉCURIE, ÉCOLE.

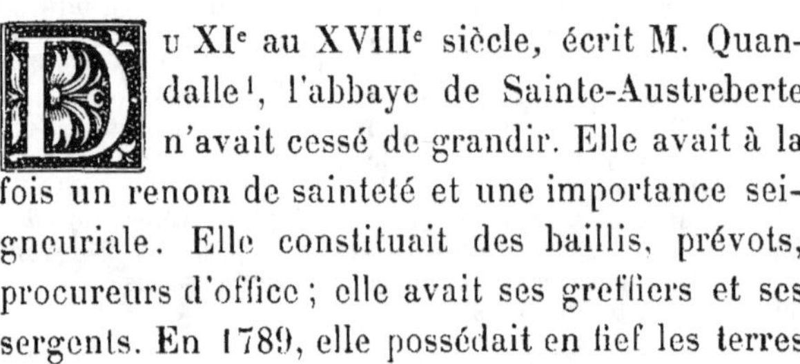

U XIe au XVIIIe siècle, écrit M. Quandalle[1], l'abbaye de Sainte-Austreberte n'avait cessé de grandir. Elle avait à la fois un renom de sainteté et une importance seigneuriale. Elle constituait des baillis, prévots, procureurs d'office; elle avait ses grefliers et ses sergents. En 1789, elle possédait en fief les terres

---

[1] Annuaire de l'arrondt. de Montreuil : 1853: Sceau de l'abbaye de Sainte-Austreberte.

et seigneuries d'Alette, de Campucelle, de Galametz, de Ligescourt, de Longvilliers, de Maisnil,
de Marenla, de Neufchâtel, de Ponche, de Pottiers.
de Roussent, de Toudendal, les bois de Pottiers.
les moulins de Marenla et de Brimeux, la cure
d'Ardoye au diocèse de Bruges et le village de
Sainte-Austreberthe. »

Mais c'en était fait des jours de splendeur! La
Révolution, commencée en 1789 par le besoin de
réformes depuis longtemps sollicitées, dépassa le
but que lui avaient assigné les hommes avides
d'innovations pour arriver à pas de géant au pa-
roxysme de la fureur et du crime; elle s'attaqua à
la vertu comme à la naissance, ensevelit l'autel
et le trône sous des monceaux de ruines, renversa
les institutions religieuses et sociales que les
siècles avaient consacrées, déclara une guerre
impitoyable à toutes les grandeurs de la France,
proscrivit le nom de Dieu, son culte, ses minis-
tres, et fit peser sur la patrie épouvantée un régi-
me de sang.

L'abbaye de Sainte-Austreberte subit la persécution commune et fut emportée par la tempête révolutionnaire avec les autres couvents de France.

Les maîtres d'alors avaient, à coups de décrets,
aboli les vœux monastiques et supprimé les Ordres
religieux; aussi n'eurent-ils garde de tolérer longtemps de pieuses et innocentes filles dont la vie se
passait à prier et à instruire. Ni le dévouement

des dames bénédictines aux classes élevées comme aux intérêts populaires, ni les services qu'elles
avaient tant de fois rendus à la ville de Montreuil,
ni les avantages qu'il y avait à retenir des maîtresses habiles dans l'enseignement, ni les traditions de régularité qui rendaient ce monastère si
recommandable, ne purent le sauver de la condamnation portée par les sectaires contre les œuvres catholiques : désormais les jours de l'antique
abbaye sont comptés.

Lorsqu'il fallut mettre à exécution les mesures
tyranniques votées par l'Assemblée Constituante [1],
les autorités administratives, car on trouve toujours des agents pour les plus détestables besognes,
apposèrent d'abord les scellés à l'abbaye et firent
un inventaire minutieux non-seulement de tous
ses biens, mais encore de tous les objets précieux
qu'elle pouvait contenir, vases sacrés, châsses,
reliquaires, tableaux et livres ; puis les direc-
teurs du département donnèrent l'ordre d'enlever
ces richesses de l'art chrétien que notre époque
paierait à prix d'or, et de les déposer à l'Hôtel-de-
ville, ne laissant aux sœurs ainsi dépouillées que
leurs effets personnels et un peu de linge.

[1] Décret du 18 novembre 1789 qui ordonne l'inventaire
des biens, meubles et immeubles, revenus et charges des
églises et abbayes ; décrets des 13 et 19 février 1790 qui
abolissent les vœux monastiques, suppriment les Ordres religieux et établissent ce que l'on a appelé la Constitution civile du clergé.

L'Assemblée voulut ensuite obliger les religieuses au serment constitutionnel, et comme elles se refusaient énergiquement à le prêter, même pour racheter leur vie, elles furent emprisonnées dans leur propre couvent où l'on entassa également tous ceux que la délation poursuivait et qu'incriminaient les séides révolutionnaires.

L'ouvrage si remarquable de M. l'abbé Deramecourt[1], contient un fait des plus intéressants. « A Montreuil, dit-il, les femmes à défaut des hommes, montrèrent le 3 octobre un reste de courage[2]. Un attroupement de Montreuilloises se présenta à la Commune pour réclamer les châsses de sainte Austreberthe, de sainte Frameuse et de sainte Julienne qui avaient été enlevées par un

---

[1] Le clergé pendant la Révolution — (1885) — t. II, p. 390.

[2] Ce furent aussi les femmes qui sauvèrent de la destruction l'église de Marconne. «Au plus fort de la Terreur, arrivèrent des ouvriers étrangers qui se mirent en devoir de dresser leurs échelles le long des murs de l'église et de gagner le toit pour en arracher les tuiles et commencer la démolition du temple saint: l'ordre venait d'Arras. Le bruit s'en répandit aussitôt parmi les femmes de Marconne ; elles commencèrent à s'attrouper dans le cimetière ; puis leur résolution bien prise, elles se dirigèrent vers les échelles, les secouèrent d'une main solide et contraignirent les ouvriers à descendre. Là elles leur signifièrent qu'il fallait déguerpir au plus vite et laisser l'église intacte. La gendarmerie, prévenue, essaya de faire bonne garde; mais devant la ferme et inébranlable résolution du village d'empêcher la démolition à tout prix, les ouvriers composèrent pour une somme de deux cents francs. »

L'abbé P. Meunier : Marconne, p. 171.

commissaire à l'église de l'abbaye. Elles demandaient que les reliques fussent placées avec les autres dans une chapelle de l'église constitutionnelle et tels étaient, dirent-elles, leur attachement et leur piété pour les dites reliques, qu'elles resteraient assemblées jusqu'à ce qu'elles eussent obtenu l'effet de leur demande. Il fallut leur promettre qu'on s'en occuperait, mais ces braves femmes ne se tinrent pas pour satisfaites. Le lendemain, 4 octobre, la municipalité dut revenir à la charge disant « que la privation des reliques occasionnerait la plus grande et la plus dangereuse fermentation parmi les citoyens » et on demanda que le curé pût venir chercher les reliques. Le 5 octobre, les femmes revinrent en nombre et avec des hommes, continue le rapport ; il y en avait plein la cour, et en tête le curé Havet de Saint-Saulve qui prit la parole, et offrit, s'il en était besoin, de payer les chàsses.

« On fit alors venir les orfèvres Gobert et Delhomel qui estimèrent la chàsse de sainte Austreberthe 250 livres, et les deux autres peu de chose, n'étant garnies, dirent-ils, que de feuilles de cuivre.

« Il fut décidé alors qu'on allait en référer au Département, « mais comme le curé et ses paroissiennes doivent venir chercher processionnellement les chàsses, et qu'il règne une dangereuse fermentation dont il faut prévenir les suites, par prévision, sauf le bon plaisir du Département, on remit les trois chàsses au citoyen Havet, sauf par lui à les représenter à toute réquisition. »

Hélas ! les vaillantes femmes de Montreuil ne purent longtemps soustraire les chàsses de leurs saintes à la rage des hommes de la Terreur. Le 30 septembre 1793, le conventionnel André Dumont, dans une fète qu'il organisa à Montagne-sur-Mer [1] pour raviver la ferveur révolutionnaire, fit entasser sur la place Saint-Jacques reliques, tableaux, ornements sacrés, statues, parchemins, et y mit le feu avec des raffinements d'indécence, pendant que la lie de la population laissait éclater une joie hideuse.

Ainsi furent réduits en cendres, avec d'autres corps saints, les ossements des saintes Austreberte, Framehilde et Julienne ; ainsi disparurent pour toujours ces restes sacrés qui avaient échappé aux Normands, que les siècles avaient entourés de vénération et que Dieu avait jusque-là miraculeusement protégés.

Tandis que ces saturnales épouvantaient les hommes de bien, le couvent se remplissait toujours de détenus, et les religieuses, sans cesse menacées d'être conduites à la citadelle de Doullens qui pourvoyait la guillotine, étaient en butte

---

[1] Durant la période révolutionnaire, Montreuil prit le nom de Montagne-sur-mer.

à toutes sortes de mauvais traitements [1]. Un club fut installé dans leur église, et Dieu sait quelles folles élucubrations et quels épouvantables blasphèmes succédèrent aux hymnes saintes. Joseph Lebon y pérorait un jour, gesticulant comme un forcené avec son grand sabre, lorsque des mains inconnues lui lancèrent des pierres à travers les vitraux et l'atteignirent ; dans son exaspération, il proféra contre Montreuil les plus horribles menaces, et il les aurait mises à exécution si la mort de Robespierre n'avait entraîné la chute du conventionnel et délivré le Pas-de-Calais de sa sanglante tyrannie. Les prisons ayant été alors ouvertes, les dames de Sainte-Austreberte purent se retirer dans leurs familles ou recevoir l'hospitalité d'amis dévoués ; quant au monastère lui-même, on en affecta une partie au casernement des troupes, et le reste servit de magasin de vivres.

[1] « Grégoire Nayez, directeur de Sainte-Austreberthe (la prison), fut condamné plus tard à cinq ans de fers, pour les méfaits sans nombre qu'il commit dans l'exercice de ses fonctions. Non-seulement, dit son acte d'accusation, il se faisait payer à diner par les détenus et allait jusqu'à leur demander 100 livres pour des groseilles, mais Nayez a fait vider une étable remplie d'ordures à trois religieuses, les faisant travailler en plein soleil, les maltraitant, les terrorisant. Il a enfermé Bernardine Lecocq dans un souterrain parce qu'elle n'a pas voulu travailler le dimanche........ Il a aussi cloué les fenêtres d'une chambre où étaient treize religieuses......»

L'abbé Deramecourt : Le clergé pendant la Révolution : t. III, p. 191.

La Révolution, qui s'était montrée si cruelle à Montreuil, exerça également ses ravages à Pavilly. Le dernier chapelain qui desservait le sanctuaire de Sainte-Austreberte, Jean-Baptiste Ouen Baudet, ayant refusé de prêter serment à la constitution civile du clergé, fut emprisonné à Rouen et condamné à la déportation ; il mourut sur les pontons de Rochefort le 18 juillet 1794.

Le prieuré, inoccupé depuis 1724, avait été vendu en 1782 par le baron d'Esneval à un sieur Petit qui y fit construire un moulin à huile ; après 1793, le propriétaire lui vendit encore l'église et la maison du chapelain. Petit démolit les deux chapelles latérales dans l'une desquelles avait été ensevelie la sainte et divisa la nef dans sa hauteur par des planchers destinés à recevoir son colza.

Le pieux historien de Pavilly [1] nous dit à ce sujet :

« Le rez-de-chaussée servit d'abord d'écurie. Les vieillards se souviennent encore du voiturier dont les chevaux y moururent successivement en grand nombre jusqu'au point d'occasionner sa ruine. Plus tard on y établit une forge. Le chœur fut converti en grange. Après 1830, M. Lasne, riche filateur de coton, qui avait acheté toute cet-

[1] M. l'abbé Baudet : Vie de sainte Austreberte et notice sur son monastère.

te propriété des héritiers Petit, ayant été nommé maire de Pavilly, y installa au rez-de-chaussée l'école communale. Et telle en a été la destination jusqu'en 1860. Parmi les instituteurs de Pavilly, il en est qui ont tenu pensionnat et qui, de l'étage supérieur, ont fait un dortoir pour leurs élèves.

« Les vieillards se rappellent encore que les populations des environs, dans un rayon fort étendu, venaient y offrir à la sainte leurs prières et leurs vœux. Tous les jours il y avait des pèlerins; mais, le lundi de la Pentecôte surtout, l'affluence était considérable. Le dernier chapelain recevait tant d'intentions de messes qu'il ne pouvait suffire à les acquitter toutes. Après 1793, quand l'église eut été profanée, il y venait toujours beaucoup de monde, et dernièrement encore on entendait un vieillard de 81 ans dire qu'il avait vu aux fêtes de la Pentecôte, dans le fort de la Révolution, des troupes considérables de pèlerins à genoux *dans la rue*, vu l'impossibilité de pénétrer dans l'église.»

P. 209

Reliquaires contenant les ossements de Ste Austreberthe
et de Ste Framehilde
conservés dans le Trésor de l'Église de Montreuil

CHAPITRE XVIII.

L'Espérance.

L était dans les vues de la Providence de ne pas permettre que les desseins pervers des méchants s'accomplissent en entier et que la ville de Montreuil fût à jamais privée des glorieux ossements de sainte Austreberte dont elle avait eu la garde durant neuf siècles. Les religieuses avaient réussi à dissimuler dans leur refuge secret quelques-uns des plus petits reliquaires ; des chrétiens audacieux, au péril de leur vie, en avaient dérobé d'autres qui furent remis aux bonnes dames après la tourmente révolutionnaire ; de sorte que, tout en déplorant

14

le sacrilège qui avait jeté les grandes châsses aux flammes, c'était du moins une consolation de penser qu'autour des ossements arrachés au bûcher l'avenir allait se relier à un passé de dévotion et de grâces. Aussi les âmes chrétiennes espéraient-elles que le souvenir des bienfaits répandus autrefois sur les pères attirerait les hommages des enfants, et que le culte de sainte Austreberte retrouverait près des générations nouvelles l'essor des anciens âges.

Quand la paix eut été rendue à l'Église de France, les Dames bénédictines habitant Montreuil se présentèrent devant le juge de paix de cette ville pour certifier par devant témoins qu'elles avaient en leur possession plusieurs reliquaires et qu'elles étaient heureuses de les céder à l'église paroissiale.

Le clergé accepta cette offre avec empressement et, de concert avec les religieuses, dressa le procès-verbal suivant qui fut soumis à l'approbation de Mgr de La Tour d'Auvergne, évêque d'Arras.

« Le vingt-quatre messidor an onze (treize juillet mil huit cens trois), nous soussignés Pierre-Jacques-Grégoire Delannoy curé de la paroisse de Saint-Sauve de Montreüil-sur-Mer et Charles-Louis-François-Noël Maury ci-devant chanoine de Saint-Firmin le Martyr et directeur de l'abbaye de Sainte-Austreberte maintenant vicaire de la paroisse de Montreüil-sur-Mer, assemblés dans la

chambre de dame Marie-Marguerite Feutrel de
Saint-Joseph la plus ancienne de la communauté
et aussi présentes les dames Henriette-Augustine-
Catherine Poret de Sainte-Scolastique, Marie-
Madeleine-Françoise Poultier de Saint-Charles,
Marie-Madeleine-Elizabeth Fiviez de Sainte-Catherine, Marie-Madeleine-Adelaïde Roger Duquesnoy
de Saint-Augustin toutes religieuses de l'abbaye
de Sainte-Austreberte lesquelles tant en leur nom
qu'au nom des absentes consentantes nous ont
présenté plusieurs reliques enfermées dans différents reliquaires, honorées de temps immémorial
dans leur abbaye, exposées à la vénération des
fidèles en différents temps de l'année, surtout dans
les calamités publiques, savoir :

1° ....

« 2° Une partie du chef de sainte Austreberte
retiré de la châsse de la sainte l'an douze cens
quatre-vingt-quatorze à l'instance de Marguerite
de Brunesbec abbesse et par la permission de
Guillaume de Mascon évêque d'Amiens, enchassé
dans un reliquaire de cuivre doré en forme de ciboire ouvert par les côtés, fermé d'un couvercle
d'argent doré terminé en un petit clocher.

« 3° L'os d'une jambe de sainte Austreberte enfermé dans un reliquaire d'argent en forme de jambe[1].

---

[1] Ce reliquaire aurait été offert au siècle dernier par une
dame qui avait obtenu de la sainte la guérison miraculeuse
d'une plaie qu'elle avait à la jambe.

« 4° Un reliquaire d'argent en forme de châsse renfermant les manches et autres linges de sainte Austreberte, aussi retirés de la grande chasse la même année douze cens quatre vingt quatorze.

« 5° Un os du bras de sainte Julienne abbesse de Pavilly dont les reliques étoient conservées avant la Révolution dans l'abbaye de Sainte-Austreberte, renfermé dans un reliquaire de bois doré en forme de bras.

6° ....

« Lesquelles reliques les dittes religieuses de sainte Austreberte tant présentes qu'absentes consentent de céder à l'église paroissiale de Saint-Sauve de Montreüil-sur-Mer à condition que du consentement de Mgr Lauragais de la tour d'Auvergne évêque d'Arras elles seront exposées à la vénération des fidèles et sous la condition très expresse et très résolutive qu'en cas de rétablissement de ladite communauté de Sainte-Austreberte de quelque part, en quelque lieu, en quelque temps, sous quelque dénomination ou qualité que ce fut, lesdittes reliques et reliquaires seront à leur première réquisition rendues et remises purement et simplement aux membres composant laditte communauté. Fait à Montreüil-sur-Mer lesdits jour et an que dessus.

« Delannoy curé, Maury prêtre, Marguerite Feutrel de Saint-Joseph, sœur Poret de Sainte-Scholastique, sœur Poultier de Saint-Charles, sœur

Siriez de Sainte-Catherine, sœur Roger Duquesnoy de Saint-Augustin [1]. »

Le 28 juillet 1803, Mgr l'évêque d'Arras permit d'exposer ces saints ossements à la vénération des fidèles. Par un authentique du 5 janvier 1805, il reconnut encore « un reliquaire d'argent en forme de boule, surmonté d'un pied en forme d'ostensoir, contenant une partie du chef de sainte Frameuse (Framehilde), mère de sainte Austreberthe dont le corps était, avant la Révolution, précieusement conservé dans une châsse d'argent. » Et le vénérable évêque ajouta : « Considérant et jugeant qu'il n'y a aucun lieu de douter de l'identité et de l'authenticité des dites reliques, avons permis, et par ces présentes permettons qu'elles soient exposées sur le maître-autel de l'église paroissiale de Montreuil, pour y servir d'ornement et de décoration et y être honorées par les fidèles, à la condition expresse qu'au cas du rétablissement de ladite communauté de Sainte-Austreberthe, lesdites reliques, ainsi que leurs reliquaires, seront rendues et remises sur simple demande et sans la moindre constestation aux membres composant laditte communauté [2].

« Donné à Arras, en notre palais épiscopal sous notre seing, notre sceau et le contreseing du se-

---

[1] Archives de l'église Saint-Saulve de Montreuil.
[2] *Ibid.*

crétaire général de notre évêché, le cinquième jour du mois de janvier mil huit cent cinq, le quinzième de Nivose an treize.

† Ch. év. d'Arras. »

Les Dames de l'abbaye firent présent aux sœurs Augustines de l'Hôtel-Dieu de la ceinture de sainte Austreberte[1], cette ceinture bénie dont nous avons parlé dans les diverses translations de reliques ; elle est en cuir jaune, à boucle d'argent, longue de soixante-treize centimètres et large de quatre, recouverte, d'un côté, de soie blanche, et de l'autre, d'une étoffe d'argent sur laquelle ces mots sont brodés en soie rouge :

LA VRAIE CEINTURE DE SAINCTE AUSTREBERTE FAICT EN L'ANNÉE 1656 PAR Sr M. GOVFIER.

Les religieuses Augustines la conservent avec un respect profond, et nous-même, nous l'avons baisée avec attendrissement. N'est-elle pas un témoin séculaire de la modestie, de la mortification de l'illustre sainte, des faveurs que tant d'âmes

---

[1] Quelques-uns ont traduit ces mots de la charte, *corigia funestica*, par *ceinture de corde* ; il nous semble cependant que *funestica* vient, non pas de funis, (corde), mais de funestare, mot de basse-latinité qui signifie enterrer. Ce serait à notre avis la ceinture qui a été déposée avec la sainte dans son tombeau, une sorte de ceinture funéraire.

ont sollicitées devant les châsses et des grâces
nombreuses qui ont été obtenues par son secours?

L'abbaye de Sainte-Austreberte servait toujours
de logement aux troupes casernées à Montreuil.
lorsqu'en 1829 le gouvernement permit à la ville
de distraire une partie des bâtiments pour y fonder un collège. Sur les désirs de l'administration.
Mgr de La Tour d'Auvergne appela à la direction
de cet établissement M. l'abbé Delwaule.

M. Pierre Delwaule, chanoine honoraire de la
cathédrale d'Arras, était né à Hesdin. le 8 septembre 1797, d'une famille ancienne et justement es-
timée dans le pays ; après de brillantes études
théologiques, il avait été nommé curé de Conchil-
le-Temple, et c'est au milieu des regrets profonds
de toute la population que l'évêque l'arracha à ses
ouailles pour lui confier ce poste de confiance.

Le nouveau Principal plaça d'abord son collège
sous le patronage de sainte Austreberte ; puis il
se mit à l'œuvre avec un courage et une persévérance qui triomphèrent de mille obstacles. Il dé-
ploya toutes les saintes ardeurs d'un zèle sacer-
dotal. toute la prudence d'un esprit sage, toutes
les richesses d'un cœur vraiment paternel, et
bientôt il eut la joie d'être hautement apprécié des
familles et chéri des élèves. Ainsi se renouait la
tradition de plusieurs siècles ; avant la Révolution.
les dames Bénédictines se consacraient à l'éducation des jeunes personnes, et leur réputation de

maîtresses intelligentes, dévouées, s'était répandue même jusqu'en Angleterre d'où leur venaient des enfants. Avec M. Delwaule et les habiles collaborateurs dont il eut le talent de s'entourer, la maison vit se renouveler les antiques bienfaits d'une éducation chrétienne par l'expérience consommée du supérieur, le zèle patient des maîtres, la cordiale obéissance des jeunes gens, la tendre piété de tous.

En dehors des succès que remporta le collège de Sainte-Austreberte en préparant les jeunes gens à toutes les carrières, il y eut surtout une œuvre fondamentale qui fut chère au cœur du zélé supérieur, celle de donner des prêtres à l'Église ; aussi ils sont nombreux les ecclésiastiques sortis de ses mains, qui honorent aujourd'hui le sacerdoce par leurs vertus comme par leur mérite.

Les infirmités vinrent enfin atteindre cet infatigable apôtre et abattre sa vigueur ; malgré les affectueuses instances de ses amis, il se résigna à abandonner une direction à laquelle il ne pouvait plus apporter son intelligente activité, et en 1873 il sollicita un successeur. Après l'avoir obtenu, il consacra les quelques années qu'il vécut encore à se préparer saintement à la mort, ne sortant de sa retraite que pour se traîner chaque jour jusqu'à l'Hôtel-Dieu où l'attendaient ses chers malades, et supportant avec une résignation touchante les douleurs de sa longue vieillesse ; c'est dans l'exercice des plus belles vertus qu'il rendit son âme à Dieu en 1879.

Mgr Lequette, évêque d'Arras, de douce mémoire, lui avait donné comme successeur un de ses élèves, M. l'abbé Macquet, digne en tous points de remplacer un tel maître, un tel père. Sous ce nouveau Principal, et malgré des difficultés de toute espèce, le collège de Montreuil ne dégénère pas de son excellente réputation ; de l'aveu de tous, cet établissement est demeuré un foyer d'instruction, et ses succès publics témoignent de la vive impulsion donnée aux études par un supérieur et des professeurs, semblables aux « *magistris strenuis* » qui furent les maîtres de Sainte-Austreberte. Mais les élèves sont formés avant tout à la vie chrétienne dont l'importance actuelle ne saurait échapper à personne. La dévotion à son illustre Patronne est un précieux héritage que la maison a recueilli ; une parcelle de ses reliques est honorée dans la chapelle : sa statue, œuvre magnifique du siècle dernier, domine le réfectoire ; sa fête est pompeusement célébrée : ainsi revit le culte des âges passés dans les hommages dont ne cessent d'entourer sainte Austreberte, des prêtres zélés et des jeunes gens pieux.

CHAPITRE XIX.

Une œuvre providentielle.

PÈLERINAGE A PAVILLY — RESTAURATION DU SANCTUAIRE DE SAINTE AUSTREBERTE — FONDATION DE L'ŒUVRE DES JEUNES FILLES DES FILATURES SOUS LE PATRONAGE DE NOTRE SAINTE.

Tout parle de sainte Austreberte à Pavilly, les collines dont l'écho a répété les divins cantiques qui éclataient sur ses lèvres, la vallée qu'elle a embaumée du parfum de ses vertus, ces chemins que tant de dévots pèlerins ont foulés, cette belle église paroissiale qui fut bâtie sur les ruines de la première basilique. et, par dessus tous ces souvenirs si chers à la piété, l'antique sanctuaire dont les murs semblent redire les gloires d'autrefois.

Pasteur de la paroisse où naquit notre sainte, nous fûmes heureusement inspiré d'aller. il y a

deux ans, en pèlerinage au pays qui avait reçu
son dernier soupir ; nous voulions déposer sur
l'emplacement de son tombeau les vœux d'un
troupeau fidèle auquel nous désirions rapporter
d'abondantes faveurs. Ainsi, pour la première fois
peut-être, Marconne et Pavilly s'unissaient dans
un même hommage et une même prière.

M. l'abbé Baudet, curé-doyen de Clères, à qui
l'on doit la restauration du sanctuaire, s'offrit
pour nous servir de guide avec une bienveillance
dont nous sentîmes tout le prix.

Il y a vingt-cinq ans, la chapelle de Sainte-
Austreberte, appropriée, comme nous l'avons dit,
aux usages les plus divers et les plus étranges,
avait non seulement perdu tout caractère religieux, mais on pouvait prévoir l'époque peu éloignée où ses murs effondrés n'auraient présenté
qu'un monceau de ruines. Déjà les bas-côtés et les
chapelles du transept avaient été renversés, les
voûtes de la nef remplacées par un plàtrage, les
hautes baies des fenêtres rebouchées, le clocher
démoli, et le sol de l'église recouvert de plus d'un
mètre de terre pour arriver au niveau de la rue.

Un prêtre, au zèle ardent, à l'àme généreuse,
sauva le sanctuaire d'une destruction certaine.
M. l'abbé Baudet est le petit-neveu du dernier
chapelain de Sainte-Austreberte ; mû par un sentiment de vénération pour ce saint prêtre qui con-
fessa la foi en 1793, et désireux en même temps,

soit d'indiquer aux âges futurs l'emplacement du célèbre monastère de Pavilly, soit de rendre au culte ce coin de terre béni, il racheta de ses propres deniers la chapelle et une partie du terrain adjacent. Ce ne fut qu'au prix de grands sacrifices et de nombreux travaux où il dut souvent payer de sa personne que ce vénérable ecclésiastique rendit le sanctuaire à sa destination sacrée ; car il fallut enlever plus d'un mètre de terre avant d'arriver au pavé primitif, restaurer la voûte et les murs, enlever les poutres grossières et les planchers qui avaient divisé la chapelle en rez-de-chaussée et en étage, ouvrir les fenêtres du chœur et les garnir de vitraux, élever un clocher. Et quand il eut terminé son œuvre, le bon prêtre n'ambitionna d'autre récompense que celle d'être le premier à célébrer le saint sacrifice pour avoir la consolation de succéder à l'autel à son grand-oncle qui avait dit la dernière messe.

Il faut descendre cinq marches pour toucher le pavé de la nef, placé au-dessous du niveau de la route. La nef remonte à la première époque du roman ; ses murs reposent sur trois travées dont les pilastres sont ornés de chapitaux, bien conservés pour la plupart ; on est porté à considérer ces travées comme un précieux vestige de la célèbre basilique de sainte Austreberte que les Normands n'auraient pas entièrement détruite (*duxit eum in Ecclesiam Sanctæ Virginis Austrebertæ, Pauliaci*

Église de Ste Austreberthe, de Pavilly.

sitam, olim a Paganis pene dirutam). Il est visible qu'elles ont été rebouchées à une époque postérieure et qu'elles s'ouvraient primitivement sur des bas-côtés qui communiquaient avec les chapelles de la tour, formant le transept ; les murs sont également percés de petites fenêtres fort étroites que l'on n'a fermées que plus tard.

Le reste de l'église est relativement moderne et date de la restauration qu'en ont faite les moines de Sainte-Catherine, lors de la donation de Thomas de Pavilly, à la fin du XIe siècle [1].

La nef est séparée du chœur par une coupole romane, assise sur quatre piliers de même style et éclairée par quatre fenêtres ; cette coupole supporte le clocher de construction toute récente. A droite se trouvait la chapelle qui conservait le tombeau de sainte Austreberte, et, à gauche, une seconde chapelle où coulait la fontaine miraculeuse dont parlent les Bollandistes : « *In Pauliacensi ecclesia sub sacro altari fons est illius insignitus nomine.* »

Le chœur a conservé sa voûte en pierres à fortes nervures ; il est éclairé par cinq fenêtres à plein-cintre dont trois, placées au chevet, sont étroites et élancées, tandis que les deux autres qui s'ouvrent près de la coupole, sont beaucoup

---

[1] M. Cochet dit en effet que la construction de cette église est de l'époque de transition du XIIe siècle.

plus larges. A l'entrée du chœur se lisent les chartes de la fondation au-dessous desquelles est placée une petite statuette de sainte Austreberte, haute de 52 centimètres : la sainte y est représentée la crosse en main ; à ses pieds, le loup traditionnel se jette sur l'âne.

Dans le jardin qui entoure l'église jaillit, à environ deux mètres du sol, une onde limpide, contenue dans un bassin de pierre auquel on descend par neuf marches : c'est la « Fontaine » dont les pèlerins boivent l'eau avec confiance pour se guérir de la fièvre, la fontaine placée sous la protection de sainte Austreberte depuis qu'un ange exalta la vertu de son onde. Aussi la tradition du pays est-elle formelle : beaucoup de malades y ont trouvé la santé et ce lieu est vraiment un lieu béni.

Avec cette restauration, l'œuvre de M. l'abbé Baudet était achevée ; il n'y avait plus qu'à en assurer l'existence, et Dieu permit que ce but fût atteint par une sainte âme qui ne respirait que l'ardeur du bien et ne rêvait que le sacrifice d'elle-même pour Dieu et les pauvres.

Mademoiselle Manette Courchets naquit au Hâvre, en 1831, de parents occupant une grande situation dans le commerce. Resté veuf de bonne heure, le père s'occupa lui-même de la première éducation des deux filles qu'il avait eus d'une épouse tendrement aimée et il sut imprimer au caractère de ses enfants je ne sais quoi d'énergique et de doux à la fois qui influa sur toute la suite de leur vie et contribua fortement à leur bonheur. Manette acheva son éducation aux Ursulines ; elle devint une élève remarquable et le modèle du couvent.

Elle songea dès lors à la vie religieuse et jeta ses vues sur le Carmel de Gravigny près d'Évreux.

Après la mort de son père qui s'éteignit saintement dans les bras de sa fille, mademoiselle Manette fit le pèlerinage de la Salette, puis entra chez les Carmélites et reçut l'habit religieux, le 9 février 1860, des mains de Mgr Devoucoux, évêque d'Évreux. Mais sa santé ne lui permit pas de rester assujettie aux rigueurs de la règle, et force fut à la novice de quitter l'habit, tout en s'agrégeant à l'ordre et en conservant une cellule dans le couvent.

Elle voulut visiter le sanctuaire de Pavilly. Pénétrée des touchants souvenirs que ce lieu lui rappelait, elle conçut la pensée de créer sous le patronage de sainte Austreberte une œuvre de préservation en faveur des jeunes filles des filatures ; et dès lors, s'appliquant résolûment à l'apostolat des classes déshéritées, cette bienfaitrice des pauvres fit l'acquisition de la propriété qui dépend de la chapelle pour la donner à la cure de Pavilly. Ses efforts ne s'arrêtèrent point là ; comme elle avait compris que le but qu'elle poursuivait était digne d'une véritable chrétienne, elle établit cette même œuvre au Hâvre, dans un pavillon qui lui appartenait rue Reine-Mathilde.

Enfin, voyant sa santé décliner de plus en plus et ses forces l'abandonner, elle se retira à Gravigny pour s'y préparer à la mort, et rendit à Dieu sa belle âme le samedi de Pâques 1867.

L'œuvre de Sainte-Austreberte en faveur des jeunes filles des filatures a pour but d'offrir un refuge aux jeunes personnes employées dans les usines. Bon nombre d'ouvrières viennent des campagnes voisines chercher du travail dans la vallée ; comme il leur est impossible à cause de la distance, de retourner chaque soir dans leurs familles, elles trouvent un asile au couvent ; l'établissement reçoit surtout des orphelines, des enfants abandonnées qui, elles aussi, sont employées dans les filatures ; ces dernières restent dans la maison jusqu'à l'âge de vingt et un ans, et, à leur majorité, à moins qu'elles ne préfèrent demeurer encore, elles sont placées et dotées aux frais de l'œuvre.

La chapelle avec ses dépendances[1] est donc aujourd'hui propriété de la cure, et le pasteur de la paroisse est ainsi le directeur à perpétuité de l'œuvre ; l'organisation est confiée à des religieuses

[1] La chapelle sert d'oratoire à la communauté ; on y dit la Messe une fois par semaine et on y conserve le Très-Saint-Sacrement.

du Tiers-Ordre de Saint-François dont la maison-
mère est à Blois ; une de ces religieuses, grâce
aux générosités de la famille Bézuel d'Esneval,
car les d'Esneval sont toujours les bienfaiteurs de
la contrée, est chargée de visiter et de soigner à do-
micile les malades pauvres ; les traditions de piété
et de charité de l'ancien monastère se trouvent
donc continuées sous la protection de la douce
vierge qui fut un admirable modèle de l'amour de
Dieu et du prochain.

« Il est bien permis de croire, dirons-nous avec
M. le doyen de Pavilly à qui nous devons ces détails édifiants, que l'intervention de sainte Austreberte a favorisé la fondation de l'œuvre nouvelle ;
cette intervention est devenue manifeste au milieu
des difficultés qui ont assailli l'établissement dans
ces dernières années ; espérons que celle dont la
présence et les vertus ont illustré ces lieux tiendra
à y conserver un asile pour le travail uni à la
prière. »

Puissent ces lignes inspirer à quelque âme généreuse la pensée de se dévouer à la préservation de
la jeunesse qu'attendent les effrayants désordres de
la vie de fabrique ! Et daigne sainte Austreberte
qui a déjà protégé la fondation née sous son toit,
la féconder encore et lui faire produire les fruits
les plus abondants !

CHAPITRE XX.

Du culte de sainte Austreberte au diocèse de Rouen.

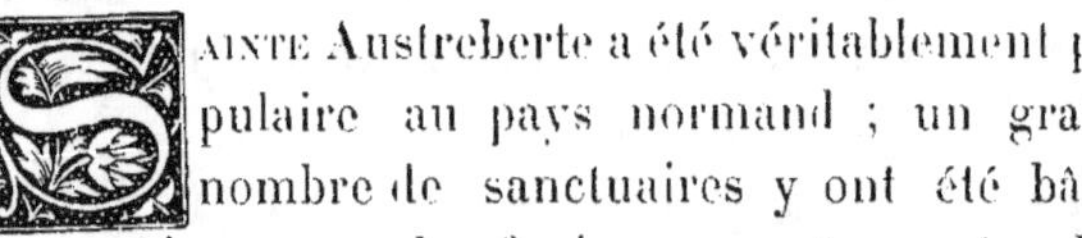

AINTE Austreberte a été véritablement populaire au pays normand ; un grand
nombre de sanctuaires y ont été bâtis
en son honneur ; les foules se sont pressées devant ses images et ses ossements sacrés, et, de
nos jours encore, des pèlerinages fréquentés
permettent de constater que la confiance des
fidèles dans le pouvoir de la Bienheureuse vierge
n'est pas amoindrie.

Le P. Simon Martin parle, sans citer le lieu,
d'une église qu'un seigneur anglais aurait dédiée

à cette grande sainte en son pays, et dans laquelle serait arrivé ce miracle : « La mesme nuict qu'on la devoit dédier, un bon prestre, qui gissoit au lict paralytique depuis un an. entendit parler des miracles de saincte Austreberte à laquelle il fit ceste prière : « O saincte Dame, si les « merveilles prodigieuses qu'on presche de vous par « le monde sont véritables comme je le croy fer- « mement ; faites que je les éprouve en moy-mesme, « et regardez ma misère d'un œil de miséricorde. » La prière du bon prestre fut portée dans le ciel d'ou saincte Austreberte descendit pour luy paroistre, parée richement, ainsi qu'il appartient à l'épouse du Roy de la gloire, et luy dit ces paroles : « Ne crains pas, je suis celle que tu as ré- « clamée à ton aide. Sçache que je suis plus puis- « sante dans le ciel auprès de mon Espoux que les « hommes ne le preschent en la terre. Lève toy et « va sans difficulté à la dédicace de mon église, ra- « conte les merveilles de Dieu afin que chacun bé- « nisse son sainct nom. » Le prestre revint à soy comme s'il fut sorty d'un profond sommeil et se trouvant guari et fortifié en tous ses membres, il alla dans l'église raconter à l'Évesque et aux assistants les merveilles de Nostre-Seigneur et de saincte Austreberte. »

Sur le territoire du Mans s'était élevée une autre église où Dieu avait opéré de grandes merveilles par l'intercession de notre sainte : nous avons même relaté la guérison de trois femmes qui allèrent de compagnie à Pavilly en pèlerinage d'action de grâces.

L'abbaye de Jumièges, dont le premier abbé, saint Philibert, avait fondé le monastère de Pavilly, considérait sainte Austreberte comme une de ses gloires ; aussi les religieux écrivirent de bonne heure l'histoire de la servante de Dieu et sculptèrent son image sur les pierres de leurs basiliques. L'abbaye lui dédia également des autels sur ses terres ; ainsi Duclair, où elle faisait rendre la justice, avait une chapelle de Sainte-Austreberte au lieu appelé Manoir-de-la-Cour-du-Mont. « C'est, dit M. Cochet [1], une construction du XVIIe siècle qui a gardé un autel de pierre plus ancien. » Heurteauville, autrefois hameau de Jumièges, conserve, à l'endroit nommé Port-Jumièges, des vestiges d'une semblable chapelle. « L'église paroissiale possède une statue de la sainte abbesse qui provient vraisemblablement de ce petit sanctuaire. Enfin une fête populaire se célèbre le lundi de la Pentecôte sous le nom de sainte Austreberte [2]. » M. Cochet [3] nous apprend encore que la chapelle de la Mère-de-Dieu, située dans les

---

[1] M. l'abbé Cochet : Répertoire archéologique de la Seine-Inférieure.

[2] MM. Bunel et Tougard : Dict. géog. de la Seine-Inférieure, arrondissement de Rouen.

[3] M. Cochet : Répertoire archéologique.

bois de Jumièges, sur la route de Duclair, a pu remplacer l'ancienne chapelle de Sainte-Austreberte qui était aussi dans un bois. « Ce qui nous le fait croire, ajoute-t-il, c'est que près de là est le *chêne à l'âne*, auquel se rattache la légende du Loup-Vert. Cette chapelle de la Mère-de-Dieu est un lieu de pèlerinage très fréquenté par les gens du pays qui ont la fièvre intermittente. En entrant ou en sortant de la chapelle, ils ont soin de « nouer leurs fièvres » aux genêts des taillis.

La paroisse de Jumièges n'a jamais perdu le souvenir de l'abbesse de Pavilly ; son nom y est populaire, sa mémoire en vénération et la légende du Loup-Vert dont nous parlerons plus loin, y a donné naissance à une confrérie fameuse qui existe toujours avec son organisation étrange et sa fête bizarre. Grâce au zèle de son pasteur, l'église s'est enrichie depuis peu d'une magnifique statue de sainte Austreberte que les fidèles n'ont jamais cessé d'invoquer avec une confiance spéciale.

Le prieuré de Beaulieu avait aussi sa chapelle dite de Préau ou de Sainte-Austreberte dont il reste des murs et des arceaux.

Le célèbre château d'Arques, près de Dieppe, possédait une chapelle sous le titre de Sainte-Austreberte-du-Château ; elle était qualifiée de chapelle royale, comme le château lui-même[1].

[1] M. l'abbé Cochet : Répertoire arch.

M. l'abbé Decorde [1] cite deux églises où le culte de notre sainte est ou du moins fut en honneur. A Sainte-Beuve-Epinay, il n'y a que de faibles traces de pèlerinage ; mais l'église d'Esclavelles possède une chapelle de Sainte-Austreberte où l'on chante la messe le 9 février au milieu d'un grand concours de pèlerins.

Dans l'ancienne paroisse de Fontaine-Châtel, aujourd'hui réunie à Saint-Germain-des-Essourds, jaillit une source révérée sous le nom de Sainte Austreberte ; au bord de cette source s'élevait l'ancienne église dont il ne reste plus que le chœur qui forme une chapelle dédiée à la sainte.

Tendos, au canton de Clères, autrefois paroisse et aujourd'hui simple section de Fontaine-le-Bourg, possède également une chapelle de Sainte-Austreberte, citée dès le XVIIᵉ siècle ; on s'y rend en procession le lundi de la Pentecôte [2].

Notre Sainte est également patronne de Vauville-les-Baons, paroisse des environs d'Yvetot ; l'ancienne église était trop petite et menaçait ruine, lorsque le curé, M. l'abbé Thomassin, entreprit la construction d'une église nouvelle dont la première pierre fut posée le 6 juin 1850. « Rien de plus touchant, dit M. Cochet [3], que les pieux ef-

[1] Essai hist. sur le canton de Neufchâtel-en-Bray.

[2] MM. Bunel et Tougard : Dict. géog. de la Seine-Inférieure. — [3] M. Cochet : Les églises de l'arrondissement d'Yvetot. p. 364.

Confrérie de Ste-Cloti…

(gravur…

...tile et de Ste - Austreberte

...rete 1790)

forts des paysans de Vauville pour leur église. Sans rien recevoir du gouvernement, ils ont versé 26000 francs en argent, fourni le bois et fait plus de deux mille corvées ; une pauvre bobineuse a donné 80 francs pour sa part. Dieu seul pourra récompenser des sacrifices qui ne sont connus que de lui. » M. Thomassin, qui fut curé de Veauville pendant cinquante ans, obtint de Mgr Parisis, évêque d'Arras, une portion considérable d'un ossement de sainte Austreberte à laquelle ce vénérable ecclésiastique avait une grande dévotion : désireux de connaître l'histoire de sa vie, il se mit à copier l'ouvrage du P. Simon Martin que lui prêta le bibliothécaire d'une ville voisine, et tous les ans, au 10 février, il faisait chanter les litanies qui se trouvent à la fin du volume[1].

Avant la Révolution, l'église de Déville, contiguë à Rouen, avait une confrérie des Saintes Clotilde et Austreberte[2] ; une image imprimée en 1790

[1] Communication de M. l'abbé Gueuret, curé de Vauville-les-Baons.

[2] La Confrérie de Ste Clotilde et de Ste Austreberte érigée en l'église de St Pierre de Desville-les Rouen, 1737. — D'après une image de confrérie, de 1790, appartenant à M. Ed. Pelay. Au bas de cette image il y a un acrostiche sur le nom de Debots « maître en charge en l'année 1790. »

D ieu bon et éternel daignez nous secourir
E loignez-nous des maux qui nous feraient périr
B annissons, chrétien, l'orgueil et l'avarice.
O vous Autreberte, soyez-nous très-propice ;
T oujours nous murmurons sans devenir meilleurs
S uppliez pour nous tous, car nous sommes pécheurs.

annonce qu'il y avait grand'messe le 3 février et chaque deuxième dimanche du mois.

L'église d'Héberville eut également sa confrérie de Sainte-Austreberte à laquelle une bulle de Clément X avait accordé de nombreuses indulgences. Les archives de la paroisse contiennent les statuts de la confrérie datant de 1753, des registres d'associés depuis 1740, et allant jusqu'à 1793 pour reprendre à 1805. L'ancienne église a dû disparaître pour faire place à une église d'un aspect charmant ; sainte Austreberte y a son autel que l'on visite avec dévotion pour obtenir la guérison des fièvres [1].

Nous citerons enfin les deux confréries de Sainte-Austreberte autrefois établies, l'une à Lillebonne, dans l'église de Saint-Denis aujourd'hui détruite, et l'autre à Fesques qui n'est plus que l'annexe de Lucy, au canton de Neufchâtel-en-Bray. Ces confréries furent approuvées, la première, le 6 octobre 1500, et la seconde, le 23 mars 1502, par le cardinal Georges Ier d'Amboise qui fut archevêque de Rouen de 1494 à 1500 [2].

L'église de Saint Wandrille, au canton de Caudebec, possède, à l'entrée du chœur, dans une

---

[1] Communication de M. l'abbé Panais, curé d'Héberville.

[2] Registre de collation des bénéfices, grâces, dispenses (archives de l'archevêché de Rouen). Approbatio Statutorum Confrie Assumptionis Beatæ Mariæ Virginis et Sanctorum et Sanctarum Dionisii, Blasii, Cosme et Damiani,

des trois châsses qui proviennent de l'abbaye de
Fontenelle, une vertèbre de la sainte. Fécamp
avait aussi des reliques de sainte Austreberte
dans la châsse de saint Léger [1] ; de nos jours
cependant ces reliques ne paraissent pas détermi-
nées.

Près d'Aumale, dans le bois de la Quintane,
s'élevait une chapelle de Sainte-Austreberte avec
une demeure pour un ermite ; c'était une fondation des ducs d'Aumale [2].

L'abbaye de Sainte-Catherine-lès-Rouen, dont
nous avons parlé à propos de la fondation du
prieuré de Pavilly, conservait depuis lors une
partie du corps de sainte Austreberte. La nouvelle
chronique Normande affirme d'abord que les religieux bénédictins transportèrent le corps tout entier en leur monastère [3]; mais, quelques pages plus
loin, elle se ravise et ne parle plus que de la
moitié du corps. « L'an mil deux cent soixante et
onze, dit-elle, le cinq des ides d'avril qui fut la
férie sixième avant la Passion de Notre-Seigneur.
eut lieu l'Invention de très précieuses reliques qui

Barbare, Veronice et Austberte in ecclia parrochiale Scti
Dionisii de Insula bona, die sexta octobris 1500. — Appro-
batio confrie S. Martini et Sancte Austreberte in ecclia S.
Martini de Fesques.

[1] Lebroux de Lincy : Essai sur Fécamp, p. 197.

[2] Sénéchon : Histoire d'Aumale, t. II, p. 102.

[3] Normanniæ Nova Chronica, ed. Cheruel. 1850 in-4e p.
8, A.

étaient placées dans deux châsses sur l'autel du
matin, à droite et à gauche ; et parmi ces reliques
fut découverte, à gauche de l'autel, la moitié de
tout le corps de la Bienheureuse Vierge Austreberte, avec le devant de la tête dans laquelle se
trouvaient encore treize dents, entières et blanches, fortement attachées comme à une tête vivante, le tout parfaitement enveloppé dans des
étoffes de toile et de soie. Le chef fut placé sé-
parément dans une châsse d'argent[1]. »

Nous serions assez fondé à croire que la bonne
chronique, en précisant si peu la quantité des
saints ossements qui étaient découverts, a voulu
tout simplement constater que l'abbaye possédait
une partie notable du corps de la bienheureuse
Austreberte. Les Bollandistes l'interprètent ainsi[2].
La question du chef de cette même sainte nous
fortifie dans notre sentiment : l'auteur parle de la
tête entière pour n'arriver à comprendre que la
face seule, de même que Montreuil disait avoir le
chef de la sainte et n'avait que la partie supérieure du crâne. Et ceci rend plausible le texte
d'Eadmer que, dans la partie orientale de la Métropole du Christ de Cantorbéry, s'élevait un autel

[1] Id. p. 27, A, B.

[2] « quod interpretamur de parte aliqua corporis intra
capsam condita. » Boll. D'ailleurs, dans le langage liturgi-
que, les mots tête ou corps appliqués aux reliques, peuvent signifier tout ou partie notable de la tête ou du corps
d'un saint.

où était renfermé « le chef de la bienheureuse vierge Austreberte[1] », c'est-à-dire cette partie du chef qui manquait aux deux autres parties vénérées à Rouen et à Montreuil. Comme ce sont des témoins oculaires qui ont ainsi affirmé ce qu'ils ont vu, il est possible d'expliquer que chacun d'eux, placé à des distances si considérables et dans des conditions si différentes, a cru avoir en sa possession le corps à peu près entier de la Sainte.

Que devinrent ces précieuses reliques ? Furent-elles détruites par les protestants en 1562, lors du sac complet du monastère de Sainte-Catherine ? Faut-il les compter parmi celles que ces huguenots brûlèrent peu après, à la cathédrale et à Saint-Ouen, quoiqu'elles ne soient pas citées dans le catalogue des ossements sacrés qui furent alors livrés au pillage ? Suivirent-elles dans leur exode les religieux obligés en 1597 d'abandonner leur abbaye ? Toujours est-il qu'elles

[1] « In parte orientali erat altare in veneratione ipsius Dominæ consecratum ; et in eo caput beatæ virginis Austrebertæ habebatur inclusum. » Eadmer : De Reliq. SS. in eccl. Cant. Christ. — Baillet (Les vies des Saints, X févr.) dit à ce sujet : « On ne sait ni en quel temps ni de quelle manière l'on a fait passer des reliques de sainte Austreberte en Angleterre. Cependant l'on prétend que, du temps de saint Anselme, le chef de cette sainte se conservait dans la grande église de Cantorbéry appelée *le Christ* avec quelques reliques de saint Ouen évêque de Rouen, et de quelques autres saints de France, transportées apparemment par les Normands du temps de Guillaume le Conquérant. »

disparurent, et il ne semble pas qu'aucune église en ait recueilli quelque parcelle.

La paroisse de Saint-Vivien qui s'abrite sous la colline où le monastère bénédictin avait planté ses hautes tours, est, à Rouen, le centre de la dévotion de l'antique cité à sainte Austreberte.

En 1680, Jean Bernard, curé de Saint-Vivien, adressa une requête à l'archevêque afin de constater officiellement l'authenticité des reliques de notre grande Sainte.

« Il auroit trouvé dans le trésor de l'église quelques reliques portans l'Inscription de sainte Austreberte vierge qu'il auroit appris avoir été tirées d'une riche chàsse [1] attachée de temps immémorial contre la muraille de lad. église dans la chapelle érigée sous l'invocation de lad. sainte, laquelle chàsse auroit été détachée dud. lieu par l'ordre de feu Mons. François Maseranny gd. archidiacre et gd. vicaire de Rouen lors de la visite de lad. église et ouverte par son commandement, lors de laquelle ouverture se trouva une inscription en lettre d'or dans lad. chàsse en ces termes : « Ici reposent les os de sainte Austreberte vierge. [2] »

Cette visite fut faite le 20 mai de la même année par François Maseranny, chanoine, chancelier de

---

[1] Cette chàsse était de 1520.

[2] Communication de M. de Beaurepaire, vice-président de la commission des antiquités de la Seine-Inférieure.

la cathédrale et vicaire général de Mgr François
Rouxel de Médavy, archevêque de Rouen, et les
reliques, déposées dans une nouvelle châsse avec
cette inscription : « *Hæc sunt ossa sanctæ Austrebertæ Virginis quorum omnium actum experi-
ri…* », furent placées au côté gauche du grand
autel de l'église.

« Depuis, dit le P. Giry [1], le 9 de février 1697,
les mêmes reliques furent retirées de cette nouvelle châsse à la réserve d'un ossement, pour les
mettre dans une plus riche faite aux dépens des
maîtres de laditte Confrérie, laquelle est placée
au milieu de l'autel de la sainte, que l'on porte
solennellement les jours de fêtes et aux processions des Rogations. Cette châsse est faite à la
Corinthienne, longue environ de trois pieds et
large d'un pied et demi en forme de croix, enrichie de seize colonnes avec leurs pieds-d'estaux,
corniches, frises et architraves et une petite gal-
lerie au-dessus détachés du corps continuant par
les bouts, ayant au milieu de sa devanture une
petite ordonnance de pieds d'estaux, et un fronton
sur lequel il y a deux petits anges tenants cha-
qu'un une palme, et au-dessus l'image de sainte
Austreberte haute de neuf pouces, ayant de plus
aux deux bouts deux petites figures et images

[1] La vie et les miracles de sainte Austreberte, première
abbesse de Pavilly — 1634, ouvrage revu et augmenté à la
fin de ce même siècle. In-8.

étant dans les niches, hautes environ de six pouces, représentant sainte Catherine et sainte Appoline : aux deux côtés sont aussi deux auvalles ornées de palmes et de cristaux avec six bas reliefs représentant l'histoire de la Sainte et autres, le tout artistement bien travaillé et bien doré. »

L'*Almanach spirituel de 1740* (Rouen, in-12) marque au 3 février, après avoir placé ce qui regarde saint Blaise : « Le même jour, sainte Austreberte, vierge et abbesse de Pavilly. Il y a office solennel à Saint-Vivien. On y expose ses reliques. Elle est invoqué pour les fièvres. » Enfin le tableau de Rouen en 1778 cite dans cette même église, une « confrérie de Sainte-Austreberte ».

Aujourd'hui, ce qui reste à Saint-Vivien des reliques de sainte Austreberte a été déposé dans un magnifique reliquaire en bronze doré de style renaissance et placé au côté droit du maître-autel.

L'église Saint-Maclou de Rouen comptait aussi sainte Austreberte parmi les patronnes de ses confréries.

CHAPITRE XXI.

Du culte de sainte Austreberte aux diocèses de Rouen et d'Evreux.

ous avons parcouru précédemment l'histoire du culte de sainte Austreberte dans son antique sanctuaire de Pavilly ; nous devons également en constater l'existence d'abord dans son église paroissiale, puis dans les paroisses voisines où le nom de la sainte fut de tous temps en honneur.

L'église de Pavilly, que M. l'abbé Cochet a minutieusement décrite dans son Répertoire archéologique, est dédiée à la Sainte Vierge. Là sont honorées les reliques rapportées de Montreuil au dix-huitième siècle par le baron d'Esneval et sauvées de la fureur révolutionnaire ; le reliquaire du milieu du grand autel, ainsi que le buste d'abbesse du côté de l'épître contiennent des ossements de notre sainte ; le buste d'abbesse du côté de l'évangile renferme des reliques de sainte Julienne [1], et la petite châsse près de l'autel une relique de sainte Framehilde. Les deux autels latéraux, surmontés de riches statues, sont placés sous le vocable des deux illustres vierges qui ont vécu et sont mortes à Pavilly ; c'est là que les populations chrétiennes du pays offrent à leurs célestes protectrices les hommages d'une piété à peine effleurée par les bouleversements du siècle.

Toute cette contrée d'ailleurs vit du souvenir de sainte Austreberte. Sortons de Pavilly en suivant la vallée qui s'ouvre sur le bourg ; ces demeures coquettement posées sur les flancs des collines, ces chaumières perdues dans les saules, ces hautes futaies plantées au bord de l'eau, cette verdure si riante, ce paysage si frais et légèrement embrumé, tout cela s'appelle le Val de Sainte-Austreberte. La rivière qui déroule son ruban argenté à travers les prairies où de grands bœufs semblent se mirer dans l'onde, a perdu son ancien nom d'Esne pour retenir celui d'Austreberte [2] ; et

---

[1] Les reliques de sainte Austreberte : Semaine Religieuse de Rouen, n° 2 — 1870-71.

[2] L'Austreberte, sur la rive droite de la Seine, prend sa source au village même de Sainte-Austreberte (425 hab.),

il n'est pas jusqu'au village groupé autour de la source de la rivière qui n'ait pris également le nom de la patronne du pays, Sainte-Austreberte.

Ce nom donné à la vallée, au cours d'eau et au village s'explique par une tradition populaire. La source de l'Austreberte est à quatre kilomètres de Pavilly, et la légende raconte que la sainte abbesse y allait souvent avec quelques-unes de ses religieuses laver le linge de la communauté. Le groupe pieux passait par la prairie, chantant des psaumes et récitant des prières, tandis que les habitants émerveillés sortaient de leurs cabanes et accouraient demander à la Sainte sa bénédiction ; puis, arrivée à la fontaine, l'abbesse s'agenouillait au bord de l'onde et se mettait la première au travail, ne s'interrompant que pour rendre la santé aux malades. Assurément cette tradition dut imprimer à toute cette vallée comme une sorte de caractère religieux ; il est même possible qu'elle ait donné naissance, près de la source, à une chapelle et à des habitations qui se seront peu à peu groupées au point de devenir plus tard le centre d'une paroisse.

Le village de Sainte-Austreberte occupe les deux bords de la rivière en s'échelonnant le long de la route ; mais l'église semble accrochée à la

dans le canton de Pavilly, à 23 kil. de Rouen, et se jette dans la Seine, à Duclair, après avoir arrosé Pavilly et Barentin.

pente raide du côteau, et la tribune de son clocher s'ouvre de plain-pied sur un sentier qui domine le cimetière. Le chevet garde un fragment du XIe ou du XIIe siècle ; le reste du chœur, les deux transepts et la nef appartiennent au XVIe sans avoir rien de remarquable. Dans la chapelle de droite se trouve l'autel particulièrement dédié à la bienheureuse vierge ; on y vénère des parcelles de ses reliques et de celles de sainte Framehilde.

Au pied de la colline, on voit une maison modeste, vieille construction du XIIIe siècle, dont les fondations entr'ouvertes laissent passer la source puissante qui bouillonne à l'intérieur ; une petite croix, placée au-dessus d'une porte étroite, indique l'entrée du sanctuaire que visite le pèlerin. C'est une chambre basse, coupée en deux parties par une cloison sur laquelle s'appuie un pauvre autel en bois, enguirlandé de fleurs vieillies, et orné, comme l'église paroissiale, des deux reliquaires de sainte Austreberte et sainte Framehilde. Il y a au-dessus de l'autel un tableau de la sainte, œuvre charmante du XVIIe siècle, que le temps et les visiteurs dégradent à plaisir, et qu'un barbouilleur a illustré de l'inscription suivante en grosses lettres brunes : Sainte Austreberte abbesse. D'antiques statues de pierre (XIIIe et XVIe siècle) garnissent les encoignures de la chapelle et sont couvertes des cordons que les pèlerins attachent pour obtenir leur guérison : ils nouent ainsi, disent-ils, leurs fièvres à la Sainte. Deux portes basses, placées à droite et à gauche de l'autel, permettent d'arriver à la source de l'Austreberte qui jaillit abondamment dans un bassin de 1 mètre 20 de profondeur ; les malades y descendent au moyen d'une échelle, et après s'être baignés quelques instants, ils vont prier à l'église paroissiale où souvent s'opèrent des guérisons étonnantes [1].

Cette chapelle dut être décorée de peintures assurément fantaisistes, représentant la vie de sainte Austreberte, car le badigeon a laissé à découvert ce reste d'inscription :

AUSTREBER

AISANT SES VŒUX

Tel est ce modeste sanctuaire où viennent s'agenouiller les humbles de la vie, les malades et les infirmes ; c'est là que, chaque année, au Lundi de la Pentecôte, une foule recueillie prie sans se lasser du matin au soir et prie encore à l'entrée de la nuit, à la clarté joyeuse des feux allumés sur les coteaux voisins ; c'est là que toutes

---

[1] L. de Glanville : Promenade archéologique de Fécamp à Rouen. — Le P. Giry (Vie de sainte Austreberte) disait au XVIIe siècle : « Le peuple a tant de vénération pour cette fontaine qu'il en emporte de l'eau pour boire contre toutes sortes de maladies et infirmités. »

les voix s'unissent dans un immense unisson pour
célébrer la « grande sainte Austreberte » ; et quand
nous songions que dix siècles ont été les témoins
ininterrompus de ces fêtes, de ces chants de
triomphe, de ces supplications, une émotion profonde nous a saisi. Ah ! n'enlevez pas aux déshé-
rités de la terre la confiance aux Saints qui les
soutient et les console dans leur vie d'épreuves !
Est-ce que l'histoire et l'expérience ne prouvent
pas toute la puissance de leur intercession ? Est-
ce que Dieu n'a pas dit que la foi transporte les
montagnes ? Est-ce que les Saints n'appartiennent
pas aux malheureux, aux âmes souffrantes, à tout
ce que le monde compte d'infortunes publiques et
de détresses cachées, à tous ceux qui aspirent à
la guérison, à la paix, au bonheur ?

On raconte des habitants de Sainte-Austreberte
un trait intéressant qui peint leurs habitudes religieuses. Ils étaient depuis douze à quinze ans
sans curé, lorsque le village de Limesy que le desservant habitait trouva bon de s'emparer de leur
unique cloche. Ils n'osèrent prostester ; mais
quand survint la Révolution de 1848, ils crurent le
moment propice pour reprendre leur bien ; s'ar-
mant de solides gourdins et accompagnés de char-
pentiers, ils se rendirent à Limesy, descendirent
la cloche malgré l'écharpe et les protestations du
maire, et la ramenèrent triomphalement dans
leur église.

Le culte de sainte Austreberte n'est pas inconnu au diocèse d'Evreux.

Il existait à Saint-Denis-le-Ferment, paroisse du Vexin Normand (doyenné de Gisors) un fief de haubert, dit de Sainte-Austreberte, qui appartenait en commun, depuis le XVe siècle, aux familles de Fours et de Gaillarbois.

Cette paroisse possédait aussi deux prieurés de Sainte-Austreberte, un plus important qui dépendait de l'abbaye bénédictine de La Croix-Saint-Leufroy, très antique monastère proche d'Evreux[1]; un second, qui appartenait à l'abbaye cistercienne de Saint-Saëns (dans le pays de Bray, près Neufchâtel). De 1640 à 1652, l'abbé de La-Croix-Saint-Leufroy fut en procès avec l'abbesse de Saint-Saëns pour le petit prieuré de Sainte-Austreberte. En 1740, il ne restait plus des deux fondations qu'une ferme et une chapelle qui avait été visitée en 1716 par Mgr Claude-Maur d'Aubigné, archevêque de Rouen[2].

Aujourd'hui Saint-Denis-le-Ferment a conservé

[1] La chapelle de ce prieuré est citée dès 1199 (annuaire de l'Eure, 1866 — part. hist. p. 51).

[2] Charpillon et Caresme : Dict. hist. de l'Eure, t. II, p. 772 et 773.

Le Dict. topog. du dépt. de l'Eure, par M. le marquis de Blosseville, dit : (Sainte Austreberte, prieuré à Saint-Denis-le-Ferment, dès 1260, et chapelle appartenant à l'abbaye de Saint-Saëns. 1717 (cl. d'Aubigné) — Saincte Austreberte, 1538 (procès-verbal de visite de la forêt de Bleu.) — Saint-Auseberte, 1664, lettres-patentes de Louis XIV.

quelques-uns de ces anciens vestiges ; un hameau porte toujours le nom de Sainte-Austreberte ; la chapelle du prieuré, dédiée à notre sainte, existe encore, et M. Heuqueville, qui l'a rachetée avant 1850, a exécuté quelques travaux de réparation. Quoique cette chapelle attende une restauration plus importante, il s'y fait chaque année, au jour de la Pentecôte et au jeudi suivant, un magnifique pèlerinage de la paroisse et des paroisses voisines. Puisse le zèle de M. l'abbé Lemaître, curé de Saint-Denis, arriver à la réalisation d'un projet cher à son cœur de pasteur, celui d'obtenir des reliques de sainte Austreberte, et par là de raviver dans les âmes l'antique dévotion de la contrée envers sa céleste Patronne.

Cantiers, au canton d'Ecos, non loin de Saint-Denis-le-Ferment est également placé sous le patronage de sainte Austreberte.

Enfin nous terminons ce chapitre par un dernier renseignement. Un monastère de religieuses bénédictines qui s'élevait à Saint-Paul près Beauvais avait noué les plus intimes relations avec l'abbaye de Montreuil ; deux de ses religieuses accompagnèrent même la mère Madeleine de Monchy, lorsqu'elle fut nommée abbesse, pour former les sœurs à la pratique des nouvelles constitutions du Val-de-Grâce. En retour des services qu'elles avaient pu rendre, les dames de Saint Paul obtinrent une relique de sainte Austreberte dont elles célébraient la fête, le 11 février, sous le rite double. Qu'est devenue la relique ? L'abbaye de Saint-Paul n'existe plus depuis la Révolution et si d'autres ossements sacrés ont été heureusement conservés, la relique de sainte Austreberte a disparu.

CHAPITRE XXII.

Du culte de sainte Austreberte au diocèse d'Arras.

MARCONNE ET SAINTE-AUSTREBERTHE. — AUTRES PAROISSES. — MONTREUIL-SUR-MER. — LA CHARTREUSE DE NEUVILLE. — SAINT-OMER.

IL n'est pas naturellement possible de suivre les vestiges du culte de sainte Austreberte dans le diocèse d'Arras sans donner la première place à la paroisse de Marconne, heureuse et fière de compter parmi ses plus glorieux enfants une famille de saints.

Le village de Marconne est bâti à la porte même de la ville d'Hesdin, sur les pentes du dernier côteau qui sépare la Canche d'avec la Ternoise ; ses demeures sont pour la plupart entourées de jardins riants ; sa fontaine de Notre-Dame des Affligés, aux eaux abondantes, fait l'admiration du visiteur, et du sommet de son plateau, l'œil parcourt un grand nombre de villages, les forêts qui couvrent le sommet des coteaux voisins et la magnifique vallée qui serpente jusqu'à la mer.

Est-ce le charme du paysage ou bien la similitude des noms qui a égaré l'imagination de quelques auteurs du seizième siècle? Ils avaient placé l'Éden ou Paradis terrestre au milieu de ce pays riant qui a été comparé à un immense jardin (Heden sive Paradisus — 1593); et il a fallu toute l'influence littéraire du savant Huet, évêque d'Avranches pour détruire cette opinion enracinée chez plusieurs de ses contemporains [1].

Le lecteur qui n'a pas oublié les deux translations des reliques de sainte Framchilde en 1030 et 1503, en a peut-être conclu que le souvenir de la mère de sainte Austreberte a disparu de Marconne en même temps que ses ossements sacrés. Notre paroisse pourtant n'oublia jamais la bienheureuse fondatrice de son église et continua de prier à son tombeau, devenu l'objet de la vénération publique [2]. Si les révolutionnaires, encouragés par le conventionnel Joseph Lebon, terrorisèrent le pays et brûlèrent une partie des

[1] Traité de la situation du Paradis terrestre.

[2] La pierre qui recouvrait le tombeau de sainte Framchilde se voyait encore dans l'église de Marconne à l'époque de la Révolution.

Annuaire du diocèse d'Arras, — 1867.

images et des objets pieux de notre église, ils ne purent du moins effacer du cœur des populations la mémoire toujours vivante de nos saintes ; et de nos jours les paroissiens pensent à un grand acte de réparation qui rendrait à la mère et à la fille la place d'honneur qu'elles ont autrefois occupée dans leur propre sanctuaire.

Le territoire primitif de Marconne était considérable ; mais il fut divisé de bonne heure, et Malbrancq, dans sa carte de la Morinie, place déjà en l'an 800 l'existence du village de « *Sainte-Austreberte* », sur la rive droite de la Canche. Une petite chapelle, dont on apercevait encore les fondations il y a une vingtaine d'années, fut construite près de la fontaine où Austreberte avait eu « la vision du voile » et donna naissance à un village qui prit le nom de sa patronne. Des auteurs en ont conclu, à tort cependant, que l'église paroissiale s'élève sur l'emplacement même du chateau de Badefrid[1], et Godescard a ajouté, sans réfléchir que la tradition lui donnait un démenti formel : « Sainte Framehilde... fut enterrée dans l'église de Marconne qu'elle avait fait bâtir. (C'est aujourd'hui Sainte-Austreberte, village près d'Hesdin)[2]. »

D'après les vieillards, quelques parcelles des re-

[1] Corblet : Hagiographie.
[2] Godescard : Vies des Pères. — t. II, p. 161.

Ste Austreberte

(Statue du XVe siècle conservée à la cure de Marconne.)

liques de la Sainte étaient renfermées dans une châsse en bois qui a disparu depuis une trentaine d'années sans qu'on en ait retrouvé traces, et qui sera probablement tombée de vétusté. Grâce à la bienveillance des Pères chartreux de Neuville, l'église a reçu une autre parcelle contenue dans un reliquaire de cuivre doré, tandis que deux pieuses familles faisaient présent d'une statue et d'une bannière de la sainte.

L'église de Bours, au doyenné de Perne-en-Artois, est également placée sous le vocable de Sainte Austreberte et possède de ses reliques.

A quelques lieues de Montreuil, le village de Saint-Denœux s'honore également de l'avoir pour patronne. Ce pays, cité parmi les possessions dont Badefrid enrichit sa fondation de Marconne, releva toujours de l'abbaye de Montreuil ; l'abbesse Françoise de Boufflers (1520) fit rebâtir le chœur de l'église et l'orna d'une statue de sainte Austreberte ; il y a quelques années, les paroissiens se cotisèrent pour l'achat d'une autre statue dont la bénédiction a été l'objet d'une grande solennité.

Il faut noter encore l'église de Marenla [1] dont l'autel est décoré d'une image semblable, pieuse offrande des religieuses de Montreuil qui

[1] Non loin de Marenla se trouve le village de Marent dont l'église, placée primitivement sous le patronage de Sainte Austreberte, a été détruite à la Révolution.

avaient établi en ce pays le chef-lieu de leur bailliage; l'église de Tortefontaine, enrichie par Monseigneur Lequette, évêque d'Arras, d'une relique de notre sainte que le curé de la paroisse a placée dans la châsse où fut conservé, jusqu'après la Révolution, le rochet de saint Thomas de Cantorbéry; et enfin la chapelle de l'Évêché qui possède également des ossements de sainte Austreberte.

La ville de Montreuil-sur-Mer a hérité des précieux débris de la noble abbaye bénédictine. En dehors des quatre reliquaires ou châsses que possède son église paroissiale de Saint-Saulve et qui contiennent le chef et des ossements de notre sainte ainsi que le chef de sainte Framehilde, il y a un excellent tableau qui représente la bienheureuse vierge recevant le voile des mains de saint Omer; on y voit aussi un autel en bois noir avec dessins d'argent provenant de l'abbaye, la croix d'argent ornée de nombreuses reliques que l'abbesse portait à la main dans les processions, et la crosse dite de Sainte-Julienne[1]. L'Hôtel-Dieu, où

[1] M. de Linas a publié dans la statistique monumentale du Pas-de-Calais (1850), un travail sur cette crosse, œuvre du XIIIe siècle. « Cette crosse, si l'on doit l'appeler ainsi, consiste en un bâton de chêne poli, de 1 mètre 20 de longueur, et d'environ 0,025 mill. de diamètre, légèrement recourbé par le haut comme les cannes rustiques dont l'usage est si généralement répandu, et revêtu en entier d'une lame d'argent fixée au moyen de clous rivés du même métal; la surface cylindrique qui en résulte, est ornée de neuf

se réfugièrent plusieurs des dames de Sainte-Austreberte expulsées de leur monastère, reçut, en reconnaissance d'une hospitalité fraternelle, quelques humbles présents dont les âmes chrétiennes peuvent seules apprécier la valeur, comme la ceinture de sainte Austreberte, des reliques de cette sainte, plusieurs manuscrits et un chapelet d'un travail merveilleux où chaque petit grain contient trois parcelles d'ossements sacrés et chaque gros grain en contient cinq.

On aperçoit au pied de Montreuil, et non loin de la rive droite de la Canche, la Chartreuse de Neuville qui fut vendue par la Révolution comme bien national et que les Chartreux ont rachetée en 1870 pour la réédifier sur des bases grandioses. Fondé en 1323 par Robert VII, comte de Boulogne et d'Auvergne, sous le titre de Notre-Dame des Prés, cet antique monastère traversa les siècles avec un renom de piété et de charité qui lui mérita la reconnaissance de toute la con-

baguettes plates en cuivre doré, espacées et divisées en trois séries de hauteurs inégales, que déterminent quatre viroles ou spercules en cuivre doré; chaque baguette est rehaussée de pierres cabochons (en verre coloré) et d'accolades doubles en filigrane ; le même système de décoration, mais plus riche et plus pressé, serpente autour de la volute, tube conique formé de quatre pièces soudées entr'elles; seule, la partie inférieure qui se termine en pointe est dénuée d'ornements. » — Nous devons exprimer toute notre profonde reconnaissance à M. l'abbé Queste, grand doyen de l'arrondissement, qui nous a ouvert avec l'intérêt le plus affectueux les archives et le trésor de son église.

trée et la rendit populaire au Boulonnais comme au Ponthieu. Sainte Austreberte devait trouver en ces humbles religieux des serviteurs zélés ; son culte ne répondait-il pas à leur ferveur, et ses vertus n'étaient-elles pas d'admirables modèles pour leur vie de mortification et de prière ? Mais les Chartreux ne se contentèrent pas d'honorer, et mieux, d'aimer notre Sainte, ils manifestèrent hautement leur profonde dévotion. En 1477, un religieux de Neuville, dom Jacques Hanin, peignit son image avec celle des autres patrons de Montreuil dans le magnifique cueilloir sur vélin de l'Hôtel-Dieu[1] ; au seizième siècle, un autre Chartreux, dom Nicolas Sanson, neveu du célèbre géographe Sanson d'Abbeville, écrivit en vers français une Vie de sainte Austreberte[2], ouvrage malheureusement perdu. Un troisième religieux du même Ordre, dom Ganneron, qui fut vicaire du Monastère en 1625, fit le « Chandelier d'or à sept lampes du comté de Ponthieu auquel reluisent les saints tutélaires qui y ont flory, » avec la vie de sainte Austreberte.

Aussitôt remis en possession de leur monastère, les nouveaux Chartreux sollicitèrent une relique de la Sainte et la déposèrent dans le délicieux oratoire que l'on nomme la Chapelle

[1] L'abbé A. Lefebvre (La Chartreuse de N.-D. des Prés à Neuville).

[2] P. Simon Martin.

des Reliques, au milieu des ossements sacrés qui leur redisent la grande leçon des vanités humaines et les glorieux exemples de la sainteté.

Il nous reste à rechercher les témoignages du culte de sainte Austreberte dans la ville de Saint-Omer, l'antique Sithiu.

Au neuvième siècle, Saint-Omer se glorifiait de ses trois sanctuaires célèbres, l'un élevé en l'honneur de la Sainte Vierge par l'illustre apôtre de la Morinie, le second dédié à saint Pierre par saint Bertin, le fondateur de la puissante abbaye qui prit son nom, et le troisième consacré à saint Martin, le grand thaumaturge des Gaules. Lors des invasions normandes, cette ville servit de refuge aux populations terrifiées et la Basilique de Notre-Dame reçut dans ses cryptes les corps de plusieurs saints, pour les dérober aux fureurs des pirates qui mettaient toute la contrée à feu et à sang. Les religieuses de Marconne y accoururent également avec les restes vénérés de sainte Austreberte et ne reprirent leur précieux dépôt qu'après le départ des Danois. Mais avant de quitter la cité où elles avaient trouvé un sûr abri, elles offrirent aux chanoines de Notre-Dame, non point le corps entier de leur Patronne, comme l'a prétendu Arnold Rayssius[1], mais une partie de ses

---

[1] « In S. Audomari Cathedrali Ecclesia, Audomaropoli (asservatur) corpus S. Austreberthæ virginis Tervanensis,

saints ossements [1] : en ces siècles de foi profonde,
les corps des saints étaient un trésor bien autrement désiré que toutes les richesses de la terre.
Ces reliques reposaient dans une châsse d'argent
que les chanoines avaient placée au-dessus du
maître-autel [2] ; de là vint que l'Église de Saint-
Omer ne cessa d'honorer la virginale servante de
Dieu et de la regarder comme une de ses patronnes [3] ; c'est également à la présence de ces reliques
qu'il faut attribuer la grande place donnée de
bonne heure par la liturgie de Saint-Omer aux
deux fêtes de sainte Austreberte, sa mort et sa
translation, qui étaient solennisées comme « fête
double » [4]. Le chartrier de cette même Église qui
devint au quinzième siècle la Cathédrale du nouveau diocèse de Saint-Omer [5], contenait un des
quatre manuscrits que Bollandus a consultés pour

salvo capite. » Hierogazophylacium Belgicum, ou Trésor
sacré de Belgique.

[1] Mabillon (Annal. O. S. B. t. I, lib. II), Du Chesne (Hist.
Franc. script. t. II, p. 846), Guillaume Gazet (Hist. eccl. des
Pays-Bas, p. 285), Baudouin Willot (Martyr. belgicum).

[2] Mabillon (Acta SS. sæc. III, t. I.

[3] P. Giry (La vie et les miracles de sainte Austreberte.)

[4] L. Deschamps de Pas : Les cérémonies religieuses dans
la collégiale de Saint-Omer au XIII siècle. (IIII idus februarii. Solemnitas Stæ Austrebertæ virg. — VI idus oct.
Inventio Sanctæ Austrebertæ virg.)

[5] Lorsque la ville de Thérouanne eut été détruite par
Charles-Quint, le diocèse de la Morinie fut soumis au frac-
tionnement ou à la partition par le traité de Cateau-Cam-

éditer la vie et les miracles de la sainte[1]. D'après
la tradition, il y aurait dans le transept nord un
puits connu sous le nom de « Fontaine de Sainte-
Austreberte » qu'il serait peut-être intéressant de
fouiller ; il est indiqué sur une carte du quator-
zième siècle, et le P. Dominique en fait mention[2].

La Révolution, au milieu de saturnales qui ne se
rencontrent d'ordinaire que chez les plus hideux
sauvages, détruisit les saints ossements avec les
autres objets sacrés dont les églises et les sanctuaires de la ville avaient été dépouillés ; et c'est à
peine s'il en reste quelques parcelles, échappées
à la rage satanique des Conventionnels ; encore
ne sont-elles pas authentiquement reconnues par
l'autorité épiscopale.

brésis (3 avril 1559), et forma deux nouveaux évêchés, l'un
« soit à Boullogne ou ailleurs où bon semblera au roy très-
chrestien », et l'autre « à Saint-Omer ou aultre ville ès-
païs du roy catholique que luy semblera aussy. »

[1] Bibl. de Saint-Omer : n. 715 — Acta Sanctorum mss. 4
vol. : Ex bibliotheca Ecclesiæ Sancti Audomari (XII siècle).
Le premier volume dans lequel devrait se trouver la Vie de
sainte Austreberte manque aujourd'hui à la collection.

[2] La Monarchie sainte, t. I, Clermont, 1670.

CHAPITRE XXIII

Une Légende

LÉGENDE DU LOUP. — FÊTES POPULAIRES A JUMIÈGES ET A MONTREUIL.

ous ne passerons pas sous silence la curieuse légende du Loup-Vert qui a excité l'intérêt de plusieurs archéologues, et en particulier du savant H. Langlois, dans son *Essai sur les Enervés de Jumièges.* Le P. Cahier ne l'a pas oubliée dans ses *Caractérisques des saints* (p. 52).

Les religieuses de Pavilly s'étaient chargées de blanchir le linge de la sacristie de Jumièges et avaient soigneusement dressé un âne à le transporter d'un couvent à l'autre. La bête raisonnable ne méritait vraiment que des éloges ; elle s'acquittait toute seule de son office, traversant la forêt avec son lourd fardeau, prudente à deviner les rencontres fâcheuses et empressée à les fuir, pre-

nant à peine le temps de tondre quelque chardon
bien vert, le long du sentier, et jetant aux échos
un braiement triomphal lorsqu'elle déposait le
paquet à la porte du monastère. Un jour vint ce-

Le Loup-Vert.

Fragment de sculpture à l'Abbaye de Jumièges.

pendant où quelque loup affamé, probablement un
loup étranger au pays, surprit le docile animal et
engagea avec lui une lutte désespérée : l'âne fut
étranglé sans autre forme de procès. Mais le cri-
minel avait compté sans l'abbesse de Pavilly ; atti-
rée par les derniers cris de son serviteur, elle

arrivait sur le lieu de l'attentat au moment même
où le loup donnait le dernier coup de dent. A la
vue de sainte Austreberte, le scélérat est saisi
d'effroi et veut fuir ; mais elle lui ordonne de venir
entendre son arrêt : c'est lui qui désormais rem-
placera le placide serviteur ; il en aura la douceur,
le calme, l'obéissance, et comme lui, il portera le
linge du couvent. Sitôt fait que dit ; notre loup,
contraint de courber humblement l'échine et d'offrir son dos à l'énorme paquet, marche ensuite
devant la Sainte et arrive ainsi à Jumièges. La
pénitence dura tant qu'il vécut ; honteux de son
forfait et ayant perdu tout instinct féroce, il servit le couvent jusqu'à sa mort ; et même on le
regretta.

Telle est la légende. Toutefois on n'en trouve
aucune trace ni dans les biographies contempo-
raines de sainte Austreberte, ni dans les manuscrits anciens qui relatent ses miracles ; il ne faut
par conséquent y voir qu'une fiction ajoutée de
bonne heure à l'histoire de l'illustre abbesse et
passée dans les traditions populaires de la Normandie.

Il y a d'ailleurs de pareils faits légendaires at-
tribués à d'autres saints. Ainsi il est raconté dans
la Vie de saint Malo qu'un loup dévora l'âne d'un
pauvre homme et que le saint condamna la bête
coupable à remplacer le bon animal dans ses offices domestiques ; ce loup, ajoute la tradition,

passait sa nuit dans les bergeries au milieu des moutons, « et oncques n'y goûta ».

Qui ne connait l'histoire de saint François d'Assise et du loup de Gubbio? Un loup énorme, d'une férocité extrême, répandait la terreur dans la ville de Gubbio ; François qui habitait alors ce pays, se résolut d'aller au-devant du loup, et quand il l'eut rencontré, il lui ordonna de mettre fin à ses ravages. L'animal devint aussitôt doux comme un agneau et suivit docilement le saint jusqu'au milieu de la ville, où, par signes, il fit la paix avec les habitants émerveillés. Cette paix dura deux ans ; les habitants fournirent à la nourriture de l'animal et celui-ci vécut familièrement avec eux, aimé de tous jusqu'à sa mort en souvenir du séraphique saint.

Sur le lieu du prodige, s'éleva, dès le huitième siècle, une chapelle commémorative, plus tard remplacée par une croix en pierre, dite croix-à-l'âne. La croix ayant été détruite à son tour, on façonna dans un chêne voisin quelques petites niches, et cet arbre prit le nom de chêne-à-l'âne. Près de ce lieu, sur la route de Duclair, se trouve la chapelle de la Mère-de-Dieu, lieu de pèlerinage très fréquenté par les gens du pays qui ont la fièvre intermittente.

Dans ses monuments inédits de l'Histoire de France, Hennin rappelle les curieux bas-reliefs reproduits par H. Langlois, lesquels représentent

saint Philibert, sainte Austreberte et la fameuse
légende du loup et de l'àne d'après les monuments
de Jumièges [1]. Sur le devant d'un des petits autels
de l'église de Pavilly cette même légende était
peinte ; le Loup-Vert, chargé de deux petits paniers
de linge, avait l'air tout honteux de marcher dans
cet équipage. Une sculpture de l'église Saint-Pierre
de Jumièges nous montre la Sainte caressant un
loup. Dans l'église de Sainte-Austreberte à Pavilly,
nous voyons une statue du siècle dernier qui représente la sainte avec le loup à ses pieds.
M. l'abbé Cochet a également remarqué dans l'é-
glise de Gerponville une autre statue de sainte
Austreberte en costume d'abbesse, près de laquelle
le Loup-Vert mange un àne chargé de linge.

Cette légende donna lieu à des réjouissances
populaires en diverses contrées. Jumièges en particulier célèbre tous les ans la fête du Loup-Vert
aux 23 et 24 juin.

Il y a dans ce pays une confrérie de Saint Jean-
Baptiste dont le chef porte le nom de Loup-Vert.
Chaque année, la veille de la Saint-Jean, les mem-

---

[1] « Bas-Reliefs de l'abbaye de Jumièges représentant
saint Philibert et sainte Austreberthe. Pl. in-8 en haut.
Séances publiques de la société libre d'émulation de Rouen,
1824, p. 1 de l'an 1200 » — p. 175.
« Bas-Reliefs représentant saint Philibert et sainte Austreberte à Jumièges, Pl. in-8 en haut. p. 2 — Langlois : Essai sur les Enervés de Jumièges, à la page 16. — 1250 » p.
323.

Ruines de l'abbaye de Jumièges.

bres de l'association sé rendent au Conihout pour
y chercher leur président qui ne peut être choisi
que parmi les habitants de ce hameau ; là, on le
revet d'une houppelande verte, on le coiffe d'un
immense chapeau vert, pointu et sans rebords, et
tous s'avancent en procession au bruit des armes
à feu et au son des clochettes, en chantant l'hymne de saint Jean, jusqu'au lieu dit le Chouquet où le
curé de Jumièges vient les recevoir avec la croix,
les chantres, les enfants de chœur et les conduit
à l'église pour assister à vêpres. Après l'office, on
va chez le Loup dîner en maigre. A la tombée de
la nuit, un des assistants allume le feu de la Saint-
Jean au son des clochettes qui ne cessent de s'agi-
ter, et on entonne le *Te Deum* et d'autres chants
moins respectables, parmi lesquels une sorte de
parodie de l'hymne *ut queant laxis* en patois normand. Pendant ce temps, le loup et les confrères,
le chaperon sur l'épaule, se tenant tous par la
main, courent autour du feu pour saisir celui qui
sera loup l'année suivante, ce qui n'est pas aisé,
parce que le premier et le dernier de cette ronde
ont seuls une main libre et qu'ils doivent envelop-
per et prendre trois fois leur chef futur ; et encore
celui-ci cherche-t-il à se dérober à ce grand honneur en distribuant libéralement à ses confrères
de grands coups de gaule. Lorsque la capture est
définitive, on fait mine de jeter le prisonnier dans
les flammes, puis on retourne souper en maigre

chez le loup. Toute parole libre ou inconvenante
y est interdite ; un des convives agite les clochettes à la moindre transgression et le coupable est
tenu de réciter, debout et à haute voix, le *Pater
noster ;* minuit sonné, cette réserve fait place à
une extrême licence [1].

Le lendemain, la fête de saint Jean est célébrée
avec la même gaieté et un nouvel appétit. En se
rendant à la messe, la confrérie promène, avec
accompagnement de coups de fusil, un énorme
pain bénit à plusieurs étages, orné de fleurs et de
rubans ; et à l'issue de la cérémonie, les clochettes
sont solennellement remises, comme insignes de
sa dignité, à celui qui doit être Loup-Vert jusqu'à
la Saint-Jean suivante.

D'après M. C. Henneguier, qui a fait de curieu-
ses recherches sur les traditions de nos contrées,
une solennité populaire à peu près semblable avait
également lieu à Marconne et à Montreuil, et on
l'appelait la fête du Vert [2]. La fête de Marconne a
laissé peu de traces et a dû disparaître de bonne
heure ; mais on connaît mieux la fête de Montreuil
qui a été racontée par M. le baron A. de Calonne [3].
« Chaque année, dit-il, on célébrait à Montreuil,

---

[1] M. l'abbé Tougard a également décrit cette fête dans sa
Géographie, arrondt. de Rouen, Jumièges.

[2] Corblet. — Hagiographie du diocèse d'Amiens, — t. I,
p. 260.

[3] Souvenirs et légendes du pays de Montreuil, p. 16.

la veille de la Saint-Jean-Baptiste, une fête très-singulière ; c'est la fête du *Ver-montant* qui a laissé son nom à la rue où se trouvait la principale entrée de l'abbaye de Sainte-Austreberte et dont il faut rechercher l'origine dans la légende de cette sainte. Il s'établit à Montreuil, au commencement du XIe siècle, une confrérie purement religieuse à l'origine, à demi profane dans la suite ; le président de la confrérie du Ver-montant s'intitulait le *Loup ;* il revêtait un costume particulier dont on ignore le détail, mais qui se distinguait par l'empreinte d'une tète de loup aux yeux rouges et à la gueule ensanglantée. Le *Loup,* escorté de ses sujets, c'est-à-dire de tous les confrères, se rendait processionnellement, la veille de la Saint-Jean, à la porte de l'abbaye de Sainte-Austreberthe. L'abbesse et l'aumônier se présentaient au seuil de l'église, le bénissaient, lui et sa troupe, au chant des hymnes et des psaumes.

« Un grand repas réunissait tous les confrères, et à l'issue du festin, après l'élection du *Loup* de l'année suivante, on allait danser la première ronde autour du feu de la Saint-Jean.

« Comme toutes les institutions de ce genre, la fête du *Ver-montant* dégénéra complètement : la ronde du loup devint très-immorale, et la confrérie discréditée tomba dans l'oubli au milieu du XVIe siècle (note de M. C. Henneguier.) »

APPENDICES

APPENDICES.

I.

OÙ ÉTAIT SITUÉ LE MONASTÈRE DE PORT ?

UNE faute a donné *Porcus* en un manuscrit : cette erreur a été suivie par Surius et ses copistes, ainsi que par le bréviaire de Rouen ; mais nous lisons *Portus* dans les autres manuscrits et la plupart des auteurs. On lit par exemple dans une ancienne prose de sainte Austreberte :

> Ab ortu ducens ortum
> Fulsit olim apud Portum
> Stella splendidissima.

D'après une tradition constante, Port-sur-Somme où s'élevait le monastère que sainte Austreberte habita quatorze ans, ne serait autre que Port-le-Grand, village d'environ 300 habitants, dans le canton de Nouvion-en-Ponthieu, à moitié chemin entre Abbeville et l'embouchure de la Somme ; ce lieu a été célèbre par le tombeau de saint Honorat ou Honoré , évêque d'Amiens, et Guillaume de Mâcon, un de ses successeurs, en avait donné la seigneurie aux chartreux d'Abbeville en 1301.

« Il y avoit lors, dit dom Ganneron, sur la rivière de Somme en Ponthieu, une abbaye de vierges dont Burgoflède estoit abbesse. Ce lieu ne s'appeloit pas le porc ou le pourceau comme porte la légende française de M. Clément Marchant , qui avait leu *Porcus,* à l'exemplaire latin corrompu au lieu de *Portus* qui est le nom de la ville où estoit ledit monastère, laquelle ville autrefois une des premières de Ponthieu a esté honnorée de la naissance et mort de saint Honnoré, évesques d'Amyens ; mais ayant esté ruinée plusieurs fois par les Normands ou Danois, elle est réduite à un village...»

Autrefois, l'église possédait un tableau qui confirmait cette tradition ; car il représentait la sainte au milieu d'un four embrasé, et le lecteur n'a pas oublié que Port fut le lieu du miracle.

Mais le monastère ayant disparu sans laisser traces, son emplacement a suscité des contradicteurs. Nous nous contenterons de citer les deux opinions suivantes qui combattent la tradition sans s'appuyer sur des preuves bien sérieuses.

Le P. Simon Martin écrit dans sa Vie de sainte Austreberte: « Sanson, chartreux de la Neufville près Monstreül qui a descrit la vie de sainte Austreberte en vers françois, notte à la marge que ceste abbaye de Port estoit ès-environs du lieu qui se nomme maintenant Moreaucourt qui est habité depuis cinq cens ans par des religieuses de l'ordre de Fontevrand : qui m'ont asseuré tenir par tradition de leurs ancêtres qu'il y avoit autrefois des filles en ce mesme lieu qui vivoient comme des chanoinesses régulières, qui seroit quelque vestige du premier monastère de saincte Austreberte.»

E. Nerlande, dans une « Dissertation sur le temps de la vie, de la mort, etc. de saint Honoré, » (ms. du siècle dernier conservé à la bibliothèque d'Amiens) fait une longue digression pour établir que ce n'est pas Port, près d'Abbeville, qui est l'endroit désigné pour le monastère de sainte Austreberte; que, loin qu'on y trouve actuellement les ruines d'un monastère, il ne pouvait y avoir en 1346, de château, de bâtiment ou de point fortifiable ; autrement le roi d'Angleterre n'y aurait pas passé la rivière, au gré de Blanquetaque. (Communication de M. Vion, conservateur de la bibliot. d'Amiens.)

L'abbé Corblet ajoute de Nerlande : « Dans ses neuf pages de divagations historiques, nous avons vainement cherché un argument quelconque qui ait assez de corps pour qu'on puisse le réfuter. L'auteur se borne à dire que les ruines qu'on montrait alors à Port ne prouvent pas que ce soit celles d'une abbaye, et qu'il s'agit peut-être ici, non pas de Port-en-Ponthieu, mais de Porte-Châtel au pays de Caux. »

Nous nous en tenons à la Vie qui dit Port-sur-Somme.

II.

SAINTE AUSTREBERTE, APRÈS SON DÉPART DE PORT, FUT-ELLE ABBESSE D'HONNECOURT ?

L E deuxième manuscrit, dit de Compiègne, reproduit par Mabillon, rapporte que sainte Austreberte quitta Port pour un monastère inconnu qui devait son existence au seigneur Amalbert Ketelbutre et à saint Philibert, abbé de Jumièges ; et que, lassée des persécutions qu'on lui suscitait de toutes parts, elle se retira dans un second monastère fondé à Pavilly par saint Omer [1].

L'ancien propre de l'église de Saint-Omer dit en effet que ce fut ce grand évèque qui alla lui-même bénir le monastère de Pavilly.

Bulteau [2] a accepté la seconde version de Mabillon, et Malbrancq [3], suivi par dom Martin Rhételois [4] a prétendu que le couvent anonyme était celui d'Honnecourt près Cambrai.

Enfin nous lisons au *Monasticon Benedictinum* [5] : « Extrait d'un livre manuscrit de l'Abbaïe de Sainte Austreberte..... Elle se retira dans le monastère de Port-sur-Somme où elle fut prieure et ensuite abbesse après le deced de Burgondoflède ; après elle alla gouverner Hunnecourt près de Cambray à la prière d'Amalbert d'où elle revint à Port...»

Nous rectifions rapidement ces assertions diverses.

1° Quels furent les fondateurs des deux couvents ? D'une part, nous lisons dans la chronique de Balderic [6] qui écrivit vers la fin du onzième siècle, que le monastère de Saint-Pierre d'Honnecourt fut bâti par un homme illustre, Amalfrid, et son épouse Childeber-

---

[1] Mabillon : Acta SS. O. S. B. Sæc. III, t. I.

[2] Bulteau : Abrégé de l'hist. de l'ordre de S. Benoit, t. I, p. 5o2.

[3] Malbrancq : De Morinis. — I. p. 419.

[4] Dom Martin Rhételois : Add. aux chron. de l'ordre de S. Benoit por Yepez. — II, p. 5o3.

[5] Ms. t. XXXVIII. fol. 238 au verso.

[6] « *Hoc monasterium illustris vir, Amalfridus nomine, cum uxore Childebertana, fundavit, deputatisque sanctimonialibus filiam suam Aurianam præfecit.* »
Chron. lib. I, c. 26 et lib. II, c. 10.

tane sur leur propriété, pour placer leur fille Auriane
à la tête de la communauté nouvelle. Et d'autre part,
les Actes de sainte Austreberte [1] nous apprennent que
le couvent de Pavilly doit son existence au seigneur
Amalbert et à sa fille Aurea.

2° Qui coopéra à ces fondations ? Nous lisons dans
la Vie de saint Bertin que ce fut lui qui, sous le règne
de Théodoric (677), reçut l'abbaye d'Honnecourt des
mains d'Amalfrid [2]. Il ne coopéra pas directement à la
première fondation, d'ailleurs toute récente ; mais il
en fut en quelque sorte comme le second créateur,
puisqu'il dut entrer en possession du monastère et le
réorganiser, à la mort d'Amalfrid et de sa fille. Tandis
qu'on voit dans la Vie de sainte Austreberte que saint
Philibert entreprit l'œuvre de Pavilly, de concert avec
Amalbert, et qu'il apporta à ce seigneur le concours
de sa sagesse et de ses encouragements dans une entreprise aussi délicate et aussi utile à la gloire de
Dieu.

Nous concluons donc de ces réflexions que les deux
œuvres d'Honnecourt et de Pavilly sont bien distinctes

[1] « ... qui (*Philibertus*) *rogatus a quodam viro potentissimo,
nomine Amelberto, eo quod illo in tempore ejus opera atque
doctrina in fide et religione erant spectata, et singularis ab
omnibus habebatur, monasterium quod in fundo proprio qui
Pauliacus dicebatur, idem Amelbertus construxerat, filiamque
suam parvulam quæ Aurea dicebatur...»* Surius. t. I, 10 febr.

[2] « *Anno ab incarnatione Domini* DCLXXVII, *indictione VI,
vir quidam inclitus, nomine Amalfridus, tradidit domno Ber-
tino monasterium quod ipse construxerat in proprietate sua,
nomine Hunulficurte, in pago Cameracensi, super fluvio Scald :
ubi et filia ipsius illustris viri, Auriana nomine, abbatissa, sanctimonialium rectrix esse videtur, eo tenore ut hoc ipse, dum
adviveret, per precariam haberet, et post suum obitum ac filiæ
ejus Aurianæ supradictus abbas Bertinus seu successores sui
hoc habeant, teneant atque possideant...*

Folquini lib. I, Pars Prima. — Collect. des cart. de France,
t. III. Cart. de l'abbaye de S. Bertin par M. Guerard, p. 28.

et par leurs fondateurs et par les grands saints qui leur ont prêté un généreux concours : ce que les écrivains cités précédemment n'ont pas nettement compris, puisqu'ils ont tout mêlé, et les noms et les choses.

3° Du moins, Sainte Austreberte s'est-elle rendue à Honnecourt en quittant Port ?

1° Elle n'y a pas été : le manuscrit contemporain affirme positivement que sainte Austreberte fut élue abbesse de Pavilly du temps qu'elle était à Port et qu'elle sortit de Port uniquement pour se rendre à Pavilly.

2° Elle ne put pas y aller : Morte au commencement de 704 après quarante années de règne, sainte Austreberte dut nécessairement quitter Port vers 662 ou 663, et c'est précisément à cette date que Mabillon place l'élection de l'illustre abbesse [1]. Or le monastère d'Honnecourt n'était pas alors fondé.

« Le Pontife Vindicien, est-il dit dans la chronique[2], vint au lieu nommé Hunolcurth distant de Cambrai de sept mille et accompagné d'un grand nombre d'évêques et en particulier du Bienheureux Lantbert, de Liège, martyr très-précieux ; il consacra un monastère à la gloire de Dieu et à l'honneur de saint Pierre, et il y établit des clercs et des religieuses. » Or Saint Vindicien ne succéda à saint Autbert sur le siège de Cambrai et d'Arras qu'en 675 et saint Lantbert n'était pas encore évêque en 663, année qui vit la fondation de Pavilly : « *At neque ipse quoque S. Lantbertus anno DCLXIII episcopus erat.* »

Donc, si Honnecourt ne prit naissance qu'après l'an

[1] Mabillon : Annales O. S. B : « Anno 662 Pauliacensi monasterio præficitur Austreberta. »
[2] Lib. I, c. 26.

675, comme le dit Balderic « *post annum 675 funda-*
verunt », et très probablement en 677, comme on le
lit dans la Vie de saint Bertin, Austreberte n'a pu en
être abbesse, puisqu'elle était abbesse de Pavilly depuis environ quatorze ans.

III.

FONDATION DU MONASTÈRE NOTRE-DAME DE MARCONNE.

LE septième siècle vit fleurir la vie monastique
dans la Morinie : nous nommerons en particulier
la célèbre abbaye de Sithiu fondée par saint
Omer et saint Bertin ; celles de Samer, par saint Wulmer ; de Saint-Jean-au-mont-les-Thérouanne, par le
roi Thierry III ; de Bergues, par saint Winoc ; de
Renty par saint Bertulphe ; et les monastères de femmes élevés à Blangy par sainte Berte, à Auchy, par
Adalscaire et à Marconne, par Badefrid et sainte
Framehilde.

M^r l'abbé Parenty, dans sa Vie de sainte Berte, a dit
justement : « Il était beau de voir, sur les rives de la
Ternoise, s'ériger en peu d'années trois monastères de
filles qui tous trois furent dédiés à la Sainte Vierge.
Ne semble-t-il pas, comme le fait observer Malbrancq,
que Dieu ait voulu que tout ce canton de la Morinie fût
consacré au culte de Marie ? Elle fut en effet la patronne de l'église de Sainte Austreberte à Marconne, de
celle du comte Adalsquaire et de la bienheureuse Sicchède à Auchy et de celle de Blangy. »

En parlant de Notre-Dame de Marconne, nous aurions voulu fixer la date de ses origines et jeter quelque jour sur l'histoire d'un monastère qui vécut à peine deux siècles ; mais nous sommes réduit à noter les conjectures émises çà et là. Car les Normands, en détruisant ces abbayes nombreuses et florissantes dont la piété de nos pères avait parsemé notre vieux sol, ont également fait disparaître la plus grande partie des monuments et des actes qui auraient rappelé aux générations suivantes les gloires religieuses de la France. La seule chose qui paraisse certaine, c'est que Badefrid et Framehilde ont élevé à Marconne une église et un monastère et que ce fut leur œuvre de prédilection : mais on ignore par quel concours de circonstances et à quelle époque précise eut lieu cette fondation.

D'après les uns, ces deux saints époux auraient conçu la pensée de ce monastère et leur fille l'aurait mise à exécution. On lit dans l'histoire générale d'Artois : « Un manuscrit de l'abbaye de Sainte-Austreberte de Montreuil, *fol. 1* , nous apprend que cette sainte fille naquit à Marconne, qu'elle fut prieure de Port, et après Burgondoflède, abbesse, qu'elle gouverna longtemps le monastère de Pavilly, que le comte Batefroy et son épouse lui donnèrent le château de Marconne pour y construire un monastère avec une église où ils avaient choisi leurs sépultures, qu'ils le dotèrent de plusieurs seigneuries du canton et que leur fille passa le reste de ses jours à Pavilly. » Le *Monasticon Benedictinum,* qui a copié le manuscrit de Montreuil, dit : « Badefroy et sainte Frameuse donnèrent à sainte Austreberte leur fille le château de Marconne pour y bastir un monastère où ils furent ensevelis ; ils y ajoutèrent les terres de Maranla, Marand, Humbert, Boubert, Sandeneu, Aix-en-Issart et Galametz ;

cette donation fut faite du consentement du roi Dagobert, fils de Clovis II. On y établit les religieuses de
Port et elles y restèrent jusqu'aux ravages des Normands. » Mabillon et le Gallia Christiana, sur la foi
de la tradition, disent également que l'on doit ce monastère à sainte Austreberte[1]. Le P. Simon Martin ne
parle que de l'église : « Framehilde, pour seconder en
quelque sorte les desseins de sa fille, persuada à son
mary, le comte Vaufroy, de faire construire une
église en l'honneur de la reine des Anges... Conseil
religieux de Framehilde qui fut aussitôt exécuté que
désigné par la nouvelle érection d'une belle église en
leur seigneurie de Marconne, proche le Vieil-Hesdin,
où ils dotèrent et establirent un nombre suffisant d'of-
ficiers pour y célébrer dignement le service qui est deu
à Nostre Seigneur et à sa saincte Mère, selon le petit
pouvoir des hommes. Ce fut dans cette église, consacrée à la Mère de Dieu, qui subsiste encore de présent,
nonobstant les étranges révolutions des siècles qui
sont arrivées depuis, que saincte Austreberte savoura
doucement la Manne délicieuse qui est cachée sous
l'exacte observance de la loy de Dieu..... multipliant
ses prières et ses veilles, travaillant jour et nuit pour
la maison de Dieu. »

Dom Martin Rhetélois explique ainsi la pensée de
ces pieux parents : « Sainte Framehilde, voyant la ferveur et dévotion avec laquelle sa sainte fille s'étoit
vouée et consacrée au service de Dieu, persuada à
son mary Baudefroy, qui étoit un prince très religieux,

---

[1] « *Marconnense monasterium ad Quantiam fluvium paulo in-
fra Hesdinium castrum, ab ipsa, ut aiunt, structum* » Annales
ord. S. B. t. XIX. fol. 10 — « *Tradunt in Marconnensi præ-
dio... ab ipsa structum monasterium erectamque basilicam ubi
virginum chorus a piis ejus parentibus institutus.* » Gallia Xna,
t. X. p. 1318.

de lui donner pour sa dot, avant sa mort, le château et les terres de Marconne, afin de bastir un monastère ; ce qu'il fit, y ajoutant encore les autres possessions, villages et seigneuries de Maralila, Maranch, Humbercq, Boubercq, Sandeneuf, Aix-en-Issart et Galametz, avec une église bien magnifique qu'elle fit construire sous le nom de la Reyne des Anges [1]. »

D'après d'autres auteurs, Badefrid et Framehilde résolurent cette œuvre après le départ de leur fille. Ils regrettaient en leur âme chrétienne la résistance apportée à sa vocation, et pour réparer ce qu'ils regardaient comme un manque de confiance en Dieu, ils cherchaient un moyen d'entrer dans les vues d'Austreberte. Déjà ils avaient érigé en l'honneur de la Sainte Vierge un premier sanctuaire sur une de leurs terre qui prit dans la suite le nom de Capelle ; ils projetèrent ensuite de changer leur résidence de Marconne en un monastère et d'y bâtir une église qui devait être le lieu de leur sépulture.

Selon une troisième version que rapporte l'abbé Corblet [2], « ce ne serait que vers 683 ou 685, après la mort de son père, qu'Austreberte aurait converti le château paternel en monastère et qu'elle y aurait appelé une garde d'honneur au tombeau de ses parents. »

Enfin, pour terminer ce sujet, Malbrancq dit encore que la sainte transféra à Marconne toute la communauté de Port, lorsqu'elle quitta ce dernier monastère pour se rendre à Pavilly [3] ; mais le *Gallia Christiana* n'en parle que comme d'une tradition [4], et il se con-

---

[1] Add. aux chron. gen. d'Yeppez, II, 563. — [2] Hagiog. du dioc. d'Amiens. I, 236. — [3] *De Morinis*, t. I. lib. III, c. 34, f. 390. — [4] « *Tradunt post parentum fata Austrebertam evocasse Marconnam sanctimoniales illas Portenses apud quas annis degerat quatuordecim…* »

tente de citer les propres paroles de Malbrancq. C'était toutefois la tradition de l'abbaye de Montreuil [1], et il nous paraît probable que l'historien de la Morinie l'aura puisée dans les Actes du monastère.

IV.

PROCÈS-VERBAL DE RECONNAISSANCE DES RELIQUES
DE SAINTE AUSTREBERTE EN L'ANNÉE 1294.

Extrait de la Vie de sainte Austreberte; ms. de la Bibl. de Rouen. — Ce même acte a été transcrit par dom Ganneron dans sa Vie de la même Sainte.

UNIVERSIS præsentes Litteras inspecturis Margarita de Brunesberc divina miseratione abbatissa ecclesiæ beatæ Austrebertæ in Monsterolo supra mare ordinis sancti Benedicti, Ambiennensis diœcesis totusque ejusdem ecclesiæ humilis conventus salutem in Filio Virginis gloriosæ. Noverint universi tam præsentes quam futuri quod in anno Domini millesimo ducentesimo nonagesimo quarto mense octobri in die Translationis sanctæ virginis Austrebertæ in crastino sancti Lucæ Evangelistæ nos omnes devotione summa æstuantique desiderio cupientes jamdiu est videre sacrum corpus beatæ virginis memoratæ, maxime cum de ipsa parum haberemus hactenus extra cassam, ob hoc accersitis

[1] Monasticon Benedict. ms. t. XXXVIII, f. 239.

una nobiscum viris venerabilibus honestæ conversa-
tionis ac discretis, Magistro Petro videlicet de Som-
merens, Presbitero curato de Fraisne-Moutier ac decano christianitatis Monsteroli, et Magistro Joanne de
Hesdinio presbitero curato nostræ parochialis ecclesiæ superius dictæ, quorum auxilio atque consilio fretæ
cassam nostram in qua firmiter credebamus sacrum
corpus quiescere aperientes, invenimus thesaurum
desiderabilem in ea absconditum, videlicet medieta-
tem sacrosancti corporis gloriosissimæ virginis et Matris Austrebertæ, cum quo erat terra sui sepulchri
cui pulvis sive cinis pretiosæ suæ carnis admiscetur,
vidimus nihilominus cum iis sudarium ejus cum aliquo
de vestibus ipsius tam lineis quam pelliceis. Non
deerat siquidem pars illius funesticæ corrigiæ cum
quibusdam particulis sui scyphi ; quæ omnia longo
aspectu cernentes ac ipsius ossa sanctissima devote
cum lacrymis osculantes in Domino, nostri desiderii
complementum ac magnæ consolationis beneficium
admisimus, visumque fuit omnibus bonum esse qua-
tenus sicut nos in præsenti visionis hujus sacri corporis
solatio, omnes qui venturi sunt seu præsentes frue-
rentur in posterum ; ideoque de consensu mutuo seu
benigna volontate nostra partem unam sacri corporis
separavimus invicem, scilicet magnum os brachii
sanctæ hujus virginis ; duas particulas cranei sui
capitis a parte anteriori, aliam partem mandibulæ
inferioris cum sexdecim dentibus, aliquid de spina
dorsi, de juncturis. Costi et aliis minutis ossibus quæ
penes nos extra cassam est retenta : residuum enim
sacrati corporis præfati Magister Petrus Decanus
christianitatis Monsteroli et Magister Joannes presbi-
ter honorifice ac lætanter nobis præsentibus propriis
manibus in panno lineo atque mundo sepelientes in-

volverunt totum. Postmodum in divisis tribus pannis
sericis quibus apposuerunt breviculum proprium su-
perscriptum, juxta quod sacrum corpus est, contra
illa benedicta, cui pulvis sive cinis suæ sanctissimæ
carnis admixta est involuta per se cum suo proprio
breviculo superscripto, et cum istis duobus tertia pars
involvitur per se, scilicet sudarium ejus cum aliquo de
vestimentis illius tam lineis quam pellinis et de suo
scypho, cum suo similiter proprio breviculo. Corrigia
vero funestica retenta est cum aliis extra cassam.
Præterea recluditur firmiter sacrum corpus cum aliis
supradictis in capsa propria cum honore ac debita re-
verentia in hymnis, canticis et Missarum solemniis
Deo pro meritis gloriosæ virginis Austrebertæ solem-
niter celebratis. In cujus rei testimonium præsenti
paginæ sigillorum nostrorum munimen apponi feci-
mus in robur et augmentum perpetuæ firmitatis.
Datum anno Domini, mense et die prædictis, Cœlestino
Papa Romano tunc temporis totam catholicam ecclesiam in terris sub Deo gubernante ac quondam in
heremo sub Regula et ordine sancti Benedicti de-
gente multis annis, Petro Rhemensis provinciæ
Archiepiscopo existente, Guillermo de Matiscone
Ambianensi Ecclesiæ præsidente, Philippo illustri Rege
Francorum atque Navarræ regnante quondam filio
bonæ memoriæ Philippi regis Franciæ qui in Aragonnia peregrinando de mandato seu licentia Romani
Pontificis parato suo exercitu contra Petrum de
Aragonnia regem depositum a Domino Papa mortuus
est prædictusque secundus Philippus quondam filius
fuit Ludovici felicis recordationis regis Francorum qui
in Thunis peregre proficiscendo directo exercitu suo
contra Saracenos mortuus est. Iste Ludovicus a multis
creditur esse sanctus ; tunc temporis orta erat non

modica dissensio inter memoratum primum Philippum regem Francorum et Eduardum regem Anglorum, qui multos gentis nostræ per suos satellites destruxit, et damna quamplurima perpetravit. Duplices fuerunt istæ litteræ quarum una pars retenta est extra cassam sigillorum nostrorum munimine roborata.

ET PLUS BAS EST ÉCRIT:

Primum sigillum est Abbatissæ, secundum Decani Monsteroli præfati, tertium est conventus, et quartum Magistri Joannis presbiteri Curati.

ET AU-DESSOUS SONT LES DITS CACHETS DONT TROIS SONT ENCORE ENTIERS.

V.

ICONOGRAPHIE DE SAINTE AUSTREBERTE.

SAINTE Austreberte, dit M. l'abbé Corblet[1], est ordinairement figurée en costume de religieuse et couronnée par deux anges. Adossée aux murs d'un château fortifié, elle tient une croix de la main droite et met l'autre sur son cœur. A sa droite, une colonne; à sa gauche, une crosse et une couronne sur un coussin. On la représente aussi près d'un four allumé; mais on a tort de lui faire parfois porter des charbons ardents sur son giron, ce qui n'est nullement conforme à la légende que nous avons racontée. »

[1] Hagiographie du diocèse d'Amiens. — Sainte Austreberte.

1° Le cabinet des estampes de Paris contient (2ᵉ Série *Femmes Saintes*, f. 140, t. Iᵉʳ) une gravure, sans nom d'auteur, de sainte Austreberte, telle que M. Corblet l'indique ; près de la sainte est en effet la crosse et la couronne. Cette même gravure figure au 10 février dans la *Légende* de Ribadaneira[1].

2° *Le Calendarium annale Benedictinum* de dom Ranbeck, édité à Augsbourg en 1687, renferme (11 février) une splendide gravure au burin de la servante de Dieu. On y voit au premier plan un grand four de boulanger avec pelle à enfourner ; la sainte est inclinée et, de son bras gauche enveloppé dans la manche de sa coule, elle retire les braises de l'ouverture du four. Au second plan, la sainte, tenant un enfant par la main, s'achemine en toute hâte vers un fleuve débordé.

La gravure a 0ᵐ,11 de hauteur sur 0ᵐ,085 de largeur, avec cette légende :

S. AUSTREBERTA V. ABBAT. PAULIAC.
ORD. S. BEN.

« Jam nubilis a parentibs in maritale vinculum se conjiciendam advertens, prehensa fraterculi manu rapidum flumen sicco transvadavit, postea in monasterio ad omnem virtutem exsculpta, dum forte nihil ad manum erat, quo prunis fornax purgari posset, ipsa se furno immersit, manicis scoparum vicem fungentibus, neque focus vel hilum vel pilum adussit. »

Umbach del.   Maldreich sculps.

---

[1] M. L. J. Guenebault : Dict. d'Iconographie, t. XLV de l'Encyclopédie théol. de Migne.

3° Nous trouvons cinq gravures au burin (Matheus fecit) dans la « Vie parfaicte et immaculée du P. Simon Martin. »

La première représente sainte Austreberte, debout entre sainte Julienne et la B. Marguerite d'Arbouze, tenant une grande croix, une discipline et une couronne d'épines.

Dans la seconde, un ange apporte à la sainte un voile qui se réfléchit dans la fontaine ; au bas de la gravure, on lit la légende suivante :

> Que vois-je dans tes eaux, agréable fontaine,
> C'est un voile qu'apporte un ange en forme humaine.

Nous voyons, dans la troisième, sainte Austreberte cheminer sur les eaux, et, un enfant à la main, traverser la Canche. Voici la légende :

> Mon frère, ne crains point de passer sur ces ondes.
> Nous n'enfoncerons point soubz ces vagues profondes.

La quatrième nous montre la fournaise de Port, avec ces mots :

> Je trouve asseurément les ardeurs de ce four
> Moins vives que le feu de mon divin amour.

Enfin, la cinquième représente sainte Austreberte sur son lit de mort, au moment où les saints viennent chercher son âme :

> Jésus, ô mes amours, mon esprit vient à toi
> Reçois-le entre les saints qui s'approchent de moy.

4° Madame de Gouffier, abbesse de Sainte-Austreberte, en 1656, fit graver une image de sa virginale Patronne, accompagnée de cette légende[1] :

« Sainte Austreberte, vierge, abbesse de Pavilly et Patronne des Bénédictines de Monstrœuil sur la mer. »

5° Deux autres gravures au burin[2] nous montrent, la première, la sainte à genoux au pied de la Croix :

Saincte Austreberthe vierge.
L'obéissance en croix attacha mon Seigneur
Elle m'y fait trouver ma vie et mon bonheur ;

et la seconde, la sainte debout en vision :

Sainte Austreberthe
La terre et ses appas n'estant rien à mes yeux
J'ay cru que dans le Ciel il me trouverait mieux.

6° Il y avait autrefois dans l'église de Port, comme le rapporte M. l'abbé Corblet, un tableau de sainte Austreberte avec cette inscription :

Je trouve asseurément les ardeurs de ce four
Moins vives que le feu de mon divin amour.

7° L'église paroissiale de Montreuil-sur-mer, avons-nous dit, possède un tableau remarquable où sainte Austreberte est peinte agenouillée devant saint Omer et recevant le voile.

8° L'église paroissiale de Sainte-Austreberte près Pavilly contient à son chevet un magnifique vitrail où sont représentées, avec une grande finesse de tons, les scènes suivantes de la vie de notre sainte : Sa prise de

---

[1] Cette gravure appartient à M. Braquehay, fils (*L'abbaye de sainte Austreberte au XVIII° siècle : La Picardie*, 1878, t. I.)

[2] Communication de M. Roger Rodière.

voile, sa pénitence à la croix du cloître, sa bénédiction d'abbesse, sa mort, sa gloire dans le ciel.

9° Sur un des vitraux de l'église d'Hesdin, elle a été peinte, en costume d'abbesse, une crosse à la main, sur les dessins de notre éminent architecte, M. Clovis Normand.

VI

SAINTE AUSTREBERTE ET LES MARTYROLOGES.

LE nom de sainte Austreberte est inséré au Martyrologe Romain : « IV Idus Februarii (10 février). In pago Rotomagensi S. Austrebertæ Virginis miraculis celebris. »

Le martyrologe d'Usuard contient dans ses meilleurs textes : « In pago Rotomagensi, S. Austrebertæ Virginis » ; et Bouillard ajoute : « Hoc die obiisse sanctam illam virginem una omnium sententia est : tous les auteurs s'accordent à dire que cette sainte mourut aujourd'hui [1]. » C'est, disent les Actes des Saints, le texte de Saint-Germain des Prés, de Marchiennes, de Rosweyde, d'Anvers, de Lubeck-Max, Munérat, Greven et Molanus. Plusieurs Martyrologes, et en particulier les textes belges, comme Louvain, Leyde et Utrecht,

---

[1] « In quo antiquâ, non tamen primariâ manu hæc leguntur. » Mabillon. Acta SS. O. S. B. — Voir du Solier : Acta SS. Junii VI. — « Rothomagensi est ferè omnium, excepto Pratensi qui etiam legit Austrobertæ cum Marchianensi et Greveno : reliqui ut in textu : solus Molanus scribit Austreberthæ. » Usuard. Ed Migne IX, 1318.

écrivent « *Austreberge* » pour Austreberte. — Celui de Bruxelles ajoute après le nom de Rouen : « au lieu nommé Pavilly. »

Nous lisons au Martyrologe de Fontenelle[1] : « In pago Rotomagensi Sanctæ Austrebertæ Virginis », et à celui de Saint-Laurent de Bourges[2] : « In pago Rotomagensi S. Austrobertæ Virginis. »

La Sainte ne figure pas dans le Martyrologe de Bède qui était son contemporain (mort en 733), pas plus que dans celui d'Adon qui ne vivait qu'un siècle plus tard (mort en 873); mais elle est citée au Martyrologe de Centule ou de Saint-Richard, à la suite de saint Trojan, évêque et confesseur,

Un vieux manuscrit, portant le nom de Bède, donne également au 10 février : « Ipso die depositio S. Austrebertæ virginis in loco qui dicitur Pauliacus. »

Le martyrologe de Rouen, lu à la cathédrale jusqu'en 1861 où le rit romain y fut introduit, disait : « In pago Rotomagensi S. Austrebertæ virginis. » La sainte était également citée dans les Litanies des Patrons du diocèse et même dans les Litanies de la Bénédiction des Fonts.

L'Eglise de Saint-Omer rappellait trois fois le nom de sainte Austreberte dans son Martyrologe : au 10 février : « S. Austrabertæ Virginis » ; au 10 octobre : « Inventio S. Austrabertæ » ; et au 20 octobre : « Item sanctæ Austrabertæ. »

On trouve au Martyrologe de Sainte-Gudule de

[1] Martyr. et regula S. Benedicti et Statua Gregorii IX papæ, scripta ad usum chori ecclesiæ Fontanellensis. Circa annum 1390. — Biblioth. de Rouen.

[2] Hagiologion Franco-Galliæ excerptum a P. Labbe Biturico Societ. Jes. sacerd. Ex antiquo Martyr. Abbatiæ Sancti Laurentii Bituricensis. Parisiis MDCXLIII.

Bruxelles (10 octobre) : « Item Inventio S. Austra-bertœ. »

Molanus (Natal. SS. Belgii) a noté les principaux points de sa vie en y ajoutant qu'elle a été écrite « graviter et religiose ».

Baronius dit dans ses Annales ecclesiastiques (t. II-an. 695) : « Hic... mentio facienda est de Sancta Au streberthâ virgine quæ ab eodem Sancto Audomaro Deo consacrata egregia claruit sanctitate ; cujus Vitæ Acta scriptis mandata habentur. »

On lit au Martyrologe français (Martyrol. gallic.) d'André du Saussay : « Quarto Idus Februarii. — Sanctæ Austrobertæ virginis Pauliacensis, quæ nobili genere in territorio Terruanensi nata, sacro velamine a Beato Audomaro urbis illius Episcopo amicta ; præfectaque monialium ob præcelsas pii animi dotes, a S. Philiberto abbate Gemeticensis, Pauliaci in Normania constituta, quarto a Rotomago milliari, nuper constructum hoc monasteriolum primo laudatissimo regimine gubernavit, sanctissimæeque vitæ meritis, beataque morte nobilitavit.

Nous pouvons citer encore Baronius et ses Annotations sur le Martyrologe Romain ; Bellini de Padoue (Martyr. curiæ romanæ, Venetiiis, 1498) ; François Maurolici (Martyr. ad usum rom. eccl. Venetiis. 1568-1576) ; Philippe Ferrari (Topog. nov. in Martyr. rom. Venetiis, 1609) ; dom Nicolas Hugues Menard, bénédictin (Martyr. Sanct. O. S. B. — Paris, 1629) ; dom Augustin Lubin, augustin (Martyr. rom. cum notis, Paris, 1661) ; P. A. Dupré, prémontré (Martyr. rom.) ; Beaudouin Willot (Martyr. Belgicum) ; Bucelin (Menologium Bened. Sanct.) ainsi que l'abrégé qu'il en fait sous ce titre : Calendarium benedict. e Menologio O. S. B. — in-24 —.

VII.

SAINTE AUSTREBERTE DANS LA LITURGIE

I. Abbayes.

1º — Un sacramentaire, écrit pour l'abbaye de Saint-Amand (Nord) vers le milieu du IXᵉ siècle, contient des Litanies qu'on récitait notamment en donnant l'Extrême-Onction ; sainte Austreberte y figure entre sainte Rictrude et sainte Eusébie. Ce sacramentaire passa au commencement du Xᵉ siècle à la cathédrale de Sens où il aura sans doute porté le culte de notre bonne abbesse. — (Léopold Delisle. — Mémoire sur d'anciens sacramentaires, Paris, 1886. — in-4º, p. 106-116).

2º — Don Martène, dans son ouvrage *De Antiquis Monachorum ritibus*, nous fournit les deux indications suivantes ;

« In Ordinario S. Petri super Divam et in calendario Beccensi, ad festum S. Scholasticæ additur : « Comm. Austrebertæ Virg. » (p. 544, C. D. ed. 1738)

« XIII calendas Novembris (soit le 20 octobre) Beccense calendarium consignat Festum *S. Austrebertæ* Virg. XII lect. (p. 592 B). »

3º Au Calendrier de l'abbaye de Jumièges (Breviarium cum Psalterio ad usum ecclesiæ Gemeticensis, in-fº vel. XII Sæcl. 334 ff. Prov. Jumièges, k. 23, Bibl.

de Rouen), on lit, à la fête de sainte Scholastique (10 fév.) : Austreberte virg. m. ou mémoire de sainte Austreberte.

Missæ de Sancto Valentino et Sancta Austreberta (in-8° carré vel. XIV⁰ S., 50 ff. rel. mod. bas. Bibl. de Rouen) Introit. — Vultum tuum.

Oratio — Deus qui nos beatæ Austrebertæ virginis tuæ annua solemnitate lætificas, concede propitius ut ejus adjuvemur meritis cujus irradiamur exemplis. Per...

Epist. — Qui glorietur in Domino.

Evang. in S. Matth. — Simile est regnum cœlorum decem virginibus. Offert. — Afferentur regi virgines post eam.

4° Abbaye de Sainte-Catherine-lès-Rouen — *Missale ad usum monasterii Sanctæ Katherinæ de monte propè Rotomagum ordinis Sancti Benedicti* (in-4° — commencement du XIV⁰ S. — provenant de Saint-Ouen — Bibl. de Rouen).

Introit. — Gaudeamus omnes.

Oratio — Deus qui invisibili rore cœlesti ad beatæ Austrebertæ virginis obedientiam ardentem clibanum extinxisti, præsta quæsumus ut ejus meritis gloriosis, vitiorum incendia non dominentur in nobis. Per.

Epist. — Ecce tu pulchra es.

Grad. — Dilexisti justitiam.

Evang. — Simile est regnum.

Offert. — Eructavit.

Secr. — Sanctifica quæsumus, Domine, per beatæ virginis tuæ Austrebertæ intercessionem hanc quam tibi supplices offerimus oblationem et ut nobis Christi filii tui corpus et sanguis fiant, tuam semper infunde benedictionem. Per.

Com. — Simile est.

Postc.—Quæsumus, Domine, ut hæc divina quæ sumpsimus Sacramenta in sanctæ Virginis tuæ Austrebertæ commemorationem ad æternam nos perducant cœlestis convivii refectionem. Per.

II. DIOCÈSE DE ROUEN.

—La bibliothèque de l'Archevêché de Rouen contient un Missel de 1534 et un bréviaire de 1491 qui donnent l'oraison : *Deus qui invisibili rore cœlesti*... Cette oraison est également celle d'un bréviaire du XIVe siècle, si ce n'est qu'au lieu de *invisibili* on lit *ineffabili*—La fête y est appelée dominicale, c'est-à-dire apparemment qu'elle se célébrait avec la même Solennité que le Dimanche, ou qu'elle pouvait se célébrer même le Dimanche.

Un petit volume des « Heures de Notre-Dame » publié en 1605, appartenant à M. l'abbé Sauvage, le savant correspondant des Bollandistes pour la Normandie, indique seulement sainte Austreberte au calendrier; mais l'édition de 1586 (Rouen, Nicolas Vaultier), à la bibliothèque du petit séminaire de Rouen, donne l'Antienne et l'oraison suivante :

An. — Austreberta virgo eximia Valefridi comitis palatini filia super aquas ambulans quasi sicco calle nihil mali perpessa.

℣. Ora pro nobis...   ℞. Ut digni...

Oratio. — Deus qui invisibili rore cœlesti.

Un volume d'*Heures à l'usage de Rouen,* du commencement du XVIe siècle (Bibl. de M. l'abbé D. Haigneré) marque au calendrier : 11 février, saincte Austreberte, et aux Litanies : sancta Austreberta.

Le missel de Rouen de 1531 (petit in-4°) donne la messe *Loquebar* avec les trois oraisons des missels mss, *Deus qui invisibili*... ; mais dans celui de 1690 (gr. in-fol.) c'est déjà une messe toute romaine, y compris les oraisons Exaudi. etc.

Le bréviaire de Rouen de 1662 (in-24) met la fête de sainte Austreberte au 10 février ; tout est du commun avec trois leçons propres.

Dans le bréviaire de 1728, la fête fut avancée au 3 février pour éviter d'avoir à la célébrer durant le carême, suivant la discipline primitive ; les trois leçons furent réunies en une seule, et l'on ne supprima que la dernière phrase de la première leçon.

Dans le Propre romain de 1860, actuellement en vigueur, la fête de sainte Austreberte a été reculée au 16 février pour ne pas la mettre en occurence avec la fête de sainte Scholastique ; elle a conservé sa classe de semi-double, tandis que la plupart des autres fêtes de même classe ont passé au rit double.

La Messe — Vultum... avec l'oraison : *Exaudi nos, Deus*... et l'évangile de la Messe : Dilexisti...

III. DIOCÈSE D'AMIENS.

Dans les anciens bréviaires d'Amiens la fête de sainte Austreberte était simple ; ainsi nous lisons au Propre approuvé en 1746 par Mgr d'Orléans de la Motte : 10 Febr. In festo S. Austrebertæ. Simplex. L'unique leçon est prise des Bollandistes : ex anonimo apud Boll.

Dans le nouveau Propre, cette fête s'est amoindrie en une simple mémoire, et une leçon ; ainsi : 10 février, Sainte Scholastique, vierge. — Mémoire de sainte Austreberte à Laudes et à la Messe.

IV. ANCIENNE ÉGLISE CATHÉDRALE DE SAINT-OMER.

Le diocèse de Thérouanne ne célébrait pas la fête de sainte Austreberte, tandis que l'église de Saint-Omer lui donnait une grande place en son office.

Nous lisons dans un rituel du XIIIe siècle (Les cérémonies religieuses de la collégiale de Saint-Omer au XIIIe siècle. Examen d'un rituel manuscrit de cette église, par L. Deschamps de Pas, Saint-Omer, 1886, in-8°) :

IIII idus februarii. Solemnitas ste Austreberte virg. non mart. Festum IX lect. duplex, habens proprium cantum et propriam legendam. Et eodem die commemoratio de sancta Scolastica virg. non martire …. Prosa : Eterne virgo memorie.

VI Idus octobris. Inventio sancte Austreberte virginis, et natalis sancti Gereonis sociorumque ejus de quibus fit commemoratio, et de sancta Austreberta. Festum IX lectionum duplex.

Nous voyons dans les offices de 1610, une hymne propre, neuf leçons et l'Oraison Deus qui invisibili, sous le rite double ; et dans le Propre de 1708, approuvé par Mgr Christ. de Morlet.

10 febr. — S. Austrabertæ Virginis — Duplex. — Tout est du commun des vierges avec trois leçons propres et l'Oraison : Exaudi Deus.

10 oct. — Inventio S. Austrabertæ Virginis — Duplex — avec tout l'office tiré du commun.

Messe de Sainte Austreberte de la cathédrale de Saint-Omer.

(Bibl. de Saint-Omer. — 215 — ms. du XVIIe siècle. — Missale ad usum insignis ecclesiæ collegiatæ divi Audomari, Romanæ Ecclesiæ immediate subjectæ, sitæ in oppido Audomarensi, Morinensis diœcesis.) Communiqué par M. l'abbé Bled, directeur au collège Saint-Bertin.

10 feb. Duplex. — Decanus - cantor.

Introitus. — Gaudeamns omnes... Ps. Eructavit cor.
Collecta. — Deus qui invisibili rore...

Memoria S. Scholasticæ.

Epistola. — Fratres qui gloriatur... exhibere Christo.
Graduale. — Dilexisti justitiam... oleo lætitiæ.

Intra Septuag. et Pasch : Tractus : Audi filia.... comme à la Messe Vultum tuum du commun des Vierges.

Tempore Pasch : Alleluia. Surge, propera, amica mea, columba mea, formosa mea et veni. Alle.

Prosa.

Hodiernum virginis
Festum dignis gaudiis
Recolat ecclesia.

Hujus die virginis
Splendor veri luminis
Sua lustrat gratia.

Que contemptrix seculi
Vires fregit zabuli
Potenti victoria.

Ejus fuit meriti
Quod velamen capiti
Suo comptum cerneret.

Mors dum infantule
Umbram sue formule
In aqua conspiceret.

O beati oculi
Qui tanti miraculi
Viderunt sublimia
Per Christum prodigia.

Res effectum habuit
Nam quod umbra docuit
Est in brevi termino
Consociata Domino.

Hanc vir clarus
Audomarus
Informavit
Et sacravit
Dei digna gratia
Que magnorum
Meritorum
Plena fulsit
Et indulsit
Infirmis solatia.

O insignis Austraberta
Margarita es reperta
Nuper in ecclesia.

Tuam gentem
Tuæ laudi
Attendentem
Clemens audi
Poscens vite prœmia.
In fornacem te ingressa
Flamme virtus est repressa
Cum signum crucis faceres
Pannisque prunas tergeres.

Cujus oram vestimenti
Vis non ussit clementi

A fornace
Infera
Nos tua prece
Libera.

O beata
O benigna
Austraberta
Laude digna
Apud regem
Christum gregem
Nostrum reconcilia.

Ut, patrona,
Te confisi
Ad amena
Paradisi
Scala precum
Intrent tecum
Longa post exilia
Amen dicant omnia.

Evangelium. — Simile est regnum... (Matth. xiii)... nova et vetera.

Offertorium. — Afferentur regi... regi Domino.

Secreta. — Sanctifica quæsumus Domine per B. V. Austrabertæ intercessionem hanc quam tibi supplices offerimus oblationem : et ut nobis Christi filii tui corpus et sanguis fiat, tuam desuper impende benedictionem. Per...

Communio. — Diffusa est gratia... in eternum.

Postcommunio. — Quæsumus, Domine Deus, ut hæc divina quæ sumpsimus sacramenta in S. V. Austraberte commemorationem ad eternam nos perducant celestis convivii refectionem. Per...

V. ANCIEN DIOCÈSE DE BOULOGNE.

On lit au Propre de Boulogne de 1673, le premier en date (p. 47-49) : Die XI Februarii, sanctæ Austrebertæ virginis. Duplex.

Omnia de communi Virginum. —

Cet office avait ses leçons qui sont passées, avec quelques variantes, dans le Propre d'Arras.

Messe Dilexisti avec Oraison du commun.

Dans l'édition de Mgr de Pressy (1756), l'office avait les mêmes rubriques et le même texte de leçons.

VI. DIOCÈSE D'ARRAS.

Dans le Propre d'Arras, approuvé en 1817 par Mgr de la Tour d'Auvergne, il y a, au 10 février :

In festo S. Austrabertæ Virg. Semiduplex, avec deux leçons.

Ce même Propre, révisé par Mgr Parisis, remit la fête de sainte Austreberte au 16 février à cause de l'occurrence de la fête de sainte Scholastique :

Die XVI Februarii (dies fixa e 10 hujus mensis)

S. Austraberthæ, Virg. semid. avec trois leçons propres.

Messe Dilexisti avec l'oraison suivante :

Oratio. — Deus, qui beatam Austrabertham Virginem eximiis gratiæ tuæ donis decorasti ; præsta quæsumus ; ut, ejus imitatione et suffragiis terrena calcantes te solum nosse, te sequi et ad te feliciter pervenire mereamur. Per...

VII. ANCIENNE ABBAYE DE SAINTE-AUSTREBERTE DE MONTREUIL-SUR-MER.

Le calendrier de l'abbaye de Montreuil, au diocèse

d'Amiens, marque : « 10 février. Sainte Austreberte vierge et abbesse, patronne de cette abbaye. Double de 1re classe avec octave[1]. » Et au 19 octobre : « La Translation de N. bienheureuse Mère sainte Austreberte. Double de 1re classe avec Octave.

Les « Offices particuliers de l'abbaye royale de Sainte-Austreberte » composés par dom Hugues Vaillant, bénédictin de la congrégation de Saint-Maur, furent imprimés en 1635 par l'ordre de l'abbesse Madeleine Angélique Gouffier, avec l'approbation de l'évêque d'Amiens. Ils comprenaient, en dehors des offices de divers saints et en particulier des saintes Framehilde et Julienne, les offices : 1° de la fête de la sainte, 2° de l'octave, 3° de la Translation ; 4° des mercredis libres dans l'année, ou offices votifs.

Aux premières Vêpres.

Jubilans orbis modulante lingua
Inclytum lauda decus Austreberte,
Tuque sacratæ soboles parentis
Cantica pange.

Nuntius cœli veniens ab arce
Hanc solo nondum genitam revelat,
Et piæ matri reserat futuros
Prolis honores.

Duplici virgo sata stirpe regum
Spernit illustres titulos avorum

---

[1] Ce même calendrier indique ainsi les fêtes de sainte Framehilde et sainte Julienne : Le 17 mai. Sainte Frameuse ou Framehilde, mère de sainte Austreberte. Double de première classe à cause de son saint corps qui repose en ce lieu.

Le 11 octobre. Sainte Julienne vierge de Pavilly. Double de première classe à cause que son corps repose en ce lieu.

Et leves plausus sibi blandientis
Respuit aulæ.

Limpida fondis nitidi sub undà
Candidi formam speculata vultus
Mystico cernit sua consecrari
Tempora velo.

Illa divini bene gnata signi
Ambit æternum mora nulla sponsum
Et suos uni sociando Christo
Libat amores.

Dum fugit virgo Thalamum jugalem
Quo torum victrix pede proterebat
Obvii sospes tumidas fluenti
Calcat et undas.

Sit decus Patri genitæque Proli
Et tibi Compar utriusque Virtus
Spiritus semper, Deus unus omni
Temporis ævo.

Oraison : Deus amator virginitatis qui beatam Austrebertam virginem tuam hodierna die dignatus es ad cœli gaudia traducere : suppliciter tuam imploramus clementiam, ut cujus sanctam solemnitatem celebramus in terris, de ejusdem patrociniis gaudeamus in cœlis. Per...

A Matines.

Casta nocturnas soboles per horas
Inclytæ laudes modulare matris
Quæ piis instans precibus peregit
Tempora noctis.

Illa divinæ schola facta vitæ
Celitum fortem docet æmulari

Virgines sacras, totidemque sponsas
Exhibet Agno.

Clibanum sospes penetrat flagrantem
Et triumphatis graditur favillis
Ac Dei fervens meliore flamma
Proterit ignes.

Martyrum virgo studiosa palmæ
Subjicit collum gladio minaci
Et trucem forti generosa mortem
Fronte lacessit.

A tepentinis larium ruinis
Servat illæsas meritis sorores
Et suo tactu moribunda reddit
Membra saluti.

Sit secus Patri...

A Laudes.

Virgo cœlesti socianda sponso
Nuptias cœlo celebrare gestit
Ut piis vatis nimium morantem
Provocat horam.

Ægra cum languet, manifestus adstat
Cœlitum turmá comitante Christus,
Atque divini recreat jacentem
Lumine vultus.

Evocat blande : soror atque sponsa
Jam veni, Patris tibi do fruendam
Gloriam, mecum cape simpiterni
Gaudia regni.

Ista vox omnes penetrat medullas
Atque compages animi resolvit ;

Spiritus liber volat ad cupita
Oscula sponsi.

Regios Agni thalamos petentem
Jubilans stipat chorus Angelorum
Et triumphalem decorant beata
Agmina pompam.

Sit decus Patri...

Oraison pour le jour de l'Octave.

Deus qui beatam Austrebertam Virginem tuam,
dum vultum nativitatis suæ consideraret, velo cœlitus
delapso, ad sanctimonialium professionem mirabiliter
vocasti; tribue, quæsumus, ut sicut illa tibi vocanti
paruit, verbi factores tua præcepta opere compleamus.
Per...

Oraison pour la fête de la Translation.

Deus qui ad ostendendam Beatæ Austrebertæ virginis tuæ obedientiam, cœlesti rore clibani flammas
extinxisti ; præsta quæsumus, ut ejus intercedentibus
meritis, vitiorum incendia non dominentur in nobis.
Per...

VIII.

CATALOGUE

DES AUTEURS QUI ONT ÉCRIT DE SAINTE AUSTREBERTE.

1. Hagiographes anciens.

1372 Pierre Natal. — *(Petrus de Natalibus)* — *Cata-*

*logus SS. ex diversis ac doctis voluminibas
congestus*, lib. III, *c.* iii.

1576 Laurent Surius. — *De Probatis SS. historiis* —
Coloniæ Agrippinæ. t. I.

1583 René Benoit — *Vitæ Sanctorum* — Parisiis in-fol.

1590 François Vander-Haër. — *(Franciscus Haræus.)*
— *Vitæ Sanctorum ex Surio* — Antverpiæ.

1610 Maurice Mittnacht. — *Icones Sanctorum in sin-
gulos anni dies* — Augustæ Vindelicorum.

1616 Molanus. — *Natales Sanctorum Belgii* — Duaci.

1616 Zacharie Lippeloö et Cornelius Grasius — *Vitæ
Sanctorum ex Surio.* — Coloniæ.

1630 Ribadeneira — *La grande Légende ou Fleurs des
Vies des saints.* — Douai.

1649 Ribadeneira et Rosweid. — *General Legende der
Heiligen.* — Anvers.

1651 P. Simon Martin. — *Les Fleurs de la solitude.* —
Paris. — t. II, lib. IV.

1657 Arthur du Monstier. — *Neustria Sancta (Vie de
sainte Austreberte fol. 51-53)* — (ms. lat. Bibl.
nat. de Paris n° 10051).

1658 Bollandus et Henschenius. — *Acta Sanctorum,
10 febr.*

1667 Bouëtte de Blemur. — *L'année Bénédictine.* —
Paris.

1668 Mabillon — *Acta Ord. S. Bened. Sæc. III.*

1670 P. Dominique de Jésus. — *La monarchie sainte.*
— Clermont. t. I.

1675 Gilles Ranbeck. — *Calend. annal. Bened.* — Augustæ Vindelicorum. *11 feb.*

id. P. Giry. — *Vies des saints éd. de 1719 t. I. coll.
567-568.*

1695 Arnold Wion. — *Lignum vitæ.* — Venetiis.

1715 A. Baillet. — *Les Vies des saints.* — Paris, t. I.
p. 146.

1763 J. Godescard. — *Vies des Pères, des martyrs —
d'Allan Butler.* t. II, *p.* 161.

1789 Cornelius Smet — (apud Ghesquière) — *Acta Sanctorum Belgii.* t. V.

2. Hagiographes modernes.

1850 L'abbé Sétin. — *Dictionnaire hagiographique —
éd. Migne.* t. I — *(Encyc. théol.* t. XL.)

1853 L'abbé Rohrbacher. — *Vies des saints éd. de
1853* t. I.

1857 L'abbé E. Daras. — *Les Vies des saints du P.
Ribadeneira éd. de 1857* t. II.

1858 L'abbé E. Daras. — *Vies des saints du P. Giry,
éd. Bar-le-Duc, 1858* t. I

1866 Carnaudet et Fèvre. — *Les Actes des saints* t. III
10 fév. p. 253.

L'abbé Destombes. — *Vies des saints des diocèses
de Cambrai et d'Arras.*

L'abbé Van-Drival. — *Légendaire de la Morinie.*
id. — *Courtes notices sur les saints du
diocèse d'Arras.*

1867 Ch. Barthelémy. — *Les vies de tous les saints de
France.* t. VIII.

1875 Collin de Plancy. — *Grande vie des saints.* —
Vivès. 1875 t. III

1872 Mgr. Guérin. — *Les Petits Bollandistes.* éd.
1872 t. II

1873 Mᵉ de Sougé. — *Les Saintes du Paradis, éd.
1873* t. I

Le Pèlerin. *Vies des saints — Supplément au n°
5.25.*

1868 L'abbé J. Corblet. — *Hagiographie du diocèse
d'Amiens.*

L'abbé Malais. — *Calendrier Normand.*

    id... — *Calendrier Picard pour 1852. 10
février.*

3. Hagiographes particuliers.

1635 P. Simon Martin. — *La vie parfaicte et immaculée de saincte Austreberte, princesse du sang
de la première race des roys de France abbesse
de Pavilly.* — Paris.

1638 P. Giry. — *La vie et les miracles de sainte Austreberte, Vierge, première abbesse de Pavilly.*
— Paris.

1640 Dom François Ganneron. — *Histoire de sainte
Austreberte abbesse de Pavilley. (Extrait du
Chandelier d'or à sept lampes du comté de
Ponthieu. — Archives du dép. des Ardennes,
n. 503.) ms.*

1659 P. J. B. Du Tertre dominicain, né à Calais en
1610, mort à Paris en 1687. — *Vie de sainte
Austreberte tirée de l'ancien manuscrit de l'abbaye de Monstreuil,* Paris.

Vers le milieu du siècle dernier. X., curé du diocèse
de Boulogne. — *La vie de Saincte Austreberthe,
vierge du pays Morin, diocèse de Térouanne,
religieuse de l'abbaye nommée Le Port... Laditte vie distribuée en neuf jours. — Ms. de la
bibliothèque de M. Henneguier, d'après M.
l'abbé Corblet.*

1861 L'abbé Baudet. — *Vie de sainte Austreberte abbesse de Pavilly et notice sur son monastère.* — Bar-le-Duc.

4. Annalistes ecclésiastiques.

XVIᵉ siècle. — Robert Ceneau — *(Robertus Cœnalis év. d'Avranches). Hierarchia Neustriæ (Bibl. nat. ms. lat. 5201.)*

1588-1607 Baronius. — *Annales eccl. ad an. 695,* c. VIII.

1603 Antonius Yepes. *(espagnol).* — *Chronic. gen. O. S. B. Coloniæ, t. II, cent. 3, c. v, ad an. 684* et son continuateur dom Martin Rhételois : *Add. aux chron. par Yepes.*

1614 Guillaume Gazet. — *Hist. ecclésiastique des Pays-Bas.* Arras, p. 284.

1625 Claude Robert. — *Gallia Christiana, t. III, X.*

1636-1649 Du Chesne. — *Historiæ Francorum Scriptores. t. I. p. 651.*

1732 S. Jacques Longueval. — *Histoire de l'Église gallicane.* — Paris. — IV. p. 72.

1738 Dom Bouquet. — *Recueil des historiens des Gaules (Vita Sanctæ Austrobertæ)* t. III, p. 548, (éd. de 1739 Mabillon.) — *Annales O. S. B.* t. I, p. 432 et t .V, p. 262.

1691 Bulteau. — *Abrégé de l'hist. de l'Ordre de Saint Benoit,* t. I, p. 502.

X. *Monasticon Bened.* t. XXXVIII. f. 238 *(ms. Bibl. nat.)*

(éd. de 1872 Rorhbacher.) *Hist. de l'Église,* t. IV, p. 462.

L. de Sivry. — *Dict. des Pèlerinages.* — *éd.*
Migne (au mot sainte Austreberte).

H. Fisquet. — *La France Pontificale (Métropole*
de Rouen. — *Pavilly).*

Beaunier. — *Recueil hist. des archevéchés de*
France, II, 645.

Trigan. — *Histoire ecclésiastique de Normandie,*
t. I.

5. Historiens locaux.

1561 Jacques Meyer. — *(Jacobus Meierus).* — *Com-*
mentarii sive annales rer. fland. — Antverpiæ anno 680.

1616 Ferri de Locre. — *(Locrius).* — *Chronicon Belg.*
— Atrebati anno 680.

1622 Aubert le Myre *(Miræus).* — *Fasti Belgici.* —
Bruxelles.

1654 Malbranq. — *De Morinis.* — Tornaci t. I.

1784 Dom Devienne. — *Histoire d'Artois,* (t. I, p. 83.)

1786 Hennebert. — *Histoire générale de la province*
d'Artois. — Lille, (t. I, p. 260.)

Toussaint-Duplessis. — *Description géog. de la*
Haute-Normandie II, p. 267.

L. de Glanville. — *Promenade arch. de Fécamp*
à Rouen. pp. 269-274.

Semaine rel. de Rouen. — *Les Reliques de sainte*
Austreberte (19, 26 février, 12 mars 1870).

Cochet. — *Répertoire archéologique de la Seine-*
Inférieure.

Bunel et Tougard. — *Géographie de la Seine-*
Inférieure. — arrondissement de Rouen.

De Beaurepaire. — *Notice sur le prieuré de*

Sainte-Austreberte de Pavilly, *(Bull. de la com. des Trav. histoire de la Seine-Inférieure, t. VI, 1885)*.

Decorde. — *Essai historique sur le canton de Neufchâtel*, p. 94.

Parenty. — *Abbaye de Sainte-Austreberte.* — *(Annales Boulonnaises, t. I)*.

Braquehay. — *L'abbaye de Sainte-Austreberte au XVIII° siècle.* — *(La Picardie, t. I.)*

Fromentin. — *Hesdin, étude historique.*

J. Lion. — *Vieil-Hesdin, c. I.*

Danvin. — *Histoire de Vieil-Hesdin.*

Harbaville. — *Mémorial du Pas-de-Calais* II. 96.

P. Meunier. — *Marconne, sainte Austreberte.*

A. de Caderacque. — *Dictionnaire biographique du Pas-de-Calais.*

Quandalle. — *Sceau de l'abbaye de Sainte-Austreberte.* — *(Annuaire de Montreuil, 1853.)*

TABLE DES MATIÈRES

Imprimerie N.-D. des Prés. — Ern. Duquat, directeur.
Neuville-sous-Montreuil. (Pas-de-Calais.)

Imp. N.-D. des Prés. — ERN. DUQUAT, directeur.
Neuville-sous-Montreuil (P.-de-C.)